Emotionale Intelligenz

Marc A. Pletzer

Emotionale Intelligenz

Einführung und Trainingsbuch

2. Auflage

Haufe Gruppe
Freiburg · München · Stuttgart

Bibliografische Information der Deutschen Nationalbibliothek

Die Deutsche Nationalbibliothek verzeichnet diese Publikation in der Deutschen Nationalbibliografie; detaillierte bibliografische Daten sind im Internet über http://dnb.dnb.de abrufbar.

Print: ISBN 978-3-648-09526-3   Bestell-Nr. 00087-0002
ePub: ISBN 978-3-648-09527-0   Bestell-Nr. 00087-0102
ePDF: ISBN 978-3-648-09528-7   Bestell-Nr. 00087-0151

Marc A. Pletzer
Emotionale Intelligenz
2. Auflage 2017

© 2017 Haufe-Lexware GmbH & Co. KG, Freiburg
www.haufe.de
info@haufe.de
Produktmanagement: Anne Rathgeber

Lektorat: Ulrich Leinz, Berlin
Satz: kühn & weyh Software GmbH, Satz und Medien, Freiburg
Umschlag: RED GmbH, Krailling

Alle Angaben/Daten nach bestem Wissen, jedoch ohne Gewähr für Vollständigkeit und Richtigkeit.
Alle Rechte, auch die des auszugsweisen Nachdrucks, der fotomechanischen Wiedergabe (einschließlich Mikrokopie) sowie der Auswertung durch Datenbanken oder ähnliche Einrichtungen, vorbehalten.

Gewidmet meiner Frau Wiebke Lüth.
Danke für Deine Liebe, Deine Unterstützung und Deine Geduld.
Du bist das Wunder meines Lebens!

Inhaltsverzeichnis

Vorwort		11
1	**Zum Aufwärmen: Eine Reise in die Welt der Emotionen**	13
1.1	Die emotionale Intelligenz und die Wirtschaft	14
1.2	Der Kern der emotionalen Intelligenz	14
1.3	Nehmen Sie Gefühle wahr	15
1.4	Erfolg mit mehr Gefühl	15
1.5	Das Ziel dieses Buches	16
1.6	Der Faktor Angst	17
1.7	Der Fernseher hält die Hormone auf Trab	18
1.8	Auch zeitlicher Druck wirkt verheerend	19
1.9	Sehen Sie lieber Ihre Chancen	19
1.10	Emotionale Verletzungen selbst heilen	21
1.11	Was mir gut tut und was mir schadet	21
1.12	Sie profitieren von den Fortschritten	22
1.13	Wer macht Ihre Gefühle?	22
1.14	Wie herkömmliches Lernen funktioniert	23
1.15	Stoppen Sie den Automatismus gezielt	24
1.16	Das Wunder der Wahrnehmung	25
1.17	Ändern Sie Ihre neuronalen Verknüpfungen	26
1.18	Schalten Sie alle Sinne auf Empfang	27
1.19	Mehr Wahrnehmung bringt Veränderung	28
1.20	Übernehmen Sie die Verantwortung selbst	29
2	**Lektion 1: Wie emotional intelligent sind Sie?**	31
2.1	Prüfen Sie Ihren »EQ« – ein Selbsttest	31
2.2	Vorbilder	34
2.3	Erinnern Sie sich an Ihre Gefühle!	35
2.4	Ihre Glaubenssätze gestalten Ihr Leben	36
2.5	Sind Sie ein Kopf- oder ein Bauchmensch?	39
2.6	Nehmen Sie Ihre Körperreaktion wahr	40
2.7	Wie habe ich mich gefühlt?	41
2.8	Gefühle sind Gradmesser Ihrer Gedanken	42
2.9	Die Qualität Ihrer Gedanken	43
2.10	Das Resonanzgesetz	45
2.11	Wie empathisch sind Sie?	48
2.12	Abhängigkeit von anderen	50
2.13	Nehmen Sie andere an, wie sie sind	52
2.14	Verfeinern Sie Ihren Gefühlswortschatz	53

2.15	Werte und Gefühle	54
2.16	Nehmen Sie die Veränderung wahr	57
2.17	Zusammenfassung	58
3	**Lektion 2: So werden Sie selbstbewusst**	59
3.1	Selbsterkenntnis und Selbstfindung	59
3.2	Ziele sind Voraussetzung für Selbstbewusstsein	61
3.3	Die optimale Zielplanung	62
3.4	Anderen eigene Ziele vermitteln	63
3.5	Ziele und ihre Konsequenzen	64
3.6	Veränderungen beginnen bei Ihnen selbst	65
3.7	Innere Bilder organisieren, Ziele erreichen	66
3.8	Ängste lassen sich schnell auflösen	68
3.9	Verlassen Sie Ihre Komfortzone!	69
3.10	Andere Menschen einbeziehen	70
3.11	Ihre Gedanken: negative registrieren, positive aktivieren	70
3.12	Willkürlich gut drauf sein	73
3.13	Manipulativer Einsatz von Emotionen	75
3.14	Bedürfnisse sind mit Gefühlen verknüpft	76
3.15	Entscheidend ist das Gefühl	77
3.16	Zusammenfassung	78
4	**Lektion 3: So motivieren Sie sich richtig**	79
4.1	Ziele wirken motivierend	79
4.2	Treffen Sie Absprachen mit sich selbst	80
4.3	Intuitiv entscheiden – oder bewusst	82
4.4	Der innere Schweinehund und andere Quertreiber	84
4.5	Erkennen Sie Ihre Intuition	87
4.6	Selbstkritik bringt Sie nicht weiter	90
4.7	Wie Sie sich selbst für etwas begeistern	92
4.8	Überzeugen Sie andere Menschen	97
4.9	Zusammenfassung	100
5	**Lektion 4: So planen Sie sinnvoll**	101
5.1	Stressfaktoren	101
5.2	Positiver oder negativer Stress?	103
5.3	Den Stress aktiv durchbrechen	105
5.4	Gedanken beleben durch Entspannung	107
5.5	Selbstbestimmung versus Fremdbestimmung	109
5.6	Mit Selbstdisziplin zur heiteren Gelassenheit	111
5.7	Ängste besiegen durch Umdeuten von Situationen	112
5.8	Zusammenfassung	116

6	**Lektion 5: So trainieren Sie Ihre sozialen Fähigkeiten**	117
6.1	Soziale Wesen in einer anonymen Gesellschaft	117
6.2	Kommunizieren, um Feedback zu erhalten	118
6.3	Wie Kommunikation funktioniert	120
6.4	Kontakt herstellen	123
6.5	Beziehungen aufbauen leicht gemacht	126
6.6	Ich- oder Du-Botschaften	129
6.7	Sagen Sie genau, was Sie wollen	130
6.8	Präzise Kommunikation	132
6.9	Den anderen wahrnehmen	133
6.10	Bleiben Sie in Kontakt	135
6.11	Zusammenfassung	136
7	**Lektion 6: So gehen Sie kompetent mit sozialen Netzwerken um**	139
7.1	Was bedeutet Freundschaft?	139
7.2	Auswirkungen auf Ihr Leben	140
7.3	Viel mehr »Freunde«?	142
7.4	Die Privatsphäre verschwindet	142
7.5	Nur einen Mausklick entfernt	144
7.6	Gewöhnen Sie sich daran	144
7.7	Nicht alles preisgeben	145
7.8	Der Wandel der Arbeitswelt	146
7.9	Businessnetzwerke und -plattformen	147
7.10	Weitere private Netzwerke	149
7.11	Öffnen Sie sich neuen Menschen	149
7.12	Bauen Sie schnell neue Kontakte auf	150
7.13	Üben Sie auch online!	151
7.14	Zusammenfassung	152
8	**Lektion 7: So werden Sie zum Kommunikationsprofi**	153
8.1	Erweitern Sie Ihren Wortschatz	153
8.2	Fühlen statt sein	154
8.3	Körpersprache wirkt nachhaltig	155
8.4	Der Körper sagt die Wahrheit	156
8.5	Vergessen Sie alte Glaubenssätze	158
8.6	Hilfreiche Kommunikationstricks	159
8.7	Der Kampf bringt Sie nicht weiter	159
8.8	Wechseln Sie die Bezugsebene	160
8.9	Widerspruch weich einpacken	161
8.10	Ihr Bedürfnis nach Feedback steigt	161
8.11	Behalten Sie Ihr Ziel im Auge – auch im Konflikt	162
8.12	Ausreden lassen	163

8.13	Sagen Sie es deutlich	164
8.14	Blindes Verstehen ist eine nette Gemeinsamkeit	165
8.15	Was tun bei Mobbing?	166
8.16	Offenheit in der Kommunikation	168
8.17	Zusammenfassung	169
9	**Lektion 8: So meistern Sie die Königsdisziplin Empathie**	**171**
9.1	Leid und Freud mit anderen teilen	171
9.2	Sensibilität ist eine Grundvoraussetzung	172
9.3	Liebe und Empathie	172
9.4	Die Kultur einer Gesellschaft zählt	173
9.5	Empathie bedeutet immer auch Übertragung	174
9.6	Empathie im Konflikt	177
9.7	Versetzen Sie sich wirklich hinein	178
9.8	Gemeinsame Problemlösung	178
9.9	Liebe und Anerkennung geben	179
9.10	Zustandswechsel durch anderes Bewusstsein	180
9.11	Handelnder, Ankläger oder Leidender	181
9.12	Strategiewechsel sind keine Lösung	183
9.13	Der Weg aus der Misere	184
9.14	Bemerken Sie schlechte Strategien	185
9.15	Nutzen der Empathie	186
9.16	Gewähren Sie Freiheit	187
9.17	Gleichberechtigung von Mann und Frau – auch bei den Gefühlen	187
9.18	Empathische Entwicklung bei Kindern	188
9.19	Leben Sie Ihr eigenes Leben	189
9.20	Leben Sie im emotionalen Wohlstand?	190
9.21	Leben im Rückspiegel sehen	190
9.22	Zusammenfassung	191

Literaturliste	193
Der Autor	195
Stichwortverzeichnis	197

Vorwort

Schön, dass Sie sich auf den Weg zu mehr emotionaler Intelligenz und damit zu mehr Freiheit und zu einem selbstbestimmten Leben machen. Das ist ein wundervoller Weg, und dieses Buch wird Ihr Begleiter sein auf der Reise in eine Welt, die Sie vielleicht als völlig neu, anders und aufregend wahrnehmen. Es ist ein Buch, das Sie nicht der einen oder anderen Kategorie zuteilt, so wie viele andere Bücher. Oft sind deren Autoren Psychologen, die selbst etwas brauchen, an dem sie sich festhalten können, ein Ordnungssystem, das sich in langen Fragebögen, Listen und Auswertungen ausdrückt. Doch das resultiert in Schubladendenken, und das hilft Ihnen nur wenig, wenn Sie wirklich frei sein wollen.

In diesem Buch geht es vielmehr darum, Ihnen Ihre Ängste zu nehmen und Ihnen dadurch einen Zugang zu Ihrem reichen emotionalen Innenleben zurück zu geben. In meinen Seminaren bringe ich gemeinsam mit meiner Frau Menschen bei, endlich loszulassen, wieder zu lachen, das Leben zu genießen und dabei sehr viel Spaß zu haben. Diese Mission habe ich in diesem Buch fortgesetzt, sie ist die Basis jedes Wortes und jeder Übung. Denn ich weiß, dass dieser Planet und gerade auch Deutschland viele Menschen braucht, die voller Begeisterung und mit viel Herz miteinander eine Zukunft schaffen, in der es sich zu leben lohnt. Der Weg dahin führt über die Gefühle, über das, was hier emotionale Intelligenz heißt.

Emotionen, das ist ein anderes Wort für Gefühle. Und was ist dann emotional intelligent? Für mich ist das die Freiheit, die Gefühle zu haben, die Sie haben möchten. Ich bringe Ihnen in diesem Buch wie auch in meinen Seminaren bei, nicht nur einen theoretischen oder rationalen Zugang zu Ihren Gefühlen zu finden. Dieses Buch kommt aus der Praxis und es führt Sie gezielt in jedes Gefühl hinein, das Sie erleben wollen. Denn Gefühle können Sie nur erleben, indem Sie in ihnen baden. Und dabei wünsche ich Ihnen so viel Spaß und Freude, wie Sie sich nur vorstellen können.

Lassen Sie mich kurz den Menschen danken, die dieses Buch möglich gemacht haben: Meine Frau Wiebke, die mich jeden Tag voller Gefühl auf meinem Weg unterstützt und mir zeigt, was gelebte emotionale Intelligenz wirklich bedeutet und wie sie sich anfühlt. Jeder Tag mit ihr ist wie ein Wunder für mich und dass wir es gemeinsam geschafft haben, immer bewusster uns selbst und andere Menschen wahrzunehmen ist die Basis unseres Erfolges.

Danken möchte ich auch den vielen Teilnehmern der fresh-academy sowie den Hörern unseres wöchentlichen kostenlosen NLP-fresh-up Podcasts. Durch diesen Podcast erreichen wir heute, zehn Jahre nach dem Erscheinen dieses Buches, über 100.000 Menschen im deutschsprachigen Raum. Wer hätte damals gedacht, dass wir einen solchen Erfolg mit unserem Angebot haben würden? Ich kann mit Worten kaum beschreiben, wie sehr mich das in jeder Sekunde meines Lebens glücklich und begeistert sein lässt.

Diese zehn Jahre sind die besten meines bisherigen Lebens: Ich wurde zum Master-Trainer der Society of NLP und zum Mitglied des Transformational Leadership Council (TLC) berufen, habe Dutzende Vorträge in Buchhandlungen und bei Unternehmen halten dürfen, der erfolgreiche TV-Sender QVC hat mehrere Sendungen mit mir live ausgestrahlt, ich habe Hunderte von TV- und Radiointerviews gegeben-, Zeitungs- und Zeitschriften-Beiträge geschrieben. Fast 50 Hörbücher und Entspannungs-Meditationen habe ich in dieser Zeit produziert und meine Produkte wurden in das Bordprogramm der Deutschen Lufthansa aufgenommen. Meine Frau und ich wurden für den Kinofilm »Glücksformeln« gefilmt und wir wurden nicht nur durch diesen Film zu Vorbildern für zigtausende Menschen. Täglich erreichen uns Anfragen von Menschen, die uns für unsere Arbeit danken, weil sie durch uns das Leben ihrer Träume leben. So ist die zweite Auflage dieses Buches ein weiteres Mosaiksteinchen auf diesem Weg, den meine Frau und ich gemeinsam gehen. Dass wir in dieser wundervollen Zeit gemeinsam mit unseren vier Kindern Jennifer, Delia, Robin und Helen leben dürfen, dass wir die Zeit der persönlichen Veränderung als Vorbilder und Lehrer mitgestalten dürfen, all das ist ein echtes Wunder.

Dr. Richard Bandler und John La Valle gehört ebenfalls mein Dank, denn diese beiden Menschen begleiten meine Frau und mich wie gute Engel auf unserem Weg zum Erfolg. Von ihnen habe ich schon viel gelernt und ich lerne jeden Tag noch mehr.

Zum guten Schluss danke ich allen guten Seelen des Haufe-Verlags, die mit ihrem Einsatz, ihrer Professionalität und ihrem Können dieses Projekt zu seinem Erfolg geführt haben.

Marc A. Pletzer, im Februar 2017

1 Zum Aufwärmen: Eine Reise in die Welt der Emotionen

Während ich für dieses Buch recherchierte, unterhielt ich mich mit einem guten Freund über das Thema emotionale Intelligenz. Er war sehr skeptisch und sagte: »Emotionale Intelligenz? So etwas gibt es doch gar nicht!« – Und er hat absolut Recht. Denn der Begriff der emotionalen Intelligenz entstand vor dem Hintergrund einer Vorstellung von Intelligenz, die sich messen lässt, nämlich mit dem so genannten Intelligenzquotienten, den viele Menschen mit den Buchstaben IQ abkürzen. Dieser Intelligenzquotient hat vor allem in Amerika große Bedeutung, wo viele Schulkinder in verschiedenen Phasen ihrer Schullaufbahn einem Intelligenztest unterzogen werden, der dann als Vergleichsmaßstab herangezogen wird. Auch in Deutschland hat der Intelligenztest zahlreiche Anhänger und er findet zum Beispiel bei der Prüfung für Anwärter des Medizinstudiums zumindest in einer abgewandelten Form seine Anwendung.

Emotionale Intelligenz genauer zu definieren fällt insbesondere deshalb schwer, weil es keinen einfachen Test geben kann, mit dem sich die emotionalen Fähigkeiten eines Menschen messen ließen – so wie das mit der »normalen«, sozusagen »intellektuellen« Intelligenz und den zugehörigen diversen Testverfahren funktioniert. So etwas wie emotionale Intelligenz scheint ein Widerspruch in sich zu sein, denn viele Menschen verbinden das Wort Intelligenz mit intellektuellen Leistungen und bestenfalls noch mit der Fähigkeit, sich Begriffe oder lange Zahlenkolonnen über eine gewisse Zeit zu merken. Emotionen scheinen so gar nicht in dieses Bild zu passen, weil sie in unserer Gesellschaft keinen so hohen Stellenwert wie etwa abstraktes Wissen oder intellektuelle Höchstleistungen haben.

In den 1980er und dann vor allem in den 1990er Jahren haben immer mehr Wissenschaftler auf die Einseitigkeit dieser Intelligenztests hingewiesen. Und sie haben sich daran gemacht eine neue Messgröße für die andere, die emotionale Seite der Intelligenz zu kreieren. Doch Subjektives lässt sich nicht objektivieren, Qualitatives lässt sich nicht quantifizieren und Emotionales lässt sich nicht rationalisieren. Bei genauerem Hinsehen scheint es ein unsinniges Unterfangen zu sein, diesen »EQ« wirklich messen zu wollen. Insofern ist emotionale Intelligenz eher zu verstehen als ein Begriff, der nur in Abgrenzung zur intellektuellen Intelligenz einen gewissen Sinn ergibt. Und so möchte ich als Autor auch dieses Buch verstanden wissen, das immerhin den Begriff »emotionale Intelligenz« im Titel trägt.

Worum geht es also genau? Um die Welt der Gefühle. Emotionale Intelligenz ist die Fähigkeit, eigene Gefühle und die Gefühle anderer Menschen wahrzunehmen und angemessen auf beides zu reagieren. Hinzu kommt die Fähigkeit, über die eigenen Gefühle zu sprechen, also mit anderen Menschen darüber zu kommunizieren. Schon diese zugegebenermaßen verkürzte und recht abstrakte Beschreibung macht deutlich, dass hier ein Vergleich zwischen verschiedenen Menschen so gut wie ausgeschlossen ist. Trotzdem hat das Thema einen sehr hohen Stellenwert in der persönlichen und beruflichen Beurteilung eines Menschen. Allerdings handelt es sich um »weiche« Faktoren, neudeutsch »Soft Skills«, und es gibt noch keine klaren Richtlinien oder Maßgaben, wie diese abgefragt und sinnvoll bewertet werden können.

1.1 Die emotionale Intelligenz und die Wirtschaft

Insbesondere Manager tun sich schwer, die Ergebnisse der Forschung im Bereich der emotionalen Intelligenz in ihren Alltag zu überführen. Es gibt zahlreiche Untersuchungen, die zeigen, dass »emotional intelligente« Unternehmen deutlich erfolgreicher am Markt agieren als solche Unternehmen, die sich diesen Fähigkeiten ihrer Mitarbeiter nicht widmen. Daniel Goleman, der Autor des Bestsellers »EQ« aus den 1990er Jahren, ist einer der wichtigsten Forscher und Autoren in diesem Bereich. Aber es ist ein recht junges Forschungsgebiet. Und es gibt keine wirklich klaren Aussagen darüber, wie ein Manager sein Team oder seine Organisation als Ganzes zu mehr emotionaler Intelligenz führen kann.

Also müssen Führungskräfte lernen, jeden einzelnen Mitarbeiter auf seinem eigenen Weg zu einer höheren emotionalen Intelligenz zu unterstützen und ihm zum Beispiel entsprechende Lektüre, Seminarangebote und weitere Offerten unterbreiten. Schulungsverantwortliche vieler Unternehmen verstehen unter Soft Skills auch Angebote wie Seminare zum Thema Zeitmanagement oder Rhetorik, was wohl bestenfalls am Rande mit der Schulung der Fähigkeiten zur emotionalen Intelligenz zu tun hat.

1.2 Der Kern der emotionalen Intelligenz

Der erste von drei Schwerpunkten des Themas ist die Wahrnehmung eigener Gefühle. Das mag für Sie ein wenig erstaunlich sein. Doch dieser Fokus ist für mich deshalb goldrichtig, weil viele Menschen in unserer Gesellschaft mindestens gefühlsarm erzogen wurden und damit im Laufe der Zeit gelernt haben, die eigenen Gefühle zu unterdrücken. Das bedeutet nichts anderes, als dass sie verlernt haben, ihre Gefühle bewusst wahrzunehmen. Viele Menschen sind sich ihrer Gefühle nicht mehr bewusst.

Hier gibt es dann auch gleich eine deutliche Abgrenzung von der intellektuellen Intelligenz, denn nach der Beurteilung der meisten Wissenschaftler muss diese Fähigkeit erworben werden. Ich gehe davon aus, dass Säuglinge und kleine Kinder über eine sehr umfassende emotionale Intelligenz verfügen, die dann mehr oder weniger stark durch die Erziehung und im Verlauf der Lebens ausgebaut oder unterdrückt werden kann. Deshalb ist es sehr leicht, dieses Trainingsbuch zu schreiben – und zu lesen: Sie dürfen sich einfach an Fähigkeiten erinnern, die Sie bereits seit Ihrer frühen Kindheit an haben. Das unterscheidet das Thema emotionale Intelligenz von der intellektuellen Intelligenz und dem Intelligenzquotienten.

1.3 Nehmen Sie Gefühle wahr

Der zweite große Schwerpunkt des Themas ist die Wahrnehmung der Gefühle anderer Menschen, die auch unter dem Begriff Empathie zusammengefasst wird. Empathie beschreibt die Fähigkeit, den Gefühlszustand eines anderen Menschen zu erkennen, ihn sozusagen in das eigene Gefühlssystem zu übersetzen und darauf zu reagieren. Diese Fähigkeit ist in sozialen Systemen überlebenswichtig und das mag einer der Gründe dafür sein, warum die Förderung der emotionalen Intelligenz im Unternehmenskontext das Gesamtergebnis deutlich verbessert. Denn Menschen, die über einen gewissen Grad von Empathie verfügen, sind erheblich besser in der Lage miteinander in einem Team zu arbeiten und gemeinsam Höchstleistungen zu erbringen.

Für beide Bereiche gilt darüber hinaus, dass die emotionale Intelligenz nicht nur die Wahrnehmung, sondern auch – und das ist der dritte Schwerpunkt des Themas – den Umgang mit eigenen und fremden Gefühlen umfasst. In der Regel beschränken sich Forscher auf den Bereich des Umgangs mit eigenen Gefühlen. Und das erscheint logisch, weil die eigenen Gefühle ja auch dann im Vordergrund stehen, wenn jemand anders uns zum Beispiel mit seiner Wut konfrontiert und wir daraufhin emotional reagieren.

1.4 Erfolg mit mehr Gefühl

Alle drei Aspekte der emotionalen Intelligenz – die Wahrnehmung der eigenen Emotionen, die Wahrnehmung der Emotionen anderer und der Umgang mit beidem – werden in diesem Buch gleichermaßen intensiv unter die Lupe genommen, weil sie für den Erfolg eines Menschen annähernd gleichbedeutend sind. Es nutzt also zum Beispiel kaum etwas, sich seiner eigenen Gefühle bewusst zu sein, dafür aber nur sehr wenig empathische Fähigkeiten zu entwickeln. Denn ein solcher Mensch könnte ausgiebig mit anderen über seine Gefühlswelt sprechen – und ich kenne eine Reihe von Menschen, die über diese Fähigkeit zu Genüge verfügen. Denselben Menschen fehlt leider die Fähigkeit zuzuhören und einfach einmal nachzufragen, wie es einem anderen Menschen geht und was er in einer bestimmten Situation empfindet oder empfunden hat. Unterhaltungen mit diesen Menschen sind in der Regel recht langweilig und einseitig, weil sie wie selbstverständlich davon ausgehen, dass jeder Mensch in ihrer Umgebung dasselbe Interesse an ihren Gefühlen haben muss wie sie selbst. Das ist nicht der Fall, und es mag in der einen oder anderen Situation sehr hilfreich sein, die eigenen empathischen Fähigkeiten so zu steigern, dass missmutige Reaktionen des Gegenübers wahrgenommen werden können. Insofern hat emotionale Intelligenz immer auch damit zu tun, sich auf Situationen im Umgang mit anderen Menschen einzustellen und einzulassen, wohl eines der wichtigsten Themen überhaupt.

1.5   Das Ziel dieses Buches

Ziel dieses Buches ist nicht, dass Sie sich zu einem gefühlsduseligen Warmduscher entwickeln, der von morgens bis abends in seinen Emotionen schwelgt und die Welt dort draußen völlig aus den Augen verliert. Stattdessen werden Sie durch konkrete Übungen, zahlreiche Beispiele und viele weitere Informationen dahin gebracht, sich selbst und andere besser zu verstehen, besser mit den eigenen Gefühlen und den Gefühlen anderer Menschen klarzukommen und auch über Gefühle zu kommunizieren. Damit werden Sie genau die Fähigkeiten trainieren, die zum Beispiel heute für ein erfolgreiches Berufsleben oder für ein erfülltes Privatleben erforderlich sind.

Vielleicht geistert jetzt die Frage in Ihrem Kopf herum, ob sich Gefühle wirklich trainieren lassen. Dies ist immerhin ein »Trainingsbuch«. Ich bin der Überzeugung, dass sich der Umgang mit Gefühlen trainieren lässt und dass wir Gefühle verstärken oder abschwächen können, ganz wie wir es wollen. Nach meiner Erfahrung aus dem Trainingsalltag sind viele Menschen deshalb emotional abgeschaltet, weil sie Angst davor haben, sich ihren Gefühlen zu öffnen. Denn es gibt ja nicht nur schöne Gefühle, wie die Freude über die Ankunft eines neuen Erdenbürgers oder einen Lottogewinn, sondern auch Gefühle, die vielleicht schmerzhaft sind oder im weitesten Sinne als negativ empfunden werden. Emotional intelligent zu agieren bedeutet also auch, sich diesen mindestens unangenehmen Gefühlen zu stellen und zu lernen, mit ihnen umzugehen. Das mag für viele Menschen eine neue Idee sein, denn vielleicht haben sie in der Kindheit gelernt, dass Gefühle rein zufällig entstehen und nicht durch unseren bewussten Verstand zu steuern sind. Es ist vor diesem Hintergrund eines meiner wichtigsten Ziele, dass Sie mit diesem Buch lernen, mit Gefühlen bewusst und auch gezielt umzugehen. Damit ist nicht gemeint, dass Sie die volle Kontrolle über Ihre Gefühlswelt bekommen und wie ein Roboter zu jeder Zeit bestimmen können wie Sie sich fühlen wollen. Vielmehr geht es darum, dass Sie ihre persönliche Freiheit erweitern, die Freiheit, jederzeit mit guten und schlechten Gefühlen umzugehen und das bedeutet auch: mit Gefühlen der Angst.

1.6 Der Faktor Angst

Angst spielt in unserer heutigen Gesellschaft eine entscheidende Rolle. Haben Sie sich schon einmal ein Bild davon gemacht, wie die täglichen Krimis im Fernsehen, die vielen Berichte über Autounfälle, Flugzeugunglücke und andere Katastrophen jedweden Ausmaßes sich auf die hormonelle Situation in Ihrem Körper auswirken? Der Hormoncocktail, der zum Beispiel beim Fernsehen in Ihrem Körper ausgeschüttet wird, ohne dass sportliche Aktivitäten eine Kompensation dieses negativen Stresses und der Angst möglich machen, ist auf Dauer körperlich wie seelisch verheerend für Ihre Gesundheit.

An dieser Stelle könnte ich spekulieren, wer wohl davon profitiert, eine große Zahl von Menschen in ständiger Angst zu halten. Mich interessieren aber mehr die Auswirkungen. Die Massenentlassungen in den meisten Industrienationen führen zum Beispiel dazu, dass sich viele Menschen verängstigt in ihre eigene Welt zurückziehen und aus ihrer subjektiven Sicht einen stressigen und extrem belastenden Überlebenskampf führen. Es mag wie Schönfärberei klingen, wenn ich an dieser Stelle schreibe, dass dieser Überlebenskampf und die mit ihm verbundenen Angstgefühle eine persönliche Entscheidung jedes einzelnen sind. Doch so sehe ich das.

> **Beispiel: Angst ist ein individueller Ablauf**
> Viele Menschen haben Angst vor öffentlichen Auftritten. Teilweise ist diese Angst so groß, dass schon zwei oder drei Zuschauer ausreichen, um einen Menschen völlig aus dem Konzept zu bringen. Sobald sich Menschen etwa in einem Seminar über diese Angst und ihre Entstehung austauschen, wird klar, dass jeder Mensch sich seine Angst auf ganz unterschiedliche Weise macht. Obwohl alle der Meinung waren, dass sie über dieselbe Angst sprechen, waren doch ganz verschiedene Abläufe die Ursache. Hier hilft ein neuer Umgang mit Gefühlen, um gelassener zu werden und auch Redeangst leicht zu meistern.

Aber sobald ein Mensch in einem ängstlichen Zustand ist, verengt sich seine Wahrnehmung und damit verengen sich seine Möglichkeiten zu reagieren. In vielen Büchern wird dies als die Kämpfen-oder-Fliehen-Reaktion beschrieben, die uns von unseren Ahnen aus der frühen Steinzeit mit in den Genpool gegeben wurde.

1.7 Der Fernseher hält die Hormone auf Trab

Wenn uns heute noch Säbelzahntiger in jedem beliebigen Waldstück überfielen, dann wäre es sehr gut, dass wir diese Fliehen-oder-Kämpfen-Reaktionen schon als Kinder zeigen können, weil sie unser Überleben sichern würden. Doch unser Leben hat sich verändert, die Säbelzahntiger sind ausgestorben, und es gibt heute für die meisten Menschen kaum mehr Alltagssituationen, die so bedrohlich sind wie die Konfrontation mit einem großen Raubtier. Trotzdem ist es so, dass wir auf Situationen wie eine mögliche Kündigung, die drohende Arbeitslosigkeit oder auch die in der Presse so viel beschriebenen Unfälle und Katastrophen auf einer hormonellen Ebene sehr ähnlich reagieren wie auf den unmittelbar bevorstehenden Angriff eines Säbelzahntigers. Und das bedeutet, dass viele Menschen dauerhaft mit jeder Menge dieser Hormone leben, praktisch jede Zelle des Körpers wird dann ständig mit entsprechenden Stresshormonen wie dem Adrenalin überschüttet. Bestimmte physiologische Funktionen im Inneren des Körpers werden auf ein Minimum reduziert, beispielsweise das Immunsystem, obwohl es dafür eigentlich keine Veranlassung und auch keinen Nutzen gibt. Längst ist bekannt, dass dieser negative Stress auch chronische Krankheiten zur Folge haben kann, die in unserer Volkswirtschaft einen erheblichen Schaden anrichten.

Menschen sollten lernen, mit diesen Gefühlen besser umzugehen, bevor sie den Fernseher und das Radio einschalten oder die Tageszeitung aufschlagen. Das kann auch bedeuten, sich die schädliche Wirkung von negativen Zeitungs-, Radio- und Fernsehberichten zu verdeutlichen und daraufhin zumindest teilweise, wenn nicht sogar gänzlich, auf den Konsum dieser Medien zu verzichten. Allein solche Maßnahmen können schon dazu beitragen, dass Menschen einen neuen Zugang zu ihren eigenen Emotionen finden, weil die hormonelle Dauerbelastung auch dazu führt, dass sie sich auf die falschen oder zumindest wenig förderlichen Gefühle konzentrieren.

Wenn Sie also fortwährend in Angst leben, dann sind dies eben auch die wichtigsten Gefühle, die Ihren Alltag bestimmen. Und wer wollte schon dauerhaft Angst haben? Wer meint, dies sei in der heutigen Zeit nicht anders möglich, für den ist dieses Buch die richtige Lektüre, denn Angst und andere negative

Emotionen werden uns nicht von außen aufgezwungen, sondern sind vor allem eine Frage der Fokussierung und der Fähigkeit, das eigene Verhalten und die eigenen Gedanken zu kontrollieren.

1.8 Auch zeitlicher Druck wirkt verheerend

Der zunehmende zeitliche Druck, unter dem Menschen stehen, löst ebenfalls eine Stressreaktion im Körper aus. Die ständige Beschleunigung des Alltags zum Beispiel durch neue Medien, durch das Internet und andere Faktoren, sorgt dafür, dass immer mehr Menschen sich eingeengt und fremdbestimmt fühlen.

> **Beispiel: Zehn oder mehr Stunden arbeiten**
> Für viele Teilnehmer meiner Seminare ist es keine Ausnahme, zehn oder sogar zwölf und mehr Stunden an ihrem Arbeitsplatz zu verbringen und darüber hinaus auch noch Arbeit mit nach Hause zu nehmen, um diese am Wochenende oder in ihrer Freizeit abzuarbeiten. Das sorgt auch für eine emotionale Belastung der Partnerschaften und der Familien, die mit dieser Situation umgehen müssen. Es scheint, als würden viele Menschen ihre persönlichen Belange weit zurückstellen, weil sie so mittelbar mehr persönliche Freiheit und emotionale Sicherheit erreichen möchten. Ich stelle das in Frage, denn diese Dauerbelastung hat weit mehr negative Folgen als die unmittelbare Alternative: im Job ruhiger treten oder sich nach einem anderen Lebensweg umschauen.

Wer sich die emotionale Krise in unserer Gesellschaft genauer anschaut, kommt zu dem Schluss, dass ein gezieltes Training emotionaler Fähigkeiten und die Schulung einer größeren Gelassenheit besonders dringende Angelegenheit sind. Die Lösung liegt dabei immer bei jedem Einzelnen, weil er einen individuellen Zugang zu seinen Gefühlen hat und seine persönlichen Herausforderungen auch nur selbst lösen kann. Hier hilft ein geschärftes Bewusstsein, die nötigen Schritte zu unternehmen.

1.9 Sehen Sie lieber Ihre Chancen

Dass es sich lohnt, voll Zuversicht und Optimismus nach vorne zu schauen, beweisen zahlreiche Menschen jeden Tag aufs Neue. Zum Beispiel Menschen, denen gekündigt wurde und die zwei Jahre später in einer viel besseren Position oder sogar in ihrem eigenen Unternehmen viel glücklicher sind als zum Zeitpunkt vor der Kündigung. Insofern scheinen Veränderungen, egal ob diese bewusst selbst initiiert wurden oder ob sie den Menschen von außen aufs

Auge gedrückt wurden, einen sehr positiven Effekt zu haben – zumindest in den meisten Fällen.

Einige Menschen halten es für eine persönliche Schwäche, Gefühle zu haben. Dabei mögen vor allem die Prägungen aus der Kinderzeit eine Rolle spielen, denn der Umgang mit Gefühlen ist nichts anderes als ein erlerntes Verhalten, das zu großen Teilen auch von den Eltern abgeguckt wird. Zudem haben viele Aspekte der typischen Erziehung mit emotionalen Verletzungen zu tun, die nicht nur Kindern zugefügt werden. Alice Miller hat in zahlreichen Werken darauf hingewiesen, wie sich Kindheitserfahrungen auf das Verhalten jedes Erwachsenen auswirken können und wie ein diese Traumata im Lauf der Zeit durch intensive Arbeit an sich selbst überwunden werden können.

Die Arbeit von Alice Miller ist deshalb von Bedeutung, weil sie Menschen einen Weg zeigt, sich ihrer emotionalen Verletzungen bewusst zu werden und einen gezielten Umgang mit diesen Verletzungen zu finden. Letztlich ist dies ein Bereich, in dem viele Diskussionen von Therapeuten und auch Trainern stattfinden, denn die Frage ist, ob ein Mensch auf dem Weg der persönlichen Veränderung und damit auch auf dem Weg zu mehr emotionaler Intelligenz jedes Trauma aus der Vergangenheit noch einmal durchleben muss, bevor er sich verändern kann. Doch Veränderung kann jederzeit stattfinden, sobald ein Mensch gelernt hat, anders als bisher mit seinen Gefühlen umzugehen.

> **!** **Beispiel: Wartet er schon?**
> In einem meiner Seminare hatte ich mehrere Teilnehmerinnen, die bereits seit einiger Zeit Single waren. Diese empfanden die Partnersuche als belastend und auch ihre persönliche Lebenssituation als unbefriedigend, weil sie lieber in einer liebevollen Partnerschaft leben wollten. Erstaunlich war nun das Ergebnis der Frage, wo diese Teilnehmerinnen jeweils ihren neuen Partner sahen. Denn sie alle gingen davon aus, dass dieser Mensch bereits auf diesem Planeten lebt. Also war es eine wichtige Frage, was er zurzeit mache. Hier kamen sehr unterschiedliche Glaubenssysteme ans Tageslicht, denn so meinte zum Beispiel eine Teilnehmerin: »Dieser Mann lebt im Moment in einer festen Beziehung und es wird ein langer Kampf sein, bis er sich für mich entscheiden wird.« Selbstverständlich brach sie in Lachen aus, während sie diesen Satz aussprach. Viel besser ist es doch sich vorzustellen, dass der neue Partner oder die neue Partnerin bereits sehnsüchtig auf einen wartet.

Diese Perspektive der Welt lässt sich selbstverständlich auch auf andere Situationen ausdehnen. So empfehle ich zum Beispiel Langzeitarbeitslosen ganz gezielt, sich abends vor dem Zubettgehen vorzustellen, wie bereits ein Personalverantwortlicher eines großen Unternehmens, in dem sie gerne arbeiten möchten, seit Monaten auf der Suche nach dem passenden Mitarbeiter ist und diesen bisher nicht finden konnte. Wenn ein Mensch mit diesen Gedanken in einem Unternehmen anruft, um sich dort zu bewerben, wird er sicherlich einen besseren Eindruck hinterlassen, als wenn die Erwartungshaltung ist: »Ach, in diesem Unternehmen werde ich bestimmt auch keine Stelle bekommen. Aber was soll's, ich kann es ja immerhin mal versuchen.«

1.10 Emotionale Verletzungen selbst heilen

Diese Beispiele machen deutlich, dass sich emotionale Verletzungen, die wir vielleicht in der Kindheit zum ersten Mal erfahren haben und die sich seitdem durch unser ganzes Leben ziehen, auch in der Gegenwart als negativ erweisen können. Sie machen negative Schleifen möglich, die nicht zuletzt aus sich selbst erfüllenden Prophezeiungen bestehen. Wenn ein Mensch zum Beispiel erwartet, von den anderen abgelehnt und nicht im positiven Sinne wahrgenommen und angenommen zu werden, wird er diese Erfahrung immer wieder in sein Leben ziehen, sozusagen im Außen das erleben, was er im Inneren schon hunderte oder tausende Male vorweggenommen hat.

Jeder Mensch steuert also seine eigene Realität gerade auch mit den Gedanken, die er ständig denkt. Sobald Sie das verstanden haben, werden Sie zunehmend auf Ihre Gedanken achten. Lernen Sie, emotionale Verletzungen zu heilen, die Sie in der Vergangenheit erlitten haben oder die Sie in der Gegenwart erleben. Ein weiterer Schritt ist es dann zu lernen, wie Sie solche emotionalen Verletzungen durch andere Menschen vermeiden können beziehungsweise wie Sie einen neuen Umgang mit diesen emotionalen Verletzungen finden.

1.11 Was mir gut tut und was mir schadet

Der Begriff der emotionalen Verletzung wird hier recht weit gefasst, denn es geht nicht nur um traumatische Erlebnisse. Eine emotionale Verletzung kann auch die spöttische Bemerkung einer Arbeitskollegin sein, die uns morgens mit den ironischen Worten begrüßt: »Na, du siehst ja schon wieder fröhlich aus.« Wenn solche Worte mit einem ironischen Unterton gesprochen werden, handelt es sich dabei im weitesten Sinne schon um eine emotionale Verletzung. Denn viele Menschen haben keine Idee, wie sie mit einer solchen ironischen Aussage umgehen können. Emotional intelligent wäre nun also zweierlei: Entweder Sie entwickeln einen neuen, für Sie angemessenen Umgang mit Menschen, die Ihnen nicht gut tun. Oder Sie finden heraus, welche Menschen Sie ab sofort meiden sollten und wie Sie das anstellen können.

Auch Partnerschaften und familiäre Beziehungen können in emotionaler Hinsicht äußerst belastend sein, und deshalb ist es wichtig, dass Sie lernen sich abzugrenzen. Ob der Schaden dabei wissentlich, also sozusagen absichtlich zugefügt wird, oder ob sich diese Menschen in Ihrer Umgebung einfach nur eine bestimmte Verhaltensweise angewöhnt haben, spielt überhaupt keine Rolle. Sobald Sie gelernt haben, mit anderen Menschen über solche Verletzungen zu sprechen, werden Sie einen großen persönlichen Entwicklungsschritt gegangen sein.

1.12   Sie profitieren von den Fortschritten

Sobald Sie gelernt haben, anders mit Ihren Ängsten umzugehen, werden Sie ein schöneres und emotional reicheres Leben führen. Die Ergebnisse werden also vor allem Sie selbst wahrnehmen. Übertragen Sie dieses Beispiel auf die Unternehmenssituation: Was hat ein Chef davon, wenn er mit seinen Mitarbeitern liebevoller umgeht als bisher, wenn er mehr darauf achtet, was er mit jedem Wort anrichtet, das er sagt? Mittelfristig, und das belegen die Studien, die zum Beispiel Daniel Goleman in seinen Büchern zitiert, wirkt sich ein solcher Umgang auf den Unternehmenserfolg nachhaltig positiv aus.

Doch das ist nicht alles. Der positive Umgang mit anderen Menschen strahlt immer auch zurück, das heißt, dieser Manager wird schon nach kurzer Zeit merken, dass sein Umfeld viel positiver auf ihn reagiert. Sobald er Mitarbeiter positiv motiviert und ihnen ein positives Feedback für ihre Leistung gibt, anstatt an ihren Fehlern herumzunörgeln und immer auf negative Aspekte zu achten, werden sich auch die Mitarbeiter in seiner Umgebung wohler fühlen und bessere Leistungen bringen.

Ein Mitarbeiter, der besser motiviert ist, wird zunächst einmal bei sich selber spüren, dass er besser motiviert ist und mehr Spaß an der Arbeit hat. Ob er dies dann wirklich darauf zurückführen kann, dass zum Beispiel sein Chef oder sein Abteilungsleiter anders reagiert und beispielsweise Seminare besucht hat oder entsprechende Bücher gelesen hat, ist letztlich nur sekundär und nicht der entscheidende Aspekt.

1.13   Wer macht Ihre Gefühle?

Viele Menschen sind der festen Überzeugung, dass sie für ihre Emotionen zumindest zum überwiegenden Teil nicht selbst verantwortlich sind. Das hängt damit zusammen, dass sie den Prozess des Entstehens von Gefühlen weitgehend verdrängt haben. Bestenfalls als Kinder waren sie noch in der Lage, zu verstehen, was bestimmte Situationen in ihnen auslösen und wie sie sich zum Beispiel dabei fühlen, wenn eine andere Person sich in bestimmter Weise verhält oder etwas Bestimmtes sagt.

Dieser Prozess ist automatisiert, denn viele Aktivitäten unseres täglichen Lebens werden vom Unterbewusstsein übernommen, ohne dass der bewusste Verstand eingreifen müsste. Nehmen Sie zum Beispiel das Atmen oder Prozesse wie die Verdauung, das Wachsen der Haare und Nägel oder andere Dinge, um die Sie sich vielleicht noch nie gekümmert haben. Diese Prozesse laufen von Anfang an automatisch ab, das heißt, es gab gar nie einen Zeitpunkt, an dem Sie sich aktiv mit Ihrem bewussten Verstand daran beteiligt haben, Haare und Nägel wachsen zu lassen.

1.14 Wie herkömmliches Lernen funktioniert

Bei anderen Vorgängen ist dies anders: Nehmen Sie zum Beispiel das Autofahren. Hier haben Sie vielleicht als Kind Ihren Eltern zugeschaut und das Gefühl gehabt, dass dies ganz automatisch vonstatten geht und gleichzeitig auch recht einfach ist. Und vielleicht hatten Sie das Glück, dass Ihr Vater oder Ihre Mutter Sie dann eines Tages auf den Schoß genommen hat und Sie für eine kurze Strecke Auto fahren ließ. Dann haben Sie gemerkt, dass Sie gar nicht gut mit dem Auto umgehen konnten und dass Sie sich vielleicht nur zwischen den Bürgersteigen hin und her bewegt haben.

Phase der unbewussten Inkompetenz
Die erste Phase wird von Fachleuten als unbewusste Inkompetenz beschrieben, das heißt ein Mensch weiß nicht, dass er etwas nicht beherrscht und zum Beispiel das Fahrzeug nicht steuern kann.

Phase der bewussten Inkompetenz
Danach folgt die Phase der bewussten Inkompetenz. Das vielleicht sechsjährige Kind, das bei seinem Vater auf dem Schoß saß, hat gelernt, das Autofahren gar nicht so einfach ist wie es sich das gedacht hatte.

Phase der bewussten Kompetenz
Das nächste Phase des Lernens ist die Phase der bewussten Kompetenz, die viele Fahrschüler zum Beispiel am Ende ihrer Ausbildung erreichen. Zwar würgen sie in dem einen oder anderen Fall das Auto an einer Ampel noch ab, aber in der Regel sind sie sehr gut in der Lage unter vollem Einsatz ihrer bewussten Kräfte das Fahrzeug zu steuern.

Unbewusste Kompetenz

Die höchste Ebene ist die unbewusste Kompetenz. Vermutlich können Sie Auto fahren und hören dabei zum Beispiel Radio, telefonieren oder unterhalten sich mit einem Mitfahrenden. Ihr Unterbewusstsein übernimmt dabei alle anderen Vorgänge, die nötig sind: Schalten, blinken, umsehen, auf Fußgänger achten, lenken und vieles andere mehr. Die unbewusste Kompetenz ist also in vielen Fällen förderlich, weil Sie im Alltag Dinge einfach tun können, ohne bewusst darüber nachdenken zu müssen, wie diese zu passieren haben.

Denken Sie zum Beispiel einmal darüber nach, wann Sie das letzte Mal wirklich voll bewusst Ihre Zähne geputzt haben. Das ist ein typischer Ablauf, den Sie automatisch erledigen, ohne darüber bewusst nachzudenken.

Unerwünschter Automatismus

Es gibt allerdings auch eine Reihe von Prozessen, bei denen das Umschalten auf automatischen Betrieb gar nicht erwünscht ist. Denn das Unterbewusstsein macht keinen Unterschied zwischen Prozessen, die Ihnen nutzen (wie zum Beispiel das Autofahren) und Prozessen, die weniger hilfreich sind. Solche Abläufe kennen Sie bestimmt vom Essen im Übermaß, von Angstreaktionen oder von anderen Situationen, in denen Sie sozusagen nicht mehr Herr Ihrer selbst sind. Machen Sie sich bewusst, dass Ihr Unterbewusstsein keine Unterscheidung zwischen gut und schlecht kennt, es ist sozusagen ein neutraler Helfer, der Ihnen ständig unter die Arme greift.

Wenn Sie etwa als Kind von einem Stuhl gefallen sind, der ein bisschen wacklig war, dann werden Sie für den Rest Ihres Lebens vielleicht schon beim Anblick eines wackeligen Stuhls Angst haben. Mit einer solchen Reaktion würde das Unterbewusstsein Sie schützen, weil es vor vielen, vielen Jahren die Erfahrung gesammelt hat, dass es schmerzhaft ist, auf wackligen Stühlen zu sitzen oder herumzuklettern.

1.15 Stoppen Sie den Automatismus gezielt

Nun muss dieser automatische Ablauf nicht in jeder Lebenssituation hilfreich sein. Manche Menschen haben viele Ängste so sehr generalisiert, dass sie sich kaum mehr aus der Wohnung trauen. Sie vermuten hinter jeder Offerte einen Komplott oder eine negative Absicht. Diese Form von Misstrauen und Angst kann übersteigert sein, weil das Unterbewusstsein diese Person vor erneuten schlechten Erfahrungen schützen möchte. Doch wie schnell können Sie umlernen? Extrem schnell!

> **Beispiel: Lernen geht schnell und leicht**
> Stellen Sie einfach mal die Herdplatte in Ihrer Küche an und halten Sie Ihre Hand drei Minuten lang auf diese heiße Herdplatte. Vermutlich wird es schon nach wenigen Sekunden zu heiß sein und Sie werden die Hand erschreckt wegnehmen. Wie oft müssen Sie diesen Vorgang wiederholen, um zu lernen, dass es weh tut?

In Bezug auf Emotionen ist es leicht nachvollziehbar, dass Angst, Zurückhaltung und andere negative Gefühle Ihnen nicht gut tun. Gleichzeitig ist es eine unbewusste Kompetenz, dass Sie sich zum Beispiel beim Fallen abstützen und dabei etwa die Arme so schnell bewegen, wie Sie das mit dem bewussten Verstand gar nicht leisten könnten. Hier ist es sehr hilfreich, dass Ihr Unterbewusstsein Sie schützt. Es scheint also auch einige wenige Ängste zu geben, die durchaus nützlich sind. Und Sie werden spätestens am Ende dieses Buches bereit sein, alle unnötigen Ängste hinter sich zu lassen – für immer.

1.16 Das Wunder der Wahrnehmung

Die Wahrnehmung ist ein höchst komplexer Prozess und Sie sind tatsächlich in der Lage, sich nahezu unbegrenzte Informationen zu merken. So ist Ihr unbewusster Verstand in der Lage, sich zum Beispiel in einer tiefen Trance an sämtliche Situationen Ihres Lebens zu erinnern. Und in Bezug auf jede Situation sind alle Bilder, Geräusche, Töne, Wörter und auch die Gefühle gespeichert, die Sie seinerzeit empfunden haben. Auf einer neurologischen Ebene wurden also Verknüpfungen zwischen der Situation im Außen und einer (Gefühls-)Reaktion im Innen geschaffen, die jederzeit wieder abgerufen werden können. Diese Verknüpfungen, und das schließt auch Ihre Reaktion auf die erlebte Szene ein, sind mehr oder weniger rein zufällig und keineswegs immer logisch!

Sobald Sie in Ihrem alltäglichen Leben in eine Situation kommen, die einer seinerzeit erlebten ähnlich ist, werden automatisch die alten neuronalen Verknüpfungen aktiviert. So erinnert Sie ein bestimmter Duft vielleicht an einen Zirkus, in dem Sie als Kind waren. Oder Sie sehen eine junge Frau mit blonden Haaren und erinnern sich an eine Freundin, die Sie lange nicht gesehen haben. So funktioniert Erinnerung auf der neuronalen Ebene.

Aus der Perspektive der emotionalen Intelligenz geht es also auch darum, diese zufälligen Verknüpfungen gezielt wahrzunehmen und bei Bedarf zu verändern.

> **Beispiel: Die Angst vor der Spinne**
>
> Petra Schneider hat seit ihrem zwölften Lebensjahr große Angst vor Spinnen. Dabei spielt die Größe der Spinne überhaupt keine Rolle, es genügt, dass Petra eine Spinne an der Wand oder an der Decke sieht. Für ihre Familie ist das sehr anstrengend, weil Petra teilweise panisch auf der Suche ist, ob nicht irgendwo doch eine Spinne versteckt sein könnte.
> Interessant war festzustellen, wie Petra sich diese Angst vor Spinnen machte: Sobald sie eine Spinne sah, vergrößerte sie das Bild innerlich um dem Faktor 50 bis 100, so dass selbst eine winzig kleine Spinne ihr übermenschlich groß erschien. Es war als sähe sie die Spinne durch eine Lupe oder ein Vergrößerungsglas. Und diesen Prozess hatte sie automatisiert, so dass sie jedes Mal, wenn sie ein solches Lebewesen traf, automatisch die Vergrößerungsfunktion einschaltete, die völlig unbewusst ablief. Petra lernte im Coaching, die Bilder der Spinnen zu verkleinern, so dass diese nur noch wie ein Punkt am Horizont waren. Und sie lernte außerdem, die Spinnen in Gedanken in lustige Springerstiefel zu stecken und ihnen dazu ein bayrisches Dirndl anzuziehen. Petra lachte so sehr über diese Bilder, dass sie für den Rest ihres Lebens ihre Angst verlernte.

1.17 Ändern Sie Ihre neuronalen Verknüpfungen

Menschen sind also durchaus in der Lage, bestehende neuronale Verknüpfungen aus einem Bild im Außen oder einer im Außen erlebten Situation und der daraus folgenden inneren Reaktion in sehr kurzer Zeit aufzulösen. Im Umkehrschluss ist also jeder Mensch für seine Gefühle selbst verantwortlich. Das Wissen alleine, selbst das Wissen um die Prozesse der in uns stattfindenden neurologischen und hormonellen Abläufe, nützt nichts, wenn Sie es nicht anwenden. Damit Ihnen das leichter fällt, finden Sie in diesem Buch auch zahlreiche Übungen und Beispiele, die vor allem auch Ihr Unterbewusstsein dazu anleiten, neue Wege zu gehen. Daher ist es sehr zu empfehlen, ein Kapitel nach dem anderen zu lesen. Sie werden beim Lesen in den kommenden Tagen und Wochen merken, wie Sie sich eine neue Gefühlswelt erschließen und dabei interessante, spannende und bedeutsame Erfahrungen machen.

Zunächst wollen Sie wissen, wie der Prozess genau funktioniert, wie es dazu kommt, dass Sie bestimmte innere oder äußere Bilder mit Gefühlen und anderen körperlichen Reaktionen verbinden.

> **Beispiel: Das Wasser läuft Ihnen im Mund zusammen**
>
> Stellen Sie sich vor, Sie fahren an einem heißen Sommertag an einer italienischen Eisdiele vorbei, von der Sie wissen, dass hier sehr leckeres Eis angeboten wird. Das Wasser läuft Ihnen in Ihrem Mund zusammen, während Sie vor Ihrem inneren Auge ein Bild von einem Becher mit Eis und vielleicht einem kleinen Sahnehäubchen

sehen können. Was ist hier passiert? Sie haben ja bisher nur aus dem vorbeifahrenden Wagen die Eisdiele sehen können. Allerdings gibt es eine Verknüpfung in Ihnen, die mit diesem Bild von der Eisdiele sofort den Eisbecher, die Eiskugeln und das Sahnehäubchen assoziiert. Dieses innere Bild mag wiederum automatisch einen bestimmten Geschmack in Ihrem Mund auslösen. Und diese Erlebnisse in Ihrem Inneren sind verbunden mit einem guten Gefühl, wie auch immer sich dies genau für Sie anfühlen mag.
Vielleicht haben Sie Beifahrer neben sich sitzen, der Gewichtsprobleme hat und es mag sein, dass auch dieser sich ein großes Eis mit einer doppelten Portion Sahne vorstellt, dann jedoch eine innere Stimme hört, die sagt: »Lass das, Du bist schon dick genug.« Dieses Bild, das mit einer inneren, ermahnenden Stimme verbunden ist, mag dafür sorgen, dass Ihr Begleiter sich beim Anblick der Eisdiele schlechte Gefühle macht und sich gar nicht wohl fühlt, geschweige denn in einen genussvollen Zustand gelangen könnte.

Wenn Sie die beiden Reaktionen in diesem Beispiel miteinander vergleichen, dann dürfte sehr schnell deutlich werden, wie sehr wir selbst unsere Gefühle und damit unserer Erlebnisse steuern und beeinflussen können. Selbstverständlich ist vieles davon antrainiert. Die entscheidenden neuronalen Vernetzungen (und damit die Entscheidung darüber, ob wir ein großes Eis mit Sahne als schmackhaft und genussvoll erleben oder als abschreckend) können vor langer Zeit entstanden sein. Im damaligen Kontext kann die Verknüpfung sinnvoll und damit emotional intelligent erscheinen – oder auch nicht. Aber ganz egal: Die Verknüpfung kann jederzeit geändert und Ihrer heutigen Lebenswelt angepasst werden. Und wie das geht, das lernen Sie in diesem Buch.

Selbstverständlich haben Sie dann eine viel größere Freiheit, weil Sie entscheiden, wie sie sich fühlen möchten. In Situationen, in denen Sie bisher nervös, anspannt, gereizt oder auf andere Weise negativ reagiert haben, können Sie dann dank der neuen Kontrolle über Ihre inneren Prozesse ganz andere Empfindungen erleben und damit auch anders reagieren. Deshalb bin ich auch davon überzeugt, dass dieses Buch Ihr Leben von Grund auf ändert, wenn Sie sich für diesen Prozess öffnen und ihn voller Spannung erwarten.

1.18 Schalten Sie alle Sinne auf Empfang

Ein entscheidender Aspekt ist die gesteigerte Wahrnehmung im Außen und Innen, die vor allem auch die Wahrnehmung Ihres Körpers betrifft. In dieser Disziplin sind die meisten Menschen auf dem Niveau eines Analphabeten und haben einen großen Nachholbedarf.

> **! Übung: Atmen Sie bewusst**
>
> Wussten Sie, dass Sie die meiste Zeit Ihres Lebens nur durch ein Nasenloch atmen und das dieses Nasenloch ganz automatisch und ohne Ihr bewusstes Zutun etwa alle vier Stunden wechselt? Die meisten Menschen, die dies zum ersten Mal erfahren, sind recht ungläubig. Meistens ist der bewusste Verstand dann schon nach kurzer Zeit wieder so abgelenkt, dass er gar nicht weiter verfolgt, ob zum Beispiel das Nasenloch, durch das Sie jetzt einatmen, bald wechseln wird. Werden Sie sich in drei bis vier Stunden daran erinnern, noch einmal Ihr Nasenloch zu überprüfen? Und werden Sie auch morgen und übermorgen noch bewusst genug sein, dass Sie an die Überprüfung denken? Ich selbst habe über 30 Jahre auf diesem Planeten gelebt und es außer bei einer Erkältung nicht ein einziges Mal bemerkt. Und seitdem ich es weiß, kontrolliere ich es immer mal wieder und freue mich, dass es stimmt.

Sie werden sich, und das bedeutet auch und vor allem Ihren Körper, ab sofort viel bewusster wahrnehmen. Die Nase war nur der Anfang. Wenn Sie etwas so Naheliegendes übersehen, einfach nicht bemerkt haben, was mögen Sie sonst alles verpasst haben? Auch diese Prozesse machen Ihr Leben viel farbenfroher und fröhlicher.

1.19 Mehr Wahrnehmung bringt Veränderung

Die neue Bewusstheit wird auch Ihre Veränderungsprozesse beschleunigen. Veränderung erreichen Menschen entweder dadurch, dass sie mit einer aktuellen Lebenssituation nicht zufrieden sind oder dadurch, dass sie sich ein wirklich großes Lebensziel setzen. Aus meiner Erfahrung als Trainer sind diese beiden Motivationen die entscheidenden Aspekte einer persönlichen oder auch beruflichen Veränderung. Manchmal ist es hilfreich, beide Motivationen gleichzeitig zu haben, also zum Beispiel zu wissen, wie unangenehm eine aktuelle Situation von mir empfunden wird und wie gerne ich ein bestimmtes Ziel anstrebe, das selbstverständlich beinhaltet, dass die aktuelle Situation darin nicht mehr vorkommt. In der Fachsprache nennen wir dies »Propulsion System« und es ist ein exzellenter Motivator, der Sie in jeder Lebenslage dabei unterstützt, sich selbst zu verändern. Dazu sei angemerkt, dass persönliche Veränderung immer etwas ist, was aus Ihnen heraus kommt und was bestenfalls durch andere Menschen gezielt unterstützt werden kann. Dabei kann es hilfreich sein, dass ein anderer Mensch einem vor Augen führt, wie bedrohlich, misslich oder unangenehm die eigene aktuelle Lebenssituation tatsächlich ist.

1.20 Übernehmen Sie die Verantwortung selbst

Viele Menschen in unserer Gesellschaft bemühen sich darum, jede Erfahrung und jede Situation so gut wie möglich zu kontrollieren, inklusive ihrer emotionalen Reaktion. Diese Menschen sind ganz erstaunt, wenn zum Beispiel ein guter Freund oder ein Bekannter ihnen auf den Kopf zusagt, was sie wirklich empfinden. Denn sie haben sich vielleicht so abgekoppelt von ihrer eigenen Gefühlswelt, dass sie diese Emotionen lange Zeit überhaupt nicht wahrgenommen haben. Dies ist das Gegenteil von persönlicher Freiheit und von emotionaler Intelligenz, so wie ich sie verstehe. Denn hier geht es nur um unterdrückte Gefühle, um unterdrückte Wahrnehmung und um kontrollierte Erfahrung. Kontrolle ist allerdings genau das Gegenteil von dem, was ein reiches Gefühlsleben ausmacht. Auch hier ist es wieder von Vorteil, dass Sie einmal ein Kind waren und sich sicherlich jetzt daran erinnern, wie sicher Sie sich damals ganz selbstverständlich gefühlt haben. Sie ließen das Leben einfach geschehen und genau dieses Ziel steuern Sie heute wieder an.

Ja, unsere Vergangenheit hat großen Einfluss auf unsere gegenwärtige Gefühlswelt. Es hilft allerdings nichts, die Verantwortung für den Umgang mit den eigenen Gefühlen an die Eltern, Großeltern oder Lehrer zu übertragen. Verantwortlich sind nur und ausschließlich Sie alleine.

Egal, in welchem Bereich Sie ein Defizit bemerken oder ob Sie sogar mit Ihrer gesamten Lebenssituation unzufrieden sind. Lassen Sie die Vergangenheit ruhen und trauen Sie sich, an eine große, emotional reiche Zukunft zu glauben.

Immer mehr Menschen machen die Erfahrung, dass eine neue Stereoanlage, das x-te Smartphone und ein neues Auto nicht wirklich das ist, was sie suchen, brauchen oder wollen. Konsumrausch scheint bestenfalls temporär dafür zu sorgen, dass ein Mensch seine Sinnkrise als weniger quälend empfindet. Die beste Lösung ist es, dass Sie jetzt oder in den kommenden Tagen und Wochen eine neue Antwort finden, falls Sie noch keine Antwort hatten.

Sinnlosigkeit bedeutet aus meiner Sicht, dass ein Mensch keine klaren Ziele verfolgt, sondern dass er sich von all dem leiten lässt, was im Außen passiert. Sie werden schon bemerkt haben, dass es hier eine deutliche Parallele zu dem oben angesprochenen Thema gibt, wer für unsere Gefühle verantwortlich und zuständig ist. In beiden Fällen ist die Antwort dieselbe: Sie sind voll für sich verantwortlich.

Also sind Sie auch dafür verantwortlich, Ihrem Leben einen Sinn zu geben und Ihre Fähigkeiten und Eigenschaften zum besten Nutzen aller einzubringen. Solange Sie abgekoppelt sind von Ihren Emotionen, solange Sie gar nicht wahrnehmen, wie Sie sich in einer bestimmten Situation fühlen, werden Sie gar nicht all Ihre Fähigkeiten und Möglichkeiten nutzen können. Dasselbe gilt für einen Menschen, der in ganz vielen Lebenssituationen einfach nur ängstlich reagiert hat. Er lebt nicht sein volles Potenzial.

Hier eine gute Basis für einen neuen Weg zu schaffen, das wird die Aufgabe sein, der Sie sich in den kommenden Kapiteln dieses Trainingsbuches widmen.

2 Lektion 1: Wie emotional intelligent sind Sie?

Ich verwende immer wieder gerne die Metapher der Reise, wie Sie ja bereits im Vorwort lesen konnten. Nun geht die Reise also los. Als erstes interessiert mich: Wo stehen Sie jetzt? Nur wenn Sie das wissen, können Sie den Kurs bestimmen, wo Sie hinwollen. Also: Wie gut können Sie Ihre Emotionen oder die Anderer wahrnehmen? Und wie intelligent gehen Sie damit um?

Wir starten mit konkreten Fragen, die Sie ganz für sich beantworten können. Sie helfen Ihnen, Ihre momentane emotionale Grundausstattung auszuloten. Dies ist kein Test im Sinne eines Intelligenztests. Ihre Antworten auf die Fragen werden also nicht bewertet, weder von mir noch von Ihnen selbst, und es werden keine Schulnoten vergeben. Dass Sie vielleicht glauben, Sie seien unmusikalisch, nur weil Sie eine Fünf in Musik hatten, oder ähnlicher Humbug, das sind die Sünden unseres Schulsystems, und diese Dummheit brauchen wir in diesem Buch nicht zu wiederholen. Stattdessen lernen Sie durch die Fragen, Ihre eigenen emotionalen Fähigkeiten besser einzuschätzen. In Klammern finden Sie dann jeweils einen Hinweis, in welchem Kapitel dieses Buches das jeweilige Thema besonders intensiv behandelt wird. Viel Freude!

2.1 Prüfen Sie Ihren »EQ« – ein Selbsttest

Frage 1: Erinnern Sie sich, welcher Held aus Kindertagen heute noch Ihr Vorbild ist? (Lektion 1)

Frage 2: Von welchen Glaubenssätzen könnten Sie als Persönlichkeit bisher geprägt worden sein? (Lektion 1)

Frage 3: Welche dieser Glaubenssätze empfinden Sie als einschränkend? (Lektion 1)

Frage 4: Haben Sie schon einmal erlebt, dass Sie sich gezielt an eine Situation aus Ihrer Vergangenheit erinnern, um ein bestimmtes Gefühl hervorzurufen? (Lektion 1)

Frage 5: Haben Sie Ihr Selbstbild schon einmal mit dem Bild abgeglichen, das andere Menschen von Ihnen haben? (Lektion 1)

Lektion 1: Wie emotional intelligent sind Sie?

Frage 6: Ist Ihnen schon einmal aufgefallen, dass Sie immer wieder ähnliche Menschen mit vergleichbaren Eigenschaften und ähnlichem Verhalten in Ihr Leben ziehen? (Lektion 1)

Frage 7: Haben Sie schon einmal überprüft, in welchen Abhängigkeiten Sie sich befinden und welche dieser Abhängigkeiten Sie gerne verändern möchten? (Lektion 1)

Frage 8: Glauben Sie, dass andere Menschen sich verändern müssen, damit Sie wirklich glücklich sein können? (Lektion 1)

Frage 9: Haben Sie eine genaue Vorstellung davon, welche Werte Ihnen im Leben momentan wichtig sind? (Lektion 1)

Frage 10: Haben Sie schon einmal darüber nachgedacht, wie Sie in zehn Jahren leben möchten und welche Eigenschaften Sie dann haben wollen? (Lektion 2)

Frage 11: Sind Sie sich über die Ziele, die Sie anstreben, im Klaren? (Lektion 2)

Frage 12: Legen Sie in Ihrer Partnerschaft gemeinsame Ziele fest? (Lektion 2)

Frage 13: Kennen Sie die Bedingungen, die richtig formulierte Ziele erfüllen sollten? (Lektion 2)

Frage 14: Haben Sie schon einmal Ihre persönliche Komfortzone gezielt verlassen, um eine wirksame Veränderung zu erreichen? (Lektion 2)

Frage 15: Lassen Sie sich von Ängsten und Sorgen fremdbestimmen, oder bemühen Sie sich, diese in gute Gefühle zu verändern? (Lektion 2)

Frage 16: Sind Sie selbstbewusst im dem Sinn, dass Sie sich Ihrer eigenen Persönlichkeit wirklich bewusst sind? (Lektion 2)

Frage 17: Ist Ihnen schon aufgefallen, dass selbst gestandene Unternehmen oft keine klaren Ziele haben? (Lektion 3)

Frage 18: Haben Sie schon einmal eine feste Vereinbarung mit sich selbst getroffen und diese dann einige Tage oder Wochen später gebrochen? (Lektion 3)

Frage 19: Wussten Sie, dass sehr viele Menschen ständig das Gegenteil von dem tun, um das sie gebeten werden oder was Sie tun sollten? (Lektion 3)

Frage 20: Wissen Sie, was Ihnen wirklich gut tut und womit Sie zum Beispiel richtig gut entspannen können? (Lektion 3)

Frage 21: Haben Sie sich durch eigene Faulheit, Angst oder Eitelkeit schon einmal selbst um einen Erfolg gebracht? (Lektion 3)

Frage 22: Schaffen Sie es, sich selbst jederzeit leicht zu motivieren und damit Höchstleistungen zu bringen? (Lektion 3)

Frage 23: Haben Sie Ihren Stress gut unter Kontrolle? (Lektion 4)

Frage 24: Haben Sie öfters das Gefühl der Unterforderung? (Lektion 4)

Frage 25: Gelingen Ihnen Veränderungen schnell, oder benötigen Sie eher viel Zeit dazu? (Lektion 4)

Frage 26: Können Sie sich vorstellen, sich jeden Tag 10 oder 20 Minuten in einem tief entspannten Zustand auf Ihre Ziele zu konzentrieren und sie dadurch viel schneller zu erreichen? (Lektion 4)

Frage 27: Konzentrieren Sie sich bei einem Problem auch heute schon auf die geeignete Lösung? (Lektion 4)

Frage 28: Sind Sie sich bewusst darüber, wie Sie am liebsten leben möchten und ob Sie diesen Zustand schon erreicht haben? (Lektion 5)

Frage 29: Fällt es Ihnen leicht, Beziehungen zu anderen Menschen aufzubauen und zu halten? (Lektion 5)

Frage 30: Achten Sie im Alltag darauf, klare Ich-Botschaften anstelle von Vermutungen über den Zustand Ihres Gegenübers zu äußern? (Lektion 5)

Frage 31: Nutzen Sie die Konzentration auf die positiven Entwicklungen heute schon, um Ihre Ziele schnell zu erreichen? (Lektion 5)

Frage 32: Sind Sie Mitglied in professionellen Netzwerken, um beruflich schnell voran zu kommen und intensive Kontakte aufzubauen? (Lektion 5)

Frage 33: Haben Sie schon mal ein Training für Körpersprache besucht und dabei die Bedeutung von Mimik und Gestik kennen gelernt? (Lektion 6)

Frage 34: Können Sie gut damit umgehen, wenn Sie von anderen Menschen kritisiert werden? (Lektion 6)

Frage 35: Haben Sie sich bisher schon einmal intensiv damit beschäftigt, Ihre empathischen Fähigkeiten zu erweitern? (Lektion 8)

Frage 36: Sehen Sie in Konfliktsituationen auch auf die Gefühlslage Ihrer Kontrahenten? (Lektion 8)

Frage 37: Welche Rolle würden Sie sich – falls zutreffend – in Konfliktsituationen am ehesten zuschreiben: Handelnder, Ankläger oder Leidender? (Lektion 8)

Machen Sie sich bewusst, dass jeder Mensch, also auch Sie, über eine umfassende Ausstattung mit »emotionaler Intelligenz« verfügt und diese auch nutzen kann. Nur im Lauf der Jahre ist bei manchen Menschen der Zugang zu den eigenen Gefühlen bewusst oder unbewusst mehr und mehr versperrt worden. Aus meiner Sicht ist der Hauptgrund dafür Angst. Diese Angst muss nicht konkret auf ein bestimmtes Ereignis oder auf eine befürchtete Situation zurückgeführt werden können, es scheint vielmehr so, dass Menschen Situationen, in denen Sie Angst hatten, generalisieren, das heißt, die Erfahrung aus einer Situation auf eine andere übertragen.

2.2 Vorbilder

Vielleicht sind Sie mit dem Glaubenssatz groß geworden, dass ein Vater oder eine Mutter keine Gefühle zeigen kann. Manche Menschen haben das Verhalten ihrer Eltern oder anderer naher Verwandter oder Lehrer kopiert und sind so gefühllos geworden.

Auch Romane, Comics und das Fernsehen bieten zahlreiche Vorbilder an, die nicht besonders viele oder gar keine Emotionen zum Ausdruck bringen. Denken Sie nur an Figuren wie Winnetou, Old Shatterhand, Mister Spock vom Raumschiff Enterprise oder andere Helden aus Kindertagen. Wann hat Donald Duck seine Neffen schon einmal liebevoll in den Arm genommen? All diese Beispiele haben Sie geprägt und dazu angeleitet, in bestimmter Art und Weise mit Ihren Gefühlen umzugehen.

Welche Helden aus Kindertagen verehren Sie noch heute insgeheim? Und wie vorbildlich gehen diese Helden mit Emotionen um?

> **Übung: Lassen Sie die alten Helden los!**
> In meinen Seminaren führe ich immer wieder ein Ritual durch, das den Teilnehmern hilft, ein altes und nun nicht mehr erwünschtes Vorbild loszulassen. Bei den Vorbereitungen macht sich dann jeder bewusst, wer dieses Idealbild aus den Kindertagen ist. Bei Männern sind es neben den oben genannten oft Figuren wie der Held aus der Kung Fu-Serie, die viele heute erwachsene Menschen kennen. Und bei den Frauen treten auch Vorbilder wie Black Beauty, ein wundervoller schwarzer Hengst, sowie selbstverständlich Pippi Langstrumpf und Ronja Räubertochter auf. Die Teilnehmer machen sich bewusst, wie sehr sie ihr Leben bisher nach diesem Vorbild ausgerichtet haben. Und dann lassen Sie es in einem individuell durchgeführten Ritual los, um sich für immer davon zu trennen und danach wirklich in ein eigenes Leben zu starten. Welches frühere Vorbild wollen Sie jetzt loslassen?

2.3 Erinnern Sie sich an Ihre Gefühle!

Bevor Ihre Gefühlswelt eingeschränkt wurde, etwa indem sich an einem solchen Vorbild orientierten, waren Sie emotional voll ausgestattet. Vielleicht wussten Sie als Säugling nicht, wie sich ein Gefühl auf der körperlichen Ebene genau anfühlt. Doch Sie haben es wahrgenommen und konnten es auf der breiten Skala Ihres inneren Erlebens ganz eindeutig zuordnen. Schon im Bauch Ihrer Mutter haben Sie sämtliche Szenen mitbekommen, die sich da draußen abspielten. Und Sie haben diese Szenen emotional so beurteilt, wie sie es bald wieder können werden, indem Sie sich die nur verschüttete Welt Ihrer Emotionen wieder ganz zugänglich gemacht haben.

Welche Gefühle haben Sie unterdrückt oder vergessen?
Hier geht es nun nicht darum, Sie in einer Art buchgestützter Therapie wieder zu Ihren Gefühlen zurückzuführen. Woher sollen Sie auch wissen, welche Gefühle Sie vergessen haben, wenn Sie sie eben vergessen haben?

Na, vergessen heißt ja nicht verloren. Es genügt an dieser Stelle der bewusste Entschluss, dass Sie sich Ihre eigene Gefühlswelt wieder zugänglich machen möchten. Vielleicht sind Sie auch ein sehr emotionaler Mensch und haben dadurch einen sehr guten Zugang zu Ihren Gefühlen. Dann mag es sein, dass Sie dieses Buch nutzen möchten, um Ihre Gefühle ein wenig besser in den Griff zu bekommen, so dass Sie zum Beispiel nicht in jeder Situation vor Rührung weinen müssen, in der jemand eine rührende Geschichte erzählt.

Gerade bei Menschen, die ihre Gefühle bisher aus Angst unterdrückt haben, geht es darum, zunächst eine Gefühlskontrolle zu entwickeln, so dass sich die Angst vor den eigenen Gefühlen verliert. Emotionaler Reichtum entsteht sicherlich nicht in Form von Kontrolle. Das Ziel dieses Buches ist also nicht die weiter gehende Manipulation Ihrer Gefühle. Sie werden Ihre Gefühle zulassen können, weil Sie die Angst davor nicht mehr fürchten.

> **Tipp**
> Machen Sie sich bewusst, dass ein emotional reiches Leben erheblich lebenswerter ist, als ein emotional verarmtes Leben.

Wohlgemerkt: Es ist keineswegs erstrebenswert, nur noch positive Gefühle zu haben. Gerade negativ empfundene Gefühle sind großartige Wegweiser, die Sie gerne nutzen wollen, um etwas über sich und Ihre Gedanken zu erfahren.

2.4 Ihre Glaubenssätze gestalten Ihr Leben

Ein typischer Glaubenssatz, den Sie vielleicht aus Ihrer Kindheit kennen, ist folgender: »Ein Indianer kennt keinen Schmerz.« oder »Männer weinen nicht.« Solche und andere Glaubenssätze, die Sie von irgendwem übernommen oder selbst entwickelt haben, sind ausgesprochen mächtig.

Selbstverständlich sind Sie ein Produkt Ihrer Schulzeit, Ihrer Erziehung, der Menschen, mit denen Sie sich umgeben. Das alles stimmt. Sie wurden so wie Sie sind, weil Sie an bestimmte Aussagen, die Sie in Ihrem Leben gehört haben, geglaubt haben – und an andere nicht. Glaubenssätze beschreiben das, was für Sie wahr ist, das heißt was Sie für wahr halten. Wenn Sie zum Beispiel der Meinung sind, dass andere Menschen Sie für zu dick, zu groß, zu dünn, zu unbeweglich und so weiter halten, dann werden Sie diese Erfahrung in Ihrem Leben machen. Sie machen diese Erfahrung nicht deshalb, weil Sie zu groß oder zu dünn sind! Sondern Sie glauben, dass Sie in dieser Weise sind und dann sind Sie es. Ursache und Wirkung sind also anders herum, als die meisten Menschen glauben. Diese Darstellung mag Sie überfordern, falls Sie bisher noch keine Erfahrung in diesem Bereich haben. Um Ihren emotionalen Reichtum wiederzuentdecken hilft jedoch die Beschäftigung mit Ihren Glaubenssätzen sehr.

Was glauben Sie von sich? Welche Glaubenssätze, Lebensmottos, Weisheiten oder Wahrheiten fallen Ihnen ein? Und von welchen dieser Glaubenssätze möchten Sie sich heute gerne verabschieden?
Nehmen Sie einen Satz wie den eben genannten, dass die Indianer angeblich keinen Schmerz kennen. Es ist sicherlich so, dass in unserer Kultur viele Kinder sich mit Indianern identifizieren, vor allem aus der Generation der heute

30- bis 50-Jährigen. Das muss nicht notwendigerweise Winnetou sein, es kann auch ein beliebiger Indianer aus einem anderen Stamm sein. Nur die Aussage, dass Indianer keinen Schmerz kennen, mag bei manchen Jungen und Mädchen dazu geführt haben, dass sie sich von einem Großteil Ihrer Gefühle abgekoppelt haben, nur um wie ein »echter« Indianer wirken zu können.

Doch nur weil Sie irgendwann mal gedacht haben, dass es toll wäre ein Indianer zu sein, muss das nicht bedeuten, dass Sie für den Rest Ihres Lebens mit einem Federschmuck auf dem Kopf und ohne aktives Gefühlsleben durch die Gegend laufen. Doch genau dies mag mit Ihren Gefühlen passiert sein: Sie schmücken sich vielleicht heute noch damit, dass Sie glauben, dass ein wirklicher Mann oder eine wirklich toughe Geschäftsfrau keine Gefühle zu zeigen hat.

Selbstverständlich ist es Unsinn anzunehmen, dass Indianer keinen Schmerz zeigen oder empfinden würden. Im Gegenteil: Ich habe eine Reihe von Schamanen aus indianischen Urvölkern kennen gelernt, die höchst emotionale Menschen sind und eine Art und Weise haben, mit ihrem eigenen Gefühlen umzugehen, die ich erstaunlich und sehr nachahmenswert fand.

Es ist also die Frage, inwieweit Sie sich heute schon dafür entscheiden wollen, möglichst viele alte Glaubenssätze einfach loszulassen, notfalls auch erst dann, nachdem Sie sich selbst bewusst gemacht haben. Es mag sein, dass dies ein Prozess ist, der Sie in den kommenden Monaten begleitet. Dann bedeutet dies, dass Sie in diesen Monaten immer wieder darüber stolpern, was für einen Unsinn Sie früher für wahr gehalten haben. Das Schöne daran ist, dass Sie jeden Glaubenssatz, den Sie irgendwann einmal geprägt haben, jederzeit wieder loslassen können. Glaubenssätze bestimmen Ihr Leben nachhaltig. Doch das bedeutet nicht, dass Glaubenssätze in Stein gemeißelt sind.

> **Übung: Das Kabinett der Glaubenssätze**
>
> Lassen Sie einfach alle Glaubenssätze los, die ab sofort nicht mehr förderlich für Ihr Leben und Ihre weitere Entwicklung sind. Verabschieden Sie sich zum Beispiel mit einem kleinen Ritual von einem überkommenen Glaubenssatz: Stellen Sie sich anstelle des Glaubenssatzes einen Gegenstand oder ein Symbol vor. Dann stellen Sie dieses Symbol in ein Museum. So können Sie ihn sich immer mal wieder aus der Ferne betrachten, weil er mit einem Zaun von den neugierigen Besuchern abgetrennt wurde. Nur haben Sie ihn damit losgelassen. Machen Sie dieses Ritual so lebensecht wie möglich und verabschieden Sie sich so für immer von der alten Idee, die Sie einmal für wahr gehalten haben.

Glaubenssätze bestimmen nicht nur, ob Sie überhaupt etwas fühlen und wie emotional Sie sich als Mensch geben dürfen. Sie bestimmen auch, wie Sie eine Situation emotional zu verarbeiten haben.

> **! Beispiel: Sei doch vernünftig!**
> Josef Huber ist Bankangestellter, die Kunden und auch die Vorgesetzten sind begeistert von seiner Arbeit. Im Seminar wird Josef bei einer Übung zum Thema Glaubenssätze deutlich, dass er als Kind von seinen Eltern ständig den Satz »Sei doch bitte vernünftig.« zu hören bekam, vor allem auch in seiner Rolle als Erstgeborener. Das hat Josefs gesamten Umgang mit Gefühlen in den meisten Lebenssituationen geprägt, er ist immer der Vernünftige. Auch in seinem Beruf folgt er ständig, und das wird ihm im Seminar bewusst, dem früh eingetrichterten Glaubenssatz, er müsse immer vernünftig sein. Ein intelligenter Umgang mit Gefühlen ist das nicht gerade, denn eine ganze Gefühlshemisphäre wird auf diese Weise ja ausgeblendet. Josef entscheidet sich nun aktiv dafür, einen neuen Zugang zu seinen Gefühlen zu finden und auch mal unvernünftig zu sein, was immer dies in seiner Welt bedeutet. So hat er wieder mehr Spaß am Leben.

Welche Situationen empfinden Sie in Ihrem Leben bisher eindeutig als schlecht?
Wenn Sie zum Beispiel als Kind gelernt haben, ein bestimmtes Wetter als negativ, traurig machend oder ähnlich zu empfinden, dann werden Sie das höchstwahrscheinlich auch als Erwachsener entsprechend empfinden. Sobald Sie sich dafür entscheiden, wieder selbst Herr Ihrer Gefühle zu sein, werden Sie sich auch dafür entscheiden wollen, Ihre Glaubenssätze gezielt zu beeinflussen, um damit eine Steuerung Ihrer Gefühle zu erreichen. Eine der besten Möglichkeiten, dies zu tun, ist das Umdeuten einer bestimmten Wahrnehmung.

Wenn es draußen schneit und hagelt, dann mag das auf den ersten Blick als ungemütlich erscheinen. Doch wie sieht es aus, wenn Sie vor einem herrlichen Kaminfeuer sitzen und nach draußen schauen, während es schneit? Dann haben Sie vielleicht einen ganz anderen Eindruck. Vielleicht sind Sie dann sogar froh, dass das Wetter draußen nicht sonnig ist, weil Sie die Situation vor dem Kamin viel mehr genießen können mit Schnee, Hagel oder Regen. Es geht also vor allen Dingen darum, unseren eigenen Standpunkt festzustellen und darüber nachzudenken, ob es in einer bestimmten Situation auch einen anderen Standpunkt gibt. Dazu ist allerdings eine gewisse persönliche Flexibilität hilfreich, die Sie jetzt entwickeln können.

> **Übung: Was ist schlecht und was ist gut?**
> Sie kommen dadurch zu spät zur Arbeit, aber Sie könnten den Traummann oder die Traumfrau Ihres Lebens kennenlernen. Schauen Sie sich gezielt um oder warten Sie stumm leidend auf die nächste Bahn?
> Ihr Partner ist noch nicht zu Hause, es ist mal wieder später geworden – offensichtlich? Gut oder schlecht?
> Malen Sie sich aus, wie er oder sie mit einem anderen Menschen eine lustige Zeit erlebt? Oder sehen Sie sich alleine beim Abendbrot sitzen und müde, traurig und abgespannt warten, damit Sie Ihren Partner in noch schlechterer Laune später begrüßen können?

2.5 Sind Sie ein Kopf- oder ein Bauchmensch?

In einem Seminar hörte ich vor wenigen Tagen jemanden sagen, er sei mehr ein Kopfmensch als ein Bauchmensch. Damit wollte dieser Teilnehmer wohl zum Ausdruck bringen, dass er seine Gefühle bislang nicht so deutlich wahrnimmt, sondern eher rational Entscheidungen trifft. Nun ist es selbstverständlich ein Leichtes, einen solchen Menschen seine eigenen Gefühle wahrnehmen zu lassen, vor allem die negativen.

Auf dem Weg, diesen Glaubenssatz hinter sich zu lassen, ist es hilfreich, zunächst die Verantwortung für die eigenen Gefühle zurück zu gewinnen. Wenn Sie bislang andere Menschen für Ihre Gefühle verantwortlich gemacht haben, dann ist es wichtig zu erkennen, wie sehr Sie selbst jedes Gefühl verändern, bestimmen und gezielt erleben können. Verantwortung bedeutet an dieser Stelle nicht, dass Sie jedes Gefühl kontrollieren wollen. Im Gegenteil: Es zeichnet einen emotional reichen Menschen aus, dass er eine Vielfalt von Gefühlen zulässt. Aber eben nicht jedes Gefühl, das »so zufällig des Weges kommt« und ihn womöglich in seinem Leben massiv einschränkt.

> **Übung: Erinnern Sie sich …**
> Erinnern Sie sich zunächst einmal an bestimmte Abläufe und Ereignisse, die Sie vielleicht emotional in den vergangenen Tagen aufgewühlt haben. Was haben Sie in dieser Situation gedacht? Und wie haben diese inneren Bilder, Stimmen und anderen Abläufe Ihr Gefühl beeinflusst oder bestimmte Gefühle hervorgerufen? Prüfen Sie genau, was Sie in Ihrem Körper spüren kurz nachdem Sie das jeweilige Beispiel gelesen haben. Und notieren Sie vielleicht auch auf einem separaten Blatt, wie es sich anfühlt. Beschreiben Sie das Gefühl dabei möglichst detailliert, gerade dann, wenn Sie bisher eher nur zwischen guten und schlechten Gefühlen, zwischen Angst, Freude und Spaß unterschieden haben:
> In welcher Situation haben Sie sich zuletzt mal richtig über einen Menschen geärgert?

Lektion 1: Wie emotional intelligent sind Sie?

> Waren Sie in letzter Zeit mal richtig wütend?
> Wie fühlt es sich an, wenn Sie mal depressiv sind und mit sich und der Welt nichts anfangen können?
> Wann war Ihnen zum letzten Mal alles um Sie herum egal?
> Wann hatten Sie richtig großen Hunger?
> Wie gut hat es sich beim letzten Mal angefühlt, ausgiebig zu duschen oder zu baden?
> Woran würden Sie merken, dass Sie sich in einen Menschen verlieben?
> Was fühlen Sie für ein kleines Kind, das Sie vielleicht erst gestern angestrahlt hat?
> Kennen Sie das Gefühl, die ganze Welt vor Glück umarmen zu können? Wann hatten Sie das das letzte Mal?

! Tipp

Je häufiger Sie sich ab sofort an positive Situationen, Menschen und Ereignisse erinnern, desto besser werden Sie sich jeden Tag fühlen. Es ist also eine gute Entscheidung!

Können Sie sich erinnern, dass Sie manche Erinnerungen im Nachhinein verändern? Zum Beispiel mögen Sie dies mit Ihrer Schulzeit gemacht haben. Am Anfang, kurz nach dem Schulabschluss, waren da vielleicht vor allem die guten Gefühle, eine harte Zeit überstanden zu haben. Und nach einigen Jahren, ja vielleicht auch mit einem immer größeren Abstand, erinnern Sie sich immer häufiger an die vielen schönen Situationen, die Sie an dieser Schule erlebt haben.

2.6 Nehmen Sie Ihre Körperreaktion wahr

Je mehr Sie sich mit Gefühlen auseinander setzen, desto wichtiger ist es, auch Ihre Köperwahrnehmung zu erhöhen. Dabei geht es gerade nicht darum, Ihren Körper im Spiegel von außen anzusehen, sondern vielmehr darum, einfach mal die Augen zu schließen und Ihren Körper sozusagen von innen wahrzunehmen. Denken Sie zum Beispiel einfach mal an eine Situation, in der Sie sehr in einen anderen Menschen verliebt waren. Wo genau ist dieses Gefühl in Ihrem Körper? Wo beginnt es und wo geht es hin? Es mag für Sie komisch klingen, dass sich Gefühle in Ihrem Körper bewegen. Doch Sie können Gefühle überhaupt nur dann wahrnehmen, wenn sie sich in Ihrem Körper bewegen.

! Übung: Nerven gewöhnen sich an alles

Nehmen Sie ein kleines Geldstück, zum Beispiel einen Cent, Ihrem Portemonnaie. Legen Sie dann Ihre Hand auf den Tisch oder auf Ihren Oberschenkel, dass der Handrücken eben und absolut ruhig liegt. Sobald Sie das Centstück auf den Handrücken legen, werden Sie vielleicht noch eine unterschiedliche Temperatur wahrnehmen und Sie werden auch den Druck des Hinlegens spüren. Nach wenigen

Augenblicken werden Sie allerdings den Druck nicht mehr spüren können, solange sich Ihre Hand nicht bewegt. Das ist ein gutes Beispiel dafür, dass sich Ihre Nerven an den Dauerdruck gewöhnen. Sie »feuern« nur, wenn etwas Neues passiert oder sich eine Veränderung ergibt. Ansonsten spüren Sie das Centstück auf Ihrem Handrücken bestenfalls wegen des Temperaturunterschieds.

Welche Gefühle können Sie körperlich spüren, wenn Sie sich in sie hineinversetzen?

2.7 Wie habe ich mich gefühlt?

Ein weiterer ganz wichtiger Aspekt in diesem Kapitel ist Ihre Fähigkeit, sich an frühere Gefühle zu erinnern und diese in der Gegenwart noch einmal zu erleben. Sicherlich kennen Sie Situationen, in denen Sie sich an frühere Ereignisse ganz spontan erinnern, obwohl diese vielleicht schon lange zurückliegen und Sie sich vielleicht auch lange nicht an diese Situationen erinnert haben. Oft mag Ihnen dies auch dann passieren, wenn zum Beispiel Verwandte über Situationen aus Ihrer Kindheit reden, an die sie sich selbst gar nicht mehr so genau erinnern können. Oder wenn ein bestimmter Duft in Ihre Nase gelangt, den Sie zum letzten Mal als Kind gerochen haben. Hier ist es ganz wichtig, sich bewusst zu machen, wie unterschiedlich das eigene Erleben im Verhältnis zu dem sein mag, was andere Menschen von dieser Situation erzählen.

Übung: Revue passieren lassen

Tragen Sie im Folgenden einfach in kurzen Stichworten ein, was Sie genau empfunden haben, als Sie die entsprechenden Situationen erlebten. Wo war das Gefühl? Wohin in Ihrem Körper hat es sich bewegt? Und wohin ist es dann gegangen?

Als ich mich unsicher gefühlt habe, hat es sich so angefühlt:

Als ich einmal Angst hatte, da fühlte es sich so an:

Wenn ich glücklich bin, erlebe ich das Gefühl so:

Verliebt sein ist herrlich und die Schmetterlinge in meinem Körper fliegen so:

An welche früheren starken Gefühle können Sie sich erinnern?

Je besser Sie sich Gefühle aus vergangenen Situationen bewusst machen, desto klarer wird Ihnen, dass Sie bereits über ein sehr großes Gefühlsspektrum verfügen, dass Sie beliebig und zu jeder Zeit reaktivieren können. Allein dadurch ist es Ihnen schon möglich, sich in einer bestimmten Situation in den gewünschten Gefühlszustand zu versetzen, so dass Sie über möglichst viele Ressourcen verfügen, um optimal agieren und reagieren zu können.

Eine zunehmende emotionale Kompetenz bedeutet auch, sich dieser Gefühle bewusster zu werden und damit die entsprechende Körperwahrnehmung genauer unterscheiden zu können. Schon während des Lesens dieses Buches wird es Ihnen möglich sein, auch feinste Gefühlsunterschiede, das heißt kleinste Unterschiede der körperlichen Reaktion wahrzunehmen und damit eine viel größere Gefühlsvariation zu erleben. Das ist einer der wichtigen Aspekte, warum dieses Buch dafür sorgen wird, dass Ihr Leben sozusagen bunt wird.

2.8 Gefühle sind Gradmesser Ihrer Gedanken

Eine andere Umgehensweise mit Gefühlen ist es, sie als Richtschnur der zuvor gedachten Gedanken zu sehen. Sie können damit feststellen, welche Gedanken Ihnen gut tun und welche Ihnen weniger gut tun. Allerdings erfordert diese Übung ein wenig Zeit, bis Sie sie wirklich gut beherrschen, doch fangen Sie gleich damit an, Ihre Gefühle einmal als Barometer Ihrer zuvor gedachten Gedanken wahrzunehmen. Dies ist eine entscheidende Erkenntnis, die Sie wirklich weiter bringen kann: Ihre Gefühle sind nur ein Feedback darauf, was sie vorher gedacht haben bzw. womit sie sich beschäftigt haben. Im Umkehrschluss bedeutet das ganz einfach, dass Sie mit Ihren Gedanken Ihre Gefühle steuern können.

In meinen Seminaren und Vorträgen weise ich gerne darauf hin, dass alle Menschen zeitlebens nur eine einzige Aufgabe haben: Bringen Sie Ihre Gedanken unter ihre Kontrolle. Natürlich lässt sich dieser Satz jetzt einmal schnell lesen, vielleicht sogar überlesen. Und doch möchte ich Ihnen empfehlen, jetzt noch einmal gedanklich an dieser Stelle stehen zu bleiben, vielleicht sogar das Buch für einen Moment niederzulegen und darüber nachzudenken. Alle Menschen haben wirklich nur diese eine Aufgabe. Je besser Sie in der Lage sind, Ihre Gedanken gezielt auf das zu richten, was Sie in Ihrem Leben haben möchten, umso besser haben Sie Ihre Gefühle unter Kontrolle. Vermutlich ist dies das wichtigste, was Sie über emotionale Intelligenz, Gedanken und Gefühle überhaupt je im Leben lernen können. Gefühle sind das Feedback darauf, was Sie vorher gedacht haben.

2.9 Die Qualität Ihrer Gedanken

Vor diesem Hintergrund möchte ich bereits an dieser Stelle meines Buches zu einem wichtigen Gedankengang kommen, den Sie während des weiteren Lesens im Hinterkopf behalten können: Die Qualität ihrer Gedanken bestimmt die Qualität ihres Lebens! Wenn Sie diesen Satz heute zum ersten Mal lesen, dann kann dies ein besonderer Moment in Ihrem Leben sein. Denn vielleicht ist Ihnen bisher die Bedeutung Ihrer Gedanken gar nicht bewusst. Wie die meisten Menschen haben Sie vielleicht rein zufällig gedacht, immer eben genau gerade über das, was aktuell um sie herum passiert und mehr oder weniger zufällig in Ihren Fokus rutscht. Doch die Verantwortung in Ihrem Leben zu übernehmen und Ihr Leben bewusst und absichtlich so zu gestalten, wie Sie es gestalten möchten, das setzt die Kontrolle Ihres Denkens voraus. Nur wer gezielt denken kann, ist auch in der Lage, sein eigenes Leben so zu gestalten, wie er es möchte. Sie können also dieses gesamte Buch auch dafür nutzen, um mehr und mehr zu erkennen, wie einfach es ist, durch Konzentration die eigenen Gedanken und damit auch die eigenen Gefühle unter Ihre Kontrolle zu bringen. Und Sie werden dann sehr schnell feststellen, dass sich Ihre komplette Gefühlswelt dadurch verändert, dass sie gelernt haben gezielt zu denken.

Nehmen Sie als Beispiel die Übung, in der Sie sich an Situationen erinnert haben, in denen Sie ein bestimmtes Gefühl hatten. Wenn Sie nun ganz allgemein zwischen einem guten und einem schlechten Gefühl unterscheiden, dann haben Sie eine Vorstellung davon, welche Gedanken Ihnen sozusagen gut tun, so dass Sie mehr davon denken sollten, und welche Gedanken Ihnen nicht so gut tun, so dass Sie sie in Zukunft einfach möglichst unterlassen. Auch diese Herangehensweise ist eine neue Möglichkeit, mit Ihren Gefühlen umzugehen, denn sobald Sie verstanden haben, dass Ihre Gefühle von Ihren Gedanken gesteuert werden, dann müssen Sie nur Ihre Gedanken ändern, um zum Beispiel sehr schöne Gefühle zu haben. Dabei spielt es, und das ist an dieser Stelle sehr wichtig, überhaupt keine Rolle, was außen um Sie herum passiert.

Im Moment sind Sie sozusagen das Ergebnis aller Gedanken und Glaubenssätze, die Sie bis zum heutigen Tag gedacht haben. Was werden Sie künftig wohl glauben? In der nächsten Übung empfehle ich Ihnen, einen Kassensturz zu machen, ein Resümee zu ziehen von Ihrem bisherigen Leben mit seinen Grenzen und Möglichkeiten.

Lektion 1: Wie emotional intelligent sind Sie?

> **! Übung: Beschreiben Sie sich selbst!**
>
> Was können Sie besonders gut, welche Fähigkeiten haben Sie?
>
> Welche Eigenschaften mögen Sie an sich besonders gerne?
>
> Was mögen Sie an sich nicht so gern?
>
> Was bewundern andere Menschen an Ihnen?
>
> Was bewundern Sie selbst an sich?
>
> Was macht Sie liebenswert?
>
> Was macht Sie einzigartig?

Es kann sehr sinnvoll sein, diese Liste von positiven Eigenschaften und Fähigkeiten auch durch andere Menschen erstellen zu lassen, die Sie sehr gut kennen. Aus dem Vergleich der Listen miteinander, erhalten Sie ein sehr gutes Feedback darüber, wie Ihr Selbstbild im Verhältnis zum Fremdbild ist. Denn ein ganz wichtiger Bereich der emotionalen Intelligenz ist die gute Selbsteinschätzung und das Erkennen, wie andere Menschen Sie wahrnehmen im Verhältnis dazu, wie Sie sich selbst wahrnehmen. Je deckungsgleicher die entsprechenden Aufstellungen sind, desto mehr sind Sie in der Lage, Ihre Eigenschaften und Fähigkeiten schon heute gut einzuschätzen und sie damit auch zum Wohle aller Menschen einzusetzen.

In welchen Punkten differiert das Bild, das Sie von sich selbst haben, deutlich von dem Bild, das andere von Ihnen haben?

> **! Übung: Protzen Sie mal so richtig!**
>
> In einigen Seminaren nutzen wir eine Übung, bei der die Teilnehmer sich den anderen von ihrer besten Seite präsentieren und detailliert vortragen, was sie in ihrem Leben geleistet haben und worauf sie stolz sind. Vermutlich wären Sie so erstaunt wie ich festzustellen, wie viele Menschen sich mit dieser Übung am Anfang schwer tun. Und mancher Teilnehmer fügt dann einen Tag später noch zahlreiche Details hinzu, die er scheinbar vergessen hatte. Was haben Sie vergessen, in die Liste aus der Übung »Beschreiben Sie sich selbst« aufzunehmen? Blättern Sie am besten gleich jetzt noch einmal zurück und ergänzen Sie die Liste, denn Selbstbewusstsein hat damit zu tun, dass Sie sich ihrer selbst bewusst sind!

2.10 Das Resonanzgesetz

Vermutlich erleben Sie andere Menschen als von sich selbst getrennt, so als seien Sie ein abgeschlossenes Individuum, das völlig losgelöst von seiner Außenwelt ist. Doch das stimmt nicht, sie interagieren ständig mit allem, was um sie herum ist. Denn wir leben in einem Universum, in dem das Resonanzgesetz herrscht, das immer und überall seine Gültigkeit hat. Rein energetisch lässt sich dies folgendermaßen darstellen: Sie sind ein Energiewesen, Sie bestehen aus Atomen und diese Atome sind reine Energie. Vielleicht erinnern Sie sich sogar an den Physik- oder Chemieunterricht, in dem Sie das gelernt haben, was die Wissenschaft als Welle-Teilchen-Dualismus bezeichnet. Diese Regel besagt, dass wir auf der kleinsten Ebene Materie und Energie nicht mehr unterscheiden können, es scheint dasselbe zu sein.

In Ihrem Leben senden Sie ständig eine bestimmte energetische Schwingung aus und mit dieser Schwingung ziehen Sie Menschen, Umstände und Erlebnisse aller Art in Ihr Leben. Wenn Sie traurig sind, werden Sie beispielsweise andere traurige Menschen um sich herum haben und diese verstärkt wahrnehmen. Wenn Sie auf der Suche nach einer Partnerin oder einem Partner sind, werden Ihnen wahlweise mehr einsame Menschen auffallen oder mehr glückliche Paare, die das schon erleben, was Sie doch soooo gerne erleben würden. Auf diese Weise erleben Sie dann das Gefühl des Vermissens noch stärker, das vorher in Ihrem Innern war.

Wenn Sie wohlhabend sind, dann sind Sie vermutlich überwiegend mit wohlhabenden Menschen zusammen. Dazu können Sie eine erstaunliche Beobachtung machen, wenn Sie Lust haben: Die These ist, dass sie genau so viel Geld verdienen, wie die fünf Menschen, mit denen sie sich am meisten umgeben. Prüfen Sie diese These doch jetzt gleich einmal nach! Wer sind die fünf Menschen, mit denen sie sich am meisten umgeben, mit denen sie am meisten Zeit verbringen? Und jetzt gehen Sie einmal grob im Kopf durch, was diese fünf Menschen vermutlich verdienen. Na, stimmt es, verdienen sie ungefähr so viel wie diese fünf Menschen durchschnittlich? Dieses und ähnliche Beispiele sind ganz wundervoll dazu geeignet, dass Sie das Gesetz der Anziehung kennenlernen können. Dazu gibt es auch ein Sprichwort, dass Sie vermutlich schon kennen: Gleich und Gleich gesellt sich gern!

Und das Resonanzgesetz wirkt noch tiefer: An anderen Menschen können Ihnen nämlich nur die Dinge auffallen, die Sie selbst haben, vermissen, bedauern, fühlen, erkennen, erleben möchten, das heißt, mit denen Sie selbst schwingen. Am einfachsten wird dies deutlich, wenn Sie sich einmal genau bewusst machen, worüber Sie sich bei einem anderen Menschen ärgern.

Lektion 1: Wie emotional intelligent sind Sie?

> **! Übung: Der lebendige Magnet**
>
> Worüber haben Sie sich zuletzt bei einem Menschen in Ihrem Umfeld so richtig geärgert?
>
> Wann gab es eine Situation, in der Sie selbst (wenn Sie jetzt ganz ehrlich zu sich sind) dasselbe Verhalten an den Tag gelegt haben, wie die kritisierte Person?
> Das kann auch in einem ganz anderen Kontext sein. Wenn Sie nicht gleich darauf kommen, nehmen Sie sich einfach ein bisschen Zeit …

Vielleicht haben Sie, wenn Sie diese Übung zum ersten Mal machen, das Gefühl, dass es hier keine Analogie geben könne. Der andere habe sich einfach unmöglich verhalten und es könne nicht sein, dass dies irgendetwas mit Ihnen zu tun habe. Kann es sein, dass ein anderer Mensch Sie vielleicht als genauso rücksichtslos, arrogant oder in anderer Weise unannehmbar empfunden haben könnte? Kann es sein, dass Sie in einer bestimmten Situation ein ähnliches Verhalten an den Tag gelegt haben?

Ich weiß, diese Übung hat viel mit dem Erkennen des Selbstbildes zu tun in Abgleich mit dem Fremdbild. Und es wird immer wichtiger werden, dass Sie sozusagen die Fähigkeit entwickeln aus sich heraus zu treten und sich selbst aus einer übergeordneten Position zu betrachten. Dann erkennen Sie, dass Sie ständig nach dem Resonanzgesetz bestimmte Dinge, Situationen und Menschen anziehen oder abstoßen.

> **! Beispiel: Gemeinsam sind wir … schwach!**
>
> Roswitha Müller ist seit sieben Monaten arbeitslos, sie hat zuvor in der Versandabteilung eines großen Elektroanbieters gearbeitet. Seitdem Sie arbeitslos ist, bemüht sie sich ständig eine neue passende Stelle für sich zu finden und besucht daher auch verschiedene Kurse des Arbeitsamtes. Was Roswitha an sich selbst beobachtet ist, das sie immer depressiver wird, seitdem sie diese Kurse besucht, in denen sie selbstverständlich mit vielen anderen Arbeitslosen zusammen ist. Viele andere Teilnehmer stöhnen über ihre missliche Lage, stöhnen darüber wie wenig Geld sie haben und so weiter. Nach dem Resonanzgesetz ist dies ganz einfach zu beurteilen: Roswitha umgibt sich einfach mit den falschen Menschen und sie zieht mit Ihrer »negativen« Stimmung andere negativ gestimmte Menschen in ihr Leben.

Deswegen sind viele Selbsthilfegruppen und Programme für Langzeitarbeitslose unsinnig, weil hier nur Menschen zusammen sind, die schlechte Strategien und negative Energien sammeln. Wie soll sich daraus ein Fortschritt ergeben können? Viel wichtiger wäre es für diese Menschen, sich mit solchen Leuten zu umgeben, die das Problem schon gemeistert haben.

Das Resonanzgesetz 2

Das Beispiel macht allerdings auch deutlich, dass es für Menschen wie Roswitha schwierig sein kann, viel positiver gestimmte Menschen in ihr Leben zu ziehen, weil sie selbst dafür Ihre eigene Einstellung ändern müsste, um die entsprechende Energie auszustrahlen.

> **Tipp**
> Wenn Sie etwas haben oder erreichen wollen, dann finden Sie einen Menschen, der so etwas bereits geschafft hat. Und lernen Sie von ihm. In die Lehre wären Sie ja auch nicht zu jemandem gegangen, der von diesem Handwerk keinen blassen Schimmer hat, oder?

Welche Sorte Menschen ziehen Sie momentan im Beruf immer wieder an?

> **Übung: Prüfen Sie Ihr Umfeld!**
> Wenn Sie wissen wollen, wie Ihre eigene Schwingung ist, dann werden Sie sich einfach umschauen müssen und wahrnehmen, mit welchen Menschen Sie zusammen sind. Erleben Sie ständig Situationen, die Sie als Unfälle, Zufälle oder Chaos bezeichnen? Dann ist es an der Zeit, einen Kassensturz zu machen um Ihr Leben neu zu erleben und sich damit auch neue Gefühlswelten zu erschließen. Beschreiben Sie Ihre Freunde, was sind die Gemeinsamkeiten, von denen Sie auf sich selbst schließen können:
>
> Mit welchen Lebensumständen sind Sie schon lange unzufrieden, ziehen Sie aber immer wieder an? Wodurch ziehen Sie sie immer wieder an?

In meinen Seminaren erlebe ich es immer wieder, dass Teilnehmer sich als äußerst sensibel einschätzen und ich bemerke dann in Übungen und anhand des Feedbacks anderer Teilnehmer, dass diese Eigenwahrnehmung so gar nicht zutreffend ist. Immer wieder erlebe ich zum Beispiel Menschen, die sich als besonders einfühlsam empfinden und die mir dann im Verlauf eines Gespräches von zum Beispiel einer Viertelstunde nicht eine einzige Frage stellen, sondern ständig nur über sich selbst reden. Das ist ein Indiz dafür, dass bei einem solchen Menschen Selbst- und Fremdbild deutlich voneinander abweichen. Oft haben Menschen, die eine eigene Eigenschaft sehr hervorkehren, genau die gegenteilige Eigenschaft.

> **Tipp**
> Seien Sie vor allen Dingen mit sich selbst an den Stellen kritisch, bei denen Sie meinen, dass Sie eine bestimmt Eigenschaft ganz sicher haben. Dies drückt sich häufig auch in dem Satz: »Ich habe da kein Problem« aus, der deutlich macht, dass da ein »großes schwarzes Loch« sein mag, etwas, das Sie bisher nicht wahrgenommen haben.

Kritisch zu sein mit sich selbst, bedeutet allerdings nicht, dass Sie sich jetzt selbst nur noch in Frage stellen und unsicher darüber werden, wie andere Menschen Sie annehmen. Ich meine den goldenen Mittelweg zwischen einem gesunden Selbstvertrauen, das auf der Selbsterkenntnis basiert, und dem Zweifel, ob Sie selbst auch auf andere Menschen wirklich so wirken, wie Sie es meinen. Dieses Buch unterstützt Sie auf diesem Weg immer wieder mit kritischen Fragen, deren Beantwortung Ihnen hilft, Selbst- und Fremdbild abzugleichen. Es ist sehr hilfreich, wenn Sie eine Kollegin, Freundin oder einen Bekannten zu Rate ziehen, denn diese Menschen können Ihnen das nötige und wichtige Feedback geben, so dass Sie sich selbst besser kennen lernen können.

2.11 Wie empathisch sind Sie?

Bei der Empathie geht es um die Fähigkeit, sich in andere Menschen einzufühlen und ihre Erlebniswelt wenigstens ein Stück weit zu teilen. Selbstverständlich ist dies genau genommen nicht möglich, da jeder von uns die Welt auf eine andere Art und Weise wahrnimmt. Das ist auch der Grund, warum jeder Mensch nur seine Erfahrungen selbst machen kann. Trotzdem ist die Empathie sehr wichtig, weil sie zwischenmenschliches Zusammenleben und zwischenmenschlichen Austausch überhaupt erst möglich macht.

> **Beispiel: Es gibt solche und solche**
> Hans-Werner Adels hat sich bei einem Fahrradunfall am linken Knie schwer verletzt, so dass er operiert werden musste und nach dieser Operation sogar noch sechs Wochen lang einen Gips tragen muss. Die Verletzung ist sehr schmerzhaft und er hat diese Schmerzen auch dann noch, als er mit seinem Gips zwei Wochen nach der Operation wieder an seinem Arbeitsplatz erscheint. Selbstverständlich fragen die Kolleginnen und Kollegen ihn nach dem Unfall und er erzählt von seinen Erlebnissen. Interessant ist, dass einige Kollegen sehr gut in der Lage sind, sich einzufühlen. Andere wiederum halten sich bei der Erzählung die Ohren zu und können es kaum ertragen, zu hören was ihm widerfahren ist. Eine weitere Gruppe von Zuhörern reagiert völlig neutral, so als habe er gerade von dem viel zitierten Sack Reis erzählt, der in China umfällt.

Die unterschiedliche Reaktion der Kolleginnen und Kollegen ist ein direktes Beispiel dafür, wie Empathie funktioniert. Es geht um die Fähigkeit, sich vorzustellen dieselbe Situation wie ein anderer Mensch zu erleben oder erlebt zu haben und die Gefühle nachzuempfinden, die dieser Mensch (vermutlich!) in der entsprechenden Situation gehabt hat. Abstrakt gesehen begeben wir uns bei einer empathischen Reaktion auf dieselbe Schwingungsebene wie der

Mensch, der von seinem Erlebnis erzählt und dadurch sind wir in der Lage uns einzufühlen und Erlebnisse zu teilen.

Das gilt ja durchaus nicht nur für negative Erlebnisse, sondern etwa auch für die Situation des Verliebtseins oder bei der Erzählung von einem Kirmesbesuch. Empathie ist eine Fähigkeit, die wir von frühester Kindheit an entwickeln, wenn unsere Eltern uns dabei unterstützen. Und vermutlich bringt jeder Mensch die entsprechenden Anlagen mit ins Leben, wir sind von Natur aus empathische Lebewesen. Wichtig ist es, diese Fähigkeit so weiterzuentwickeln, dass wir trotz aller Empathie einen gewissen Abstand wahren können, wenn dies nötig ist.

> **Beispiel: Der Notarzt muss helfen**
> Für einen Notarzt wäre es wenig hilfreich, im Falle eines Unfalls zu empathisch zu sein, weil er dann vermutlich so viel mit den Verletzten leiden würde, dass er seiner Aufgabe nicht nachkommen könnte. Hier ist also die Fähigkeit von Menschen, sich schnell zu dissoziieren und sozusagen aus einer Metaposition heraus das Geschehen zu betrachten, sehr wichtig. Bei vielen Ärzten führt dies leider dazu, dass Sie sich mit der Zeit überhaupt nicht mehr in andere Menschen einfühlen können.

Ich bin der Überzeugung, dass mangelnde Empathie eines der größten Probleme unserer Gesellschaft ist und dass der Fernsehkonsum mit seinen zahlreichen Unfällen, Morden und anderen schrecklichen Ereignissen nicht notwendigerweise dazu angetan ist, empathische Reaktionen zu fördern. Im Gegenteil beobachte ich mehr und mehr mangelnde Empathie bei vielen Menschen, die dann zum Beispiel in meine Seminare kommen, um hier gezielt ihre empathischen Fähigkeiten zu erkennen und weiter zu entwickeln.

> **Übung: Verzichten Sie einfach auf negative Meldungen**
> Wenn Sie sich bisher schwer damit getan haben, sich in andere Menschen einzufühlen, dann empfehle ich Ihnen, gezielt Ihren Fernsehkonsum für zwei oder drei Monate auf ein absolutes Minimum zu reduzieren. Und lesen Sie statt der Tageszeitung lieber ein Buch, in dem es um möglichst viele gute Gefühle geht. Prüfen Sie dann nach einigen Wochen, wie viel wohler Sie sich fühlen und wie viel leichter es Ihnen fällt, sich in andere Menschen hineinzuversetzen und auch Ihre eigenen Gefühle wahrzunehmen.

Können Sie sich gut in die Gefühlswelt Ihres Chefs hineinversetzen? Ihrer Kollegen? Ihrer Mitarbeiter, deren Chef Sie sind?

2.12 Abhängigkeit von anderen

Im Umgang mit anderen Menschen spielen auch die Abhängigkeiten eine große Rolle. Soziales Leben hat sehr viel mit solchen Abhängigkeiten zu tun und die Abhängigkeit beginnt ja schon bei kleinen Kindern, die ohne Vater und Mutter nicht überleben könnten, weil sie diese für die Ernährung und für andere Grundbedürfnisse benötigen. Manche Abhängigkeiten setzen sich für den Rest des Lebens fort und das mag einer der Gründe sein, warum viele Menschen in unserer Gesellschaft so betont nach Unabhängigkeit und Freiheit streben. So leben immer mehr Menschen freiwillig oder unfreiwillig als Singles und sind stolz darauf von niemandem abhängig zu sein. Bei genauer Betrachtung stimmt dies natürlich nicht, denn wir alle sind eingebunden in ein soziales System, zum Beispiel am Arbeitsplatz, in der Familie oder auch in anderen Zusammenhängen, die Sie vielleicht bisher so noch nicht wahrgenommen haben. Am Anfang ist es also wichtig, dass Sie sich Ihre Abhängigkeiten bewusst machen, dass Sie erkennen, welche Menschen Sie abhängig gemacht haben und von welchen Menschen Sie abhängig sind.

> **Übung: Wie frei sind Sie?**
>
> Ohne welche Menschen, Dienstleistungen oder auch Gegenstände und Abläufe (Zeitunglesen, Rauchen) meinen Sie nicht leben zu können?
>
> Was bedeutet es für Sie in diesem Zusammenhang ein freies, unabhängiges Leben zu führen?

Es mag Ihnen ganz natürlich erscheinen, als Kind abhängig gewesen zu sein und vielleicht auch, dass Ihre eigenen Kinder von Ihnen in gewisser Weise abhängig sind. Wie passt dies zusammen mit dem Bestreben, dass Kinder sich zu eigenständigen Wesen entwickeln und eigenverantwortlich handeln? Themen wie Abnabelung, Eigenverantwortung und die Entwicklung einer eigenen Gefühlswelt stehen jetzt im Mittelpunkt.

> **Beispiel: Nicht ohne meine Eltern**
>
> Ich kenne eine Reihe von Menschen, die auch als 30- oder sogar 40-Jährige eine so enge Bindung an ihre Eltern haben, dass sie kaum eine wichtige Entscheidung in ihrem Leben ohne die Zustimmung der Eltern treffen. Und es gibt auch das genaue Gegenteil, nämlich Menschen, die großen Wert darauf legen, immer genau das Gegenteil von dem zu tun, was ihre Eltern befürworten. Bei genauem Hinsehen ist dies eine ähnlich starke Abhängigkeit wie die erste, denn nur das Gegenteil zu tun bedeutet noch lange nicht, eine freie Entscheidung getroffen zu haben.

2 Abhängigkeit von anderen

Von wem wären Sie gerne unabhängiger?
Menschen in die (vor allem auch emotionale) Unabhängigkeit zu führen, ist wohl eine der größten Aufgaben, die Sie als Eltern oder vielleicht auch als Arbeitgeber haben. Viele Menschen setzen diesen Zustand der Unabhängigkeit allerdings mit Einsamkeit gleich. Und Einsamkeit bedeutet für viele Verhungern, Lieblosigkeit und Sterben, auch wenn es da in der heutigen Gesellschaft keinen direkten Zusammenhang geben muss. Doch es macht deutlich, dass Menschen soziale Wesen sind und dass sie gerne soziale Kontakte haben, weil diese zeigen, dass sie in einer gewissen Geborgenheit leben.

Auf der anderen Seite lässt sich gerade bei Kindern aus geschiedenen Ehen beobachten, dass diese in ihrem tief sitzenden Glaubenssystem der Überzeugung sind, nicht liebenswert zu sein. Und deswegen sammeln sie diese Erfahrung dann vielleicht für den Rest ihres Lebens auch ständig im Außen. Sobald Sie sich darüber klar sind, von wem Sie abhängig sind und wer von Ihnen abhängig ist, können Sie entscheiden, wie Sie sich in Zukunft Schritt für Schritt in Richtung persönlicher Freiheit bewegen können.

Auch bei vielen Paaren lässt sich beobachten, dass sie anstelle einer Partnerschaft letztlich nur in einer verzweifelten Abhängigkeit voneinander leben. Das mag zum Beispiel an finanziellen Aspekten hängen, etwa wenn einer der beiden Partner arbeitet und der andere sich um Haushalt und Kinder kümmert. Diese finanzielle Abhängigkeit kann zu dem Gefühl führen, dass ohne den Partner das Leben gar nicht möglich wäre. Doch diese Form von Hilflosigkeit muss nicht notwendigerweise sehr attraktiv auf den Partner wirken. Im Gegenteil: Viele Paare entwickeln sich genau aus diesem Grund auseinander.

Ein Aspekt ist hierbei, dass wir immer in bestimmten Abhängigkeiten leben werden, weil diese zum menschlichen Leben dazugehören. Und es ist eine wichtige Entscheidung, die jeder selber trifft, ob er sich in diesen Abhängigkeiten auch als untergeordnet erlebt, oder ob er diese akzeptiert als das was sie sind, sozusagen Nebenwirkungen des Lebens. Und es ist ein Zeichen von emotionaler Intelligenz, hier die Waage zu halten und sich selbst kritisch zu fragen, ob die jeweils aktuellen Lebensumstände den eigenen Zielen noch entsprechen. Falls Sie an dieser Stelle nein sagen, wird es Zeit etwas in Ihrem Leben zu verändern und das heißt an sich selbst zu arbeiten.

Gibt es Lebensumstände, die Sie gerne ändern würden, obwohl Sie glauben, dass das nicht ginge?
Abhängigkeiten, wie sie zum Beispiel aus Alkoholikerehen berichtet werden, können auch weit über das normale Maß hinausgehen, also krankhafte Züge haben. Auch in diesem Fall ist es wichtig, sich solche Abhängigkeiten bewusst

zu machen. Nach meiner Beobachtung steht in der Regel dahinter das Glaubenssystem, nicht liebenswert zu sein, und einen anderen Menschen durch die eigene Abhängigkeit oder durch seine Abhängigkeit dazu zu verpflichten, einem selbst positive Gefühle zu machen.

Auch Drogen, das Fernsehen, Computerspiele, die Zeitung oder der Sport können abhängig machen und Menschen massiv beeinflussen. So gibt es Sportler, die das Gefühl haben, ohne Sport nicht leben zu können und die sogar drei oder vier Stunden am Tag trainieren müssen, um sich wohl zu fühlen. All diese Abhängigkeiten weisen auf ein Defizit hin und ich empfehle Ihnen, sich dieses Defizit jetzt bewusst zu machen. Und Sie mögen darauf stoßen, dass es immer wieder nur um das Gefühl der Anerkennung, des Geliebtwerdens oder einer anderen Art der Zuneigung geht, nach dem Sie streben. Das ist gut, und es ist an der Zeit, sich auch über Ihre Liebesverhältnisse zu anderen Menschen klar zu werden.

> **! Übung: Wirkliche Liebe**
>
> Schreiben Sie eine Liste von den Menschen auf, die Sie lieben:
>
> Schreiben Sie nun eine Liste von den Menschen auf, von denen Sie geliebt werden:

2.13 Nehmen Sie andere an, wie sie sind

Das Annehmen eines anderen Menschen mit all seinen Eigenschaften und Fähigkeiten gehört wohl zu einer der größten Herausforderungen für uns Menschen. Dazu passt der auf den ersten Blick lustig anmutende Satz: »Ich liebe Dich, so wie Du sein wirst, wenn ich mit Dir fertig bin.« So lustig dieser Satz ist, so schnell kann einem dabei das Lachen im Halse stecken bleiben, wenn Sie sich bewusst machen, was genau dieser Satz bedeutet.

Haben Sie schon einmal das Gefühl gehabt, dass ein anderer Mensch sich dringend verändern sollte damit Sie ihn akzeptieren können?
Vielleicht sind Sie auch heute noch auf dem Weg, andere Menschen verändern zu wollen, damit diese endlich das ganze Glück erleben können. Das ist ein deutlicher Hinweis darauf, dass Sie diese Menschen von sich abhängig machen möchten. Bei vielen Kindern ist dies die traurige Realität jedes Tages. Das Kind muss sich in einer bestimmten Art und Weise verhalten, muss bestimmte Eigenschaften haben, und muss den Eltern bestimmte Aufgaben abnehmen, damit es geliebt wird. Wie lange wird dieser Erziehungsstil noch beibehalten? Kinder haben ein Recht darauf, in einer emotional stabilen Beziehung groß

zu werden und von ihren Eltern bedingungslose Liebe zu erfahren. Doch wie sollen die Eltern das schaffen, wenn sie selbst als Kinder diese Liebe vielleicht gar nicht erfahren haben oder zumindest nicht in dem notwendigen beziehungsweise gewünschten Umfang?

2.14 Verfeinern Sie Ihren Gefühlswortschatz

Es mag Ihnen also im Verlauf dieses Kapitels bewusst geworden sein, dass Sie das ein oder andere emotionale Defizit haben und es nun aufarbeiten möchten. Dann ist der wichtigste Schritt, dass Sie sich Ihrer eigenen Gefühle bewusst werden, um dann den entscheidenden nächsten Schritt zu gehen: Die Kommunikation über Gefühle.

Bei vielen Menschen gibt es eine Assoziation zwischen dem Reden über Gefühle und dem Zeigen von Schwäche. Das Sprechen über Gefühle wird sozusagen als Nachteil empfunden, als eine Situation, in der Sie anderen gegenüber etwas preisgeben, das Sie ihnen nicht mitteilen sollten. Doch das mangelnde Sprechen über Gefühle sorgt dafür, dass Sie selbst Ihre Gefühle immer weniger wahrnehmen und damit emotional erkalten.

Wann haben Sie das letzte Mal mit einem anderen Menschen wirklich über Ihre tiefen inneren Gefühle gesprochen?
Wenn Sie wenig Erfahrung im Sprechen über Gefühle haben, dann werden Sie vermutlich nur sehr grobe sprachliche Kategorien kennen. Vielleicht sprechen Sie nur von Glück, Liebe, Angst und Zorn. Je mehr Sie lernen, über Ihre Gefühle zu sprechen, desto mehr Nuancen, also feine Unterschiede, werden Sie wahrnehmen. Über etwas reden zu können, heißt auch, dass Sie es wahrgenommen haben. Im Umkehrschluss können Sie nur die Dinge wahrnehmen, über die Sie auch sprechen können, selbst wenn Sie es längere Zeit nicht getan haben. Sie haben also ein ganz egoistisches Interesse daran, in Zukunft mehr über Ihre Gefühle zu sprechen, damit Sie sie stärker erleben.

> **Beispiel: Aggressiv aus Unsicherheit**
> Stefan Rauscher hat Stress mit seinem Arbeitskollegen, weil dieser trotz der formalen Gleichberechtigung im beruflichen Umfeld bei gemeinsam durchgeführten Projekten immer wieder unaufgefordert die Führungsrolle übernimmt. Stefan fühlt sich dadurch eingeschüchtert und traut sich inzwischen nicht mehr, eigene Projektvorschläge oder Lösungen einzubringen. Das macht ihn wütend, doch er ist noch nicht in der Lage, mit seinem Kollegen offen über diese Wut zu sprechen. Nach einem Seminar stellt Stefan seinen Kollegen zur Rede und bringt deutlich zum Ausdruck, was er bei dem Verhalten des anderen empfindet und was dieses Verhalten

> in ihm für Gefühle auslöst. Selbstverständlich hatte Stefan Angst davor, sich damit eine Blöße zu geben, die der Kollege in Zukunft nur ausnutzen werde. Doch die Angst war unbegründet: Zum ersten Mal seit über einem Jahr konnte ein wirklich offenes Gespräch zwischen den beiden stattfinden, in dem der Kollege zugab, aus Unsicherheit so aggressiv aufzutreten.

Selbstverständlich muss es nicht immer so positiv laufen wie in diesem Beispiel. Manche Menschen profitieren allein schon davon, dass sie endlich wieder über ihre Gefühle reden können – unabhängig von der Reaktion des anderen. Nun bedeutet dies nicht, dass Sie ständig und mit jedem über Ihre tiefsten inneren Beweggründe und Gefühle sprechen müssen. Machen Sie einen Schritt nach dem anderen.

> **Tipp**
> Nutzen Sie am besten Ihre Partnerschaft für solche ersten Gespräche über Ihre Gefühle. Gerade wenn Ihre Partnerschaft nicht mehr so optimal läuft, wie Sie es sich wünschen, ist es wichtig, dass Sie anfangen über Ihre Gefühle zu sprechen. Das könnte zum Beispiel der Grund sein, warum Ihre Partnerin oder Ihr Partner Ihnen dieses Buch geschenkt hat. Denken Sie einfach mal kurz darüber nach, ob es nicht an der Zeit ist, auch in Ihrer Partnerschaft offener über das jeweils Empfundene zu sprechen, und sich damit neue Möglichkeiten für die weitere Entwicklung zu geben.

2.15 Werte und Gefühle

Werte und Gefühle sind eng miteinander verbunden, ja es mag sogar sein, dass Sie bisher die Meinung hatten, dass es dasselbe ist. Schließlich sprechen wir zum Beispiel von »Liebe« und meinen damit ein bestimmtes Gefühl und auch einen Wert. Nehmen Sie beispielsweise den Wert »Freiheit«, der für viele Menschen eine große Bedeutung hat. Sicherlich kennen Sie auch ein Gefühl von Freiheit, das zum Beispiel mit der freien Entscheidungsmöglichkeit oder einer bestimmten Situation verbunden ist, in der Sie sich frei gefühlt haben. Was ist also der Unterschied zwischen dem Wert Freiheit und dem Gefühl Freiheit?

Letztlich ist der Wert Freiheit ein abstrakter Begriff, den Sie mit konkreten Situationen verbinden. Für das Setzen und Erreichen von Zielen ist es ganz wichtig, welche Priorität Sie Ihren Werten einräumen. Ist Ihnen diese Freiheit wichtiger als die Liebe zu Ihrem Partner oder Ihrer Partnerin? Hinter dem Wert liegt sozusagen das entsprechende Gefühl, also in diesem Fall zum Beispiel die Vorstellung von einer bestimmten Art zu leben, die für Sie persönlich Freiheit bedeutet. Viele Menschen wissen sehr genau, wann Sie sich frei fühlen.

Werte und Gefühle 2

> **Übung: Größtmögliche Freiheit**
> Schreiben Sie bitte auf, was für Sie größtmögliche Freiheit bedeutet (also wann Sie sich frei fühlen)

Diese Übung mag Ihnen verdeutlichen, dass Sie eine bestimmte Lebenssituation mit dem Gefühl von Freiheit verbinden. Es mag zum Beispiel sein, dass Sie aufgeschrieben haben, dass der Besitz von viel Geld oder ein hoher Verdienst gleichzusetzen sind mit dem Gefühl der Freiheit. Es mag auch sein, dass Sie an einem anderen Ort leben möchten, um sich wirklich frei fühlen zu können. Entscheidend ist dabei, dass Sie das Gefühl von Freiheit eben mit diesen bestimmten Situationen verbunden haben. Und es mag für Sie ganz wichtig sein zu erkennen, dass dies höchst individuell ist und dass andere Menschen ganz andere Situationen mit dem Gefühl von Freiheit verbinden.

Hier kommt also Ihre Individualität zum Ausdruck und gleichzeitig ist es Ihnen vielleicht schon jetzt deutlich, wie willkürlich die Verbindung einer (äußeren) Situation mit diesem Freiheitsgefühl ist. Darin liegt eine große Chance, Ihr Leben neu und anders zu gestalten, denn Sie sind schließlich derjenige, der die Verknüpfung zwischen dem Gefühl von Freiheit und einer bestimmten Situation aufgebaut hat. Das muss nicht bewusst passiert sein, in aller Regel ist es im Lauf der Erziehung oder Ihrer weiteren Entwicklung unterbewusst passiert.

Frei zu sein bedeutet auch, in jeder beliebigen Situation ein bestimmtes Gefühl hervorrufen zu können. Das ist sogar eine andere und vielleicht sogar wichtigere Art der persönlichen Freiheit, als diese »nur« in der einen oder anderen Situation erleben zu können, die Sie mehr oder weniger zufällig mit dem Begriff Freiheit verknüpft haben. So könnten Sie sich zum Beispiel schon jetzt bewusst machen, dass Sie jederzeit eine freie Entscheidung getroffen haben, um das Leben so zu leben, wie Sie es heute tun. Das bedeutet also konkret, dass Sie selbst völlig eigenverantwortlich und damit völlig frei entschieden haben, eventuell auch in Unfreiheit beziehungsweise in einer Situation zu leben, die Sie als unfrei empfinden.

> **Beispiel: Eingeschränkt durch das Leben**
> Ich höre an dieser Stelle immer wieder von Seminarteilnehmern, dass sie sich schließlich nicht frei entscheiden könnten, zum Beispiel weil sie Kinder hätten oder Haustiere, die einen bestimmten Lebenswandel vorschreiben. Und sie haben Recht, denn die Entscheidungen der Vergangenheit fordern ihre Konsequenzen. Auf der anderen Seite sind viele Menschen erheblich freier, als sie bisher geglaubt haben.

Machen Sie sich bewusst, dass Sie jeden Tag die Entscheidung treffen, so zu leben wie Sie es heute tun. Sobald Sie keine Lust mehr haben, so weiter zu leben, gibt es folgende Möglichkeiten: Sie nehmen die Situation an, Sie verändern Ihre Gefühle für die Situation oder Sie ändern die Situation. Das englische Sprichwort »Love it, leave it or change it.« bringt diesen Zusammenhang auf den Punkt.

> **!** **Übung: Entdecken Sie Ihre Wertehierarchie**
>
> Wenn Sie Ihre Gefühle anders und neu erleben möchten, ist es wichtig, sich bewusst zu machen, welche Priorität Sie den wichtigen Werten Ihres Lebens geben. Schreiben Sie dafür zunächst einmal alle Werte auf, die für Sie wichtig sind, also etwa Liebe, Reichtum, Erfolg, Wissen, Gesundheit und so weiter. Nun schreiben Sie die wichtigsten zehn oder wenn Sie mehr Zeit haben auch 15 Werte aus dieser Liste auf einen anderen Zettel. Bitten Sie nun einen Freund oder Ihre Partnerin beziehungsweise Ihren Partner, Ihnen jeweils zwei Werte vorzulesen und Sie geben an, welcher Wert Ihnen wichtiger ist. Der wichtigere wird dann mit dem nächsten verglichen und so weiter bis Sie eine genaue Liste Ihrer Werte erhalten. Tragen Sie diese dann hier ein:
> 1.
> 2.
> 3.
> 4.
> 5.
> 6.
> 7.
> 8.
> 9.
> 10.

Diese Wertehierarchie gibt Ihre momentane Lebenssituation vor allem dann wieder, wenn Sie sehr ehrlich damit umgegangen sind. Es ist sozusagen der Spiegel Ihres Lebens. Das bedeutet allerdings nicht, dass Sie Ihr Leben nicht schnell verändern können, in dem Sie die Werthierarchie passend zu Ihren (neu gesetzten) Zielen verändern. Bitte beachten Sie, dass die Priorisierung der Werte dabei eine ausgesprochen wichtige Rolle hat, auch wenn Sie die Wirkungen vielleicht nicht so bewusst wahrnehmen, wie sie de facto erfolgen.

> **!** **Beispiel: Durchschlagende Wirkung**
>
> Ein Ziel von Gerd Hausmeier war es, mehr Geld zu verdienen, um sich damit einen wunderschönen Urlaub, ein neues Auto und ein paar andere Dinge leisten zu können. Im Seminar formulierte er zunächst schriftlich seine Ziele. Dann machte er zusammen mit einem anderen Teilnehmer die Übung zur Wertehierarchie und stellte

fest, dass seine aktuellen Prioritäten nicht zu den neuen Zielen passten, die er sich selbst gesetzt hatte. So fand sich der finanzielle Reichtum gar nicht unter den ersten zehn Werten. Und so war es nicht verwunderlich, dass Gerds Konto ständig leer war. Wenige Tage nach dem Seminar verlor Gerd seine Arbeitsstelle. Er war zunächst schockiert, erinnerte sich aber an seine neu sortierten Werte. Und es dauerte tatsächlich nur eine Woche, bis er eine neue, deutlich besser bezahlte Arbeit fand.

2.16 Nehmen Sie die Veränderung wahr

Veränderungen im Leben zu bewirken und diese Veränderung dann auch wahrzunehmen, ist eine wichtige Herausforderung. Viele Menschen, die den Weg der Veränderung beschreiten, bekommen nicht immer mit, wie sehr sie sich verändern und wie sehr sie zum Beispiel auf dem Weg zu mehr emotionaler Intelligenz ein neues Leben beginnen. Plötzlich beginnen sie Gefühle wahrzunehmen, die sie noch nie im Leben gefühlt haben oder an die sie sich zumindest nicht erinnern konnten. Doch der Abgleich mit dem Zeitpunkt, als sie diese Gefühle nicht gefühlt haben beziehungsweise nicht mehr gefühlt haben, gelingt dann nicht mehr, weil sie denken, Ihr Leben sei schon immer so gewesen.

> **Tipp**
>
> Freunde und Bekannte werden Ihnen ebenfalls das Feedback geben, wie sehr Sie sich verändert haben. Und es kann auch eine Form von Feedback sein, dass sich der eine oder andere Freund nicht mehr mit Ihnen trifft oder dass Sie eine gute Freundin aus den Augen verlieren. Das geht zurück auf das oben zitierte Resonanzgesetz, denn in dem Moment, in dem Sie Ihre Energie verändern, wird sich auch Ihr Umfeld dramatisch ändern. Sie ziehen jetzt neue Menschen in Ihr Leben, einfach deshalb, weil Sie Ihre Werte neu priorisiert haben, weil Sie sich einen neuen Zugang zu Ihren Gefühlen verschafft haben und weil Sie ein neues Leben begonnen haben. Nehmen Sie alles, was im Lauf des Lesens dieses Buches in Ihrem Leben passiert, als Feedback für die wundervolle Veränderung, die Sie durchlaufen.

> **Beispiel: Veränderung und Chaos**
>
> Im Seminar, das sich in Blöcken über drei Monate hinzog, war Bettina Degenhardt vollkommen begeistert von ihren Fortschritten. Doch wenige Wochen nach Ende des Seminars schrieb sie mir eine völlig verzweifelte E-Mail, weil alles in ihrem Leben plötzlich schief zu laufen schien. Ihre langjährige Partnerschaft hatte sich aufgelöst und sie verlor die Wohnung, in der sie bis dahin gelebt hatte. All dies nahm Sie zunächst nicht als Feedback auf Ihre Veränderung, sondern sie hatte den Eindruck, dass ihr Leben sich auf den Kopf gestellt hatte und dass alles im Chaos zu versinken drohte.

> Ich erinnerte diese Teilnehmerin in einem Telefonat daran, dass dies genau die Art und Weise ist, wie sich die Veränderung der eigenen Energie auswirkt. Und ich versicherte ihr, dass sich das Leben zum Guten wendet, in dem Moment in dem wir Menschen uns auf den Weg zu mehr Freiheit und zu mehr Emotionalität machen.

Es ist sinnlos, Angst vor dieser Veränderung zu haben, die sich zwangsläufig ereignet, wenn Sie sich neue Ziele setzen und Ihre Werte neu priorisieren. Im Gegenteil ist es wundervoll, wenn die Dinge in Bewegung kommen, denn Menschen wollen das Alte gerne loslassen, sobald sie sicher sind, dass etwas Neues an dieselbe Stelle treten wird, das viel wunderbarer ist.

Nachdem Sie den Status quo Ihres Gefühlslebens festgestellt haben, werden Sie Schritt für Schritt die Lust verspüren, sich neue Möglichkeiten zu erschließen.

2.17 Zusammenfassung

- Glaubenssätze sind das Fundament Ihres Lebens. Sie erleben immer nur das, was Sie über die Welt glauben.
- Lassen Sie alte Glaubenssätze los, die Ihnen auf dem weiteren Weg nicht mehr als hilfreich oder nützlich erscheinen.
- Erinnern Sie sich an Situationen, in denen Sie sich gut gefühlt haben. Diese Erinnerungen machen Ihnen Ihren emotionalen Reichtum bewusst.
- Lernen Sie, neue Deutungen für solche Situationen zu finden, in denen Sie sich unwohl fühlen oder gefühlt haben.
- Nehmen Sie die Gefühle, die Sie im Moment empfinden, immer bewusster wahr.
- Gefühle sind auch ein Hinweis darauf, was Sie denken. Da Sie Ihre Gedanken jederzeit positiv verändern können, werden sich dann auch Ihre Gefühle positiv verändern.
- Nach dem Resonanzgesetz ziehen Sie Menschen und Begebenheiten in Ihr Leben, die zu Ihrer Energie passen. Ändern Sie diese Energie und damit den Rest Ihres Lebens.
- Wenn Sie etwas Neues lernen oder erreichen möchten, umgeben Sie sich mit Menschen, die diese Hürde bereits erfolgreich gemeistert haben.
- Seien Sie sich bewusst, dass auch die Freiheit in Ihrem Kopf beginnt, bevor Sie sie in Ihrem Leben erleben.
- Die Priorisierung Ihrer Werte sollte Ihren aktuellen Zielen entsprechen.

3 Lektion 2: So werden Sie selbstbewusst

Was verbinden Sie mit dem Begriff Selbstbewusstsein? In unserer Gesellschaft wird es nicht von allen Menschen als positiv angesehen, wenn jemand zum Beispiel ein selbstbewusstes Auftreten hat oder als selbstbewusst tituliert wird. Der Begriff mag für Sie auch eng verbunden sein mit Arroganz oder Hochnäsigkeit. Am einfachsten ist es, das Wort in seine Bestandteile zu zerlegen. Dann bedeutet Selbstbewusstsein, sich seiner selbst bewusst zu sein. Das trifft auf solche Menschen zu, die wissen, welche Fähigkeiten und Eigenschaften sie haben. Sie haben eine gute Vorstellung von sich selbst und können ihre Reaktionen gut einschätzen. Wenn Sie Selbstbewusstsein so definieren, verliert der Begriff sein negatives Image und er hat dann viel mit Persönlichkeitsentwicklung zu tun. Auch dieses Buch ist ja ein Wegweiser auf dem Weg zu mehr Selbstbewusstsein, denn Selbstbewusstsein ist ein Teil der emotionalen Intelligenz und der Weg führt über die gezielte Entwicklung neuer Fähigkeiten.

Sie sind der Mensch, der sich aus den vielen vergangenen Situationen die Sie erlebt haben, sozusagen zusammensetzt. Sie sind also das Ergebnis Ihrer eigenen Vergangenheit. Das bedeutet jedoch nicht, dass Sie nicht ein Selbstbewusstsein entwickeln könnten, das dafür sorgt, dass Sie ein ganz anderer Mensch werden. Wie lange ein solcher Prozess dauert, das hängt vor allem davon ab, was für ein Mensch Sie sein wollen.

> **Beispiel: Auch ein Choleriker kann sich verändern**
> Ernst Luber war ein cholerischer Mensch, der sich nicht viel um seine Gefühle scherte. So nahm er auch seine Minderwertigkeitsgefühle nicht wahr, obwohl sie für jeden Mitarbeiter seines mittelständischen Werkzeugmaschinenunternehmens offen sichtbar waren. Denn sie waren der eigentliche Grund für seine wütenden Ausbrüche, die von vielen gefürchtet wurden. Als seine Frau ihn eines Tages zusammen mit den beiden Kindern verließ, wurde Ernst nachdenklich. Er suchte sich einen fähigen Persönlichkeitscoach und arbeitete mit diesem gezielt daran, sein Selbstwertgefühl aufzubauen und seine Wutausbrüche in den Griff zu bekommen. Heute, gut zwei Jahre nach der ersten Sitzung, ist Ernst ein viel fröhlicherer Mensch. Und er hat auch wieder einen freundschaftlichen Kontakt zu seiner geschiedenen Frau und den Kindern.

3.1 Selbsterkenntnis und Selbstfindung

Zwei weitere Begriffe spielen auf dem Weg zu mehr Selbstbewusstheit eine Rolle, die Selbsterkenntnis und die Selbstfindung. Die Selbsterkenntnis ist der rückwärts gerichtete Teil des Selbstbewusstseins, also das Wissen darüber, wer ich bin. Die Selbstfindung ist ein in die Zukunft gerichteter Prozess. Wenn sich jemand entwickeln kann, dann bedeutet dies doch, dass etwas in ihm sozusagen eingepackt worden ist, das jetzt ausgewickelt werden darf beziehungsweise sich entwickeln darf. Und tatsächlich wussten Sie vielleicht in Ihrer Pubertät noch sehr genau, wie Sie als Erwachsener sein wollten. Und auch davor, in Ihrer Kindheit, scheinen ein paar Fähigkeiten eingewickelt worden zu sein, die Sie nun wieder zum Vorschein bringen dürfen.

> **! Tipp**
> Wenn Sie sich noch besser an Ihre Jugendträume erinnern möchten, hilft es sicher, eine CD oder eine Schallplatte aus der damaligen Zeit zu hören, während Sie in den Erinnerungen schwelgen. Probieren Sie es gleich aus.

Auch der Begriff der Selbstfindung hat diese nach innen gerichtete Komponente: Denn er sagt aus, dass Sie etwas in sich selbst finden können, es muss also schon da sein. Falls Ihnen dieser Umgang mit Sprache ungewöhnlich vorkommt, dann empfehle ich Ihnen, ihn häufiger zu nutzen. Zerlegen Sie die Wörter in ihre Bestandteile, denn das macht nicht nur Spaß, Sie lernen dadurch auch, aufmerksamer mit Sprache umzugehen. Vielleicht also ist die Selbstfindung nötig, weil durch unsere Erziehung oder andere Umstände Bestandteile Ihres Selbst verschüttet oder überdeckt wurden.

Selbstfindung besitzt aber auch den Aspekt der Erfindung Ihres Selbst, die sehr gezielt ablaufen kann. Auch im Wort »Erfindung« steckt das Wort »finden« und es bedeutet, dass Sie jederzeit in der Lage sind, sich neu zu definieren. In diesem Kapitel beschränke ich mich vor allem auf diesen Aspekt, der in der zukünftigen Entwicklung Ihrer Persönlichkeit liegt. Es ist also entscheidend, dass Sie in einem ersten Schritt klar festlegen, was für ein Mensch Sie sein möchten.

> **! Übung: Welcher Mensch sind Sie in zehn Jahren?**
> Bitte schreiben Sie auf, welche Eigenschaften und Fähigkeiten Sie selbst in zehn Jahren von heute an haben werden. Sind Sie zum Beispiel ein freundlicher Mensch, der gerne mit Kindern umgeht? Wollen Sie mehr Mut haben oder mehr Selbstbewusstsein erlangen? Schreiben Sie all dies auf und konzentrieren Sie sich dabei auf Ihre Eigenschaften:

Fällt es Ihnen schwer, Ihre eigene Entwicklung zu planen? Vielleicht haben Sie sich über dieses Thema noch nie Gedanken gemacht und sind eventuell sogar davon ausgegangen, dass Sie eben eine Persönlichkeit sind, die unveränderbar für den Rest des Lebens so bleiben wird wie sie ist. Ich lade Sie ein, den Weg der Selbstfindung bewusst und heute zu beginnen.

Falls Sie bisher nur die Hürden Ihres aktuellen Lebens sehen, dann fragen Sie sich doch bitte, was Sie machen würden, wenn Sie alle benötigten Ressourcen zur Verfügung hätten. Das betrifft sowohl Ihre persönlichen Eigenschaften und Fähigkeiten als auch alle äußeren Umstände, die sich in Ihrem Leben manifestiert haben.

3.2   Ziele sind Voraussetzung für Selbstbewusstsein

Jeder Mensch sollte immer die größte Vision im Auge haben, die er von seinem Leben hat. Falls Sie also noch keine größte Vision von sich selbst und von Ihrem Leben entwickelt haben, dann wird es jetzt wirklich Zeit. Es spielt keine Rolle, ob Sie der Überzeugung sind, dass Sie diese Vision eines Tages auch erreichen werden. Sie muss sozusagen nicht realistisch sein, sondern hier ist die Gelegenheit zum Träumen. Welchen Traum möchten Sie gerne leben?

> **Übung: Die größte Vision Ihres Lebens**
> Sie haben alle Möglichkeiten, alle Ressourcen und auch genug Geld, um das zu werden, was Sie ein möchten. Schreiben Sie auf, wie Ihr Leben sich optimal anfühlen würde:

Vielleicht haben Sie die letzten beiden Übungen nur schnell überflogen, ohne sich Ihre Ziele wirklich bewusst zu machen. Das ist eine gute Entscheidung, denn dann werden Sie schneller mit dem Lesen dieses Buches fertig sein. Und Sie können das Fassen Ihrer Ziele selbstverständlich auf den Zeitpunkt verlegen, wenn Sie das Buch längst zu Ende gelesen haben. Wann genau werden Sie Ihrem Leben eine neue Richtung geben? Schriftlichkeit hilft Ihnen, die Manifestation zu beschleunigen, weil Ihre Gedanken dann zum ersten Mal materialisiert werden. Selbstverständlich gibt es auch andere Wege zum Ziel.

> **Beispiel: Ihre Vision hatte sie noch nie gemalt**
> Vera Klingenberg ist eine Malerin, die ich im Umfeld eines Seminars kennen gelernt habe. Sie wollte endlich ein ganz anderes Leben genießen, einen Partner finden, ein neues Haus mit genügend Platz. Und Sie wollte regelmäßig auch in Italien sein, denn sie liebte dieses Land. Ich fragte sie also, ob es schon eines oder mehrere

> Bilder mit diesen wundervollen Szenen gebe, die sie erleben wollte. Doch sie zeigte mir nur Bilder mit dunklen, depressiven Szenen. Und das fröhlichste Bild zeigte einen Strand mit Segelbooten, auf dem keine Menschen und keine Sonne zu sehen waren. Nach unserem Gespräch konnte es diese Künstlerin kaum erwarten, nach Hause zu ihrer Staffelei zu kommen, um endlich das künstlerisch auszudrücken, nach dem sie sich so lange gesehnt hatte.

Obwohl also diese Frau sehr wohl in der Lage war, ihre als traurig empfundene Vergangenheit in vielen Bildern auszudrücken, hatte sie es nicht gewagt, den Blick nach vorne zu werfen und den Menschen künstlerisch zu erschaffen, der sie gerne sein wollte. Und so gestaltete sich auch ihr Leben als ständige Wiederholung der Vergangenheit.

Aus dem Blickwinkel eines neuen Selbstbewusstseins bedeutet dies also, dass Sie sich bewusst werden, welche Ziele Sie verfolgen und wie Ihre persönliche Zukunft aussehen soll. Selbstfindung ist dann eine Art Soll-Ist-Vergleich, den Sie gerne auch regelmäßig durchführen können. Das hat den Vorteil, dass Sie ständig messen, wie viel Sie sich Ihren persönlichen Zielen schon genähert haben.

3.3   Die optimale Zielplanung

Für Ihre persönliche Zielplanung ganz wesentlich ist es, Ihre persönliche Entwicklung positiv zu beschreiben. Also hilft der Satz: »Ich möchte nicht mehr so ängstlich sein, wenn ich mit meinem Chef rede.« nicht sehr viel, weil damit der Fokus auf die Ängstlichkeit gelegt wird. Besser ist es hier zu formulieren: »Ich möchte bei Gesprächen mit meinem Chef selbstbewusst auftreten und für meine eigenen Ziele einstehen.«

Damit verbunden ist die Empfehlung, nicht den Prozess zu beschreiben, sondern das endgültige Ziel. Es macht also wenig Sinn, als Ziel zu formulieren: »Ich möchte mit anderen Menschen freundlicher umgehen können.«, weil das Wort freundlicher hier keinen genauen Maßstab festlegt und zudem einen Prozess beschreibt. Besser ist es, dass Sie zum Beispiel Wörter wie »sehr freundlich« oder eine ähnliche für Sie passende Redewendung benutzen. Das ist auch der Grund, warum der Wunsch »Ich möchte abnehmen.« nicht funktioniert. Denn darin ist der Prozess beschrieben, nicht das Ergebnis. Und den Prozess des Abnehmens erreichen Sie selbstverständlich am einfachsten, wenn Sie vorher noch schnell zunehmen. Das können Sie dann ständig wiederholen: zunehmen, abnehmen, zunehmen, abnehmen – und siehe da: Sie nehmen ständig ab und haben damit Ihr Ziel erreicht. Man nennt das auch Jojo-Effekt.

Viele Menschen glauben nicht, dass sie in sehr kurzer Zeit eine deutlich wahrnehmbare, positive persönliche Entwicklung durchlaufen können. Daher hat sich die Zehnjahresperspektive bei der persönlichen Planung bewährt, auch wenn Sie absehbar die meisten gesetzten Ziele früher als erwartet erreichen werden. Das liegt in der Natur der Sache: Wenn Sie bisher Ihr Leben planlos angegangen sind, dann haben Sie nie einen Vergleich zwischen Ihrer Planung und der Erreichung eines persönlichen Ziels messen können. Sie haben also genau genommen überhaupt keine Idee, wie lange es dauert, ein Ziel vernünftig zu planen und es dann auch zu erreichen. Deshalb ist die Schriftlichkeit so wichtig.

> **Tipp**
> Stellen Sie sich vor, in acht Jahren von heute an dieses Buch mitsamt Ihren Notizen zur Hand zu nehmen und noch einmal nachzulesen, was Sie damals so geplant hatten. Und dann schauen Sie sich um und merken, dass Sie tatsächlich in Ihrem Traumhaus leben, tatsächlich Ihr Traumauto fahren und mit einem wundervollen Menschen zusammenleben, den Sie sehr lieben. Und dann schmunzeln Sie, weil Sie sich nicht mehr daran erinnert hatten, dass diese wundervolle Entwicklung seinerzeit mit diesem Buch begonnen hat.

3.4 Anderen eigene Ziele vermitteln

Wenn Sie Ihre Ziele mit anderen Menschen, also zum Beispiel Ihrem Partner oder Ihren Kindern, abstimmen möchten, ist es wichtig, dass Sie lernen, über Ihre Ziele richtig zu sprechen. Viele Menschen gehen davon aus, dass jeder andere Mensch die Welt genauso sieht wie sie selbst. Das ist ein Trugschluss! In Bezug auf die Ziele kann es wichtig sein, andere Menschen einzubeziehen um zu registrieren, welche Ziele sie haben und wie sich diese Ziele der anderen Menschen mit Ihren Zielen verbinden lassen.

> **Beispiel: Aneinander vorbei gelebt**
> Elke und Paul Kotschorek leben seit vielen Jahren zusammen. Bei der Frage nach ihren gemeinsamen Zielen müssen sie dennoch passen. Elke erinnert sich immerhin, dass sie sich seinerzeit zur Hochzeit vorgenommen hatten, einmal gemeinsam eine Weltreise zu unternehmen. Doch dazu ist es dann nicht gekommen, aus vielen verschiedenen Gründen. Das Paar merkt auch, wie sehr ihm eine gemeinsame Perspektive fehlt, irgendwie ist die Luft raus aus der Partnerschaft. Jeder der beiden geht seiner Wege, hat eigene Freunde und die wenigen gemeinsamen Stunden verbringen Elke und Paul vor dem Fernseher.

3.5 Ziele und ihre Konsequenzen

Ein weiterer Aspekt der richtigen Zielformulierung ist es, die Konsequenzen abzuschätzen. Es kann zum Beispiel sein, dass Sie mit Ihren Eigenschaften eine bestimmte Partnerin oder einen bestimmten Partner in Ihr Leben geholt haben, mit dem Sie jeden Tag zusammen leben. Machen Sie sich bewusst, dass eine deutliche Veränderung Ihres Selbstbewusstseins auf diesen Partner abschreckend wirken kann. Es gibt nicht die Garantie, dass dieser Mensch sich genauso verändert, wie Sie es tun.

Diese Entwicklung ist positiv, weil sich daraus viele neue Möglichkeiten ergeben, spannende, interessante und passende Menschen in das eigene Leben zu ziehen. Machen Sie sich solche Konsequenzen Ihrer persönlichen Zielplanung bewusst, um dann abzuschätzen, ob Sie dieses Ziel wirklich verfolgen wollen. Das hängt einmal mehr auch sehr mit Ihren persönlichen Glaubenssätzen zusammen.

> **! Übung: Was das Erreichen Ihrer Ziele für Sie bedeutet**
>
> Nehmen Sie Ihre große Vision oder vielleicht auch nur einen Teil davon, etwa die Art, in der Sie leben werden. Und machen Sie sich dann die Konsequenzen bewusst, die aus dieser Lebensweise resultieren. Welche Menschen werden Sie loslassen müssen, damit dies wahr werden kann? Was glauben Sie über Menschen, die so leben wie Sie dann leben werden? Seien Sie ehrlich zu sich!

Vielleicht haben Sie bei dieser Übung bemerkt, dass Sie ganz viele einschränkende Glaubenssätze über wohlhabende Menschen in sich tragen. Vielleicht glauben Sie, dass Sie Ihre Gefühle abstellen oder arrogant werden müssen, um so zu leben. Was auch immer es ist, Sie lernen aus dieser ehrlichen Aufstellung auch, warum Sie nicht heute schon so leben, denn Sie haben diesen Lebensstil abgestoßen. Also werden Sie diese einschränkenden Glaubenssätze loslassen wollen, um Ihre Ziele wirklich zu erreichen. Oder Sie verändern Ihre Ziele so, dass Sie die negativen Auswirkungen nicht zu befürchten brauchen.

Teil der persönlichen Zielplanung ist es, dass Sie jedes gesetzte Ziel alleine erreichen. Schließlich hilft es Ihnen wenig zu planen, dass Ihr Partner sich verändern muss, damit Sie eine glückliche Beziehung leben können, in der Sie auch selbstbewusst auftreten können. So funktioniert das nicht. Formulieren Sie die Ziele immer so, dass Sie von anderen Menschen unabhängig und damit nur von Ihrer eigenen Entwicklungsfähigkeit abhängig sind. Das ist der einzige Faktor, den Sie selbst unter Kontrolle haben und einplanen können.

Sobald Sie sich diese Faktoren der Zielplanung bewusst gemacht haben, können Sie noch einmal darüber nachdenken Ihre Zehnjahresperspektive in den Griff zu bekommen. Folgende Fragen helfen Ihnen, die einzelnen Lebensbereiche detaillierter zu planen.

> **Übung: Wie leben Sie in zehn Jahren genau?**
> Falls Sie ein wenig Unterstützung bei der Zielplanung benötigen, helfen Ihnen die folgenden Fragen weiter.
> Wie sieht das Haus aus, in dem Sie in zehn Jahren leben?
>
> Beschreiben Sie Ihre Partnerschaft:
>
> Welche Freunde haben Sie?
>
> Haben Sie Kinder? Und was machen die in zehn Jahren?
>
> Welcher Berufung werden Sie folgen?
>
> Wo arbeiten Sie?
>
> Wie sehen typische Urlaube aus, die Sie dann genießen?
>
> Was für ein Auto fahren Sie oder welche anderen Fortbewegungsmittel – Motorräder, Boote, Wohnmobil und so weiter – haben Sie dann?
>
> Was wünschen Sie sich noch?

Diese Übung wird Ihnen vielleicht noch ein paar Tage im Kopf herum gehen, denn es ist schließlich Ihr ganzes Leben, das Sie gerade so planen wie es Ihnen passt. Sobald dieses Thema immer mal wieder in Ihr Bewusstsein tritt, nutzen Sie die Chance, Ihre eigene Perspektive genauer auszufeilen. Übrigens ist es keineswegs nötig, das Vorhandene abzulehnen, um etwas Neues zu entwickeln. Tatsächlich ist es in mancher Hinsicht ganz wichtig, das Bestehende zu akzeptieren, damit es genügend Raum für neue Möglichkeiten gibt.

3.6   Veränderungen beginnen bei Ihnen selbst

Das Setzen großer Ziele kann viel in Schwung bringen und es ist eine Voraussetzung für die Entwicklung Ihres Selbstbewusstseins. Denn es leuchtet Ihnen sicherlich ein, dass Sie mit Ihren Fähigkeiten und Eigenschaften, die Sie bis heute entwickelt haben, nur das erreichen können, was Sie bis heute erreicht haben. Wenn Sie also andere Resultate erzielen wollen, dann ist es entscheidend, dass Sie neue Eigenschaften entwickeln und auch neue Fähigkeiten.

> **Tipp**
> Stellen Sie sich einfach jeden Tag die Frage, was Sie heute anders machen werden als jemals zuvor in Ihrem Leben.

Das Entwickeln Ihres Selbstbewusstseins ist ein ganz entscheidender Faktor, damit Sie die Fortschritte, die Sie selbst gemacht haben, auch überprüfen können. Sonst stellen Sie gar nicht fest, dass sie immer wieder dieselben Ereignisse in ihr Leben ziehen. Tatsächlich ist dies eine sehr wichtige Entdeckung, die Sie bald machen werden, wenn Sie sie noch nicht gemacht haben: Das Leben zeigt sich immer von einer ähnlichen Seite. Auch wenn Personen, Orte und die konkrete Handlung immer anders sind, bleibt das Erlebte von der Struktur her ähnlich. Das ist logisch, wenn Sie bedenken, dass Sie mit Ihrer persönlichen Ausstrahlung Lebensumstände und Menschen in Ihr Leben ziehen. Und folglich wird sich Ihr Leben und das, was Sie jeden Tag erleben, nur dann verändern, wenn Sie sich verändern.

> **Beispiel: Der Neue ist wie der Alte**
> Susanne Eberl hat sich nach fünf Jahren Firmenzugehörigkeit endlich entschieden, eine neue Stelle anzunehmen. Sie hat es satt, in der kleinen Schreinerei mit einem launischen Chef und seiner zickigen Ehefrau zu arbeiten. In der neuen Firma, die immerhin 35 Mitarbeiter hat, verspricht alles besser zu werden. Wie erstaunt ist Susanne, als sie nach wenigen Monaten auch in der neuen Firma auf massive Schwierigkeiten stößt. Ihr Vorgesetzter ist ebenfalls launisch, doch das hat Susanne erst nach einigen Wochen herausbekommen. Und ihre Kollegin erinnert sie sehr an die Frau ihres Exchefs.

So wie Susanne geht es vielen Menschen, nicht nur im beruflichen Umfeld. Sie hat einfach noch nicht verstanden, dass sie für ihre Lebensumstände selbst verantwortlich ist und mit ihrer Ausstrahlung Menschen und Umstände in ihr Leben zieht.

3.7 Innere Bilder organisieren, Ziele erreichen

Sie nehmen die Welt so wahr, wie Ihre unterbewussten Filter im Lauf Ihrer Entwicklung und Ihres Heranwachsens gesetzt und eingestellt worden sind. Das ist ein sehr wichtiger Aspekt des Menschseins, weil es bedeutet, dass jeder andere Mensch logischerweise andere Filter hat und damit die Welt anders

Innere Bilder organisieren, Ziele erreichen   **3**

wahrnimmt als Sie. Unterbewusste Filter sind durch die Beschränkung unserer bewussten Kapazitäten nötig, weil wir ansonsten nicht lebensfähig wären. Denn um uns herum passiert unglaublich viel, auch gerade jetzt, während Sie einfach nur da sitzen und dieses Buch lesen. Welche Geräusche gibt es in dem Raum, in dem Sie gerade jetzt sind. Können Sie aus einem Fenster schauen? Sind andere Menschen um Sie herum? Wie warm ist es? Wie fühlt sich der Stuhl an, auf dem Sie sitzen?

Wenn all diese Eindrücke gleich wichtig wären, würden Sie dieses Buch nicht lesen können. Stattdessen haben Sie sich auf das Lesen konzentriert, bis Ihre Aufmerksamkeit durch die gerade gestellten Fragen auf andere Aspekte Ihrer Umgebung gelenkt wurde. So wirken die unterbewussten Filter, es wird einfach all das für unwichtig erklärt, was Ihrem momentanen Ziel – dem Wahrnehmen des Inhalts dieses Buches – nicht entspricht.

Auch mit den großen Zielen, die Sie gerade für Ihr ganzes Leben gesetzt haben, funktioniert es ähnlich: Das Unterbewusstsein filtert alles heraus, was nicht zu diesen Zielen passt. Sie werden es einfach gar nicht mehr wahrnehmen und damit wird es aus Ihrem Leben verschwinden.

> **Übung: Ihre inneren Prozesse**
> Denken Sie einmal daran, eine Spinne vor Ihrem inneren Auge zu sehen – jetzt. Wie genau sieht die Spinne aus? Bewegt Sie sich? Ist das Bild farbig oder schwarz-weiß? Wie groß ist die Spinne, weit weg und klein, normal groß oder vielleicht sogar größer als im richtigen Leben? Und wie fühlen Sie sich, wenn Sie sich bewusst machen, wie diese Spinne aussieht, die Sie sich nur vorstellen?
> Beginnen Sie nun, die Attribute des inneren Bildes zu verändern: Machen Sie das Bild oder den Film größer. Machen Sie ihn viel kleiner. Geben Sie Farben hinzu oder nehmen Sie Farben weg. Lernen Sie, dass sich auch Ihr Gefühl verändert, je nachdem, wie das Bild aussieht, das Sie unter Ihrer vollen Kontrolle haben.

Nehmen Sie sich Zeit für diese Übung und wiederholen Sie sie mit anderen Menschen, Tieren oder Dingen in den nächsten Tagen immer wieder. So erschließen sich Ihnen innere Prozesse, die bisher unterbewusst automatisch abgelaufen sind. Und Sie sollten bedenken, dass jeder Mensch diese Prozesse auf individuelle Weise ablaufen lässt. Jemand, der Angst vor Spinnen hat, wird sie in der Regel größer als normal, bewegt und sehr nah sehen. Jemand, der mit Spinnen gut umgehen kann, sieht sie bestenfalls in ihrer normalen Größe. Individualität bedeutet also, dass jeder von uns seine eigenen unterbewussten Prozesse hat. Dass Sie diese ab heute gezielt beeinflussen können heißt, dass Sie auf dem Weg zur einem neuen Selbstbewusstsein und zu mehr emotionaler Intelligenz sind.

> **Beispiel: Ich habe gar kein Bild**
>
> Manche Seminarteilnehmer nehmen zunächst gar nicht wahr, dass sie innere Bilder sehen können. Dabei ist dies ein ganz normaler Prozess. Hier hilft dann die Frage, welche Farbe das Bild hat, das sie nicht sehen. Und dann kommt meist eine sehr spontane Antwort, die eben mehr Bewusstheit schafft auch dafür, dass die Farbe dem Bild entspringt, das immer deutlicher und klarer wird.

3.8 Ängste lassen sich schnell auflösen

Sobald Sie verstanden haben, wie Sie Ihre innere Bilderwelt organisieren, können Sie die meisten Ängste in kürzester Zeit überwinden. Machen Sie sich einfach bewusst, wie das Bild von der gefürchteten Situation aussieht. Und prüfen Sie, welche besseren Gefühle durch eine gezielte Veränderung dieses Bildes möglich werden. Das ist eines der wesentlichen Geheimnisse der schnellen Phobieheilung, die im therapeutischen Kontext sehr erfolgreich eingesetzt wird.

Denn Angst zu haben bedeutet ja nur, dass Sie mit einem inneren Bild das Gefühl von Angst verknüpft haben. Und sobald dieses Bild auftaucht, entweder weil Sie es sich vorstellen oder weil Sie es tatsächlich im Außen sehen, feuern die Neuronen, die für die Angst zuständig sind. Durch das gezielte Verändern von inneren Bildern werden diese neuronalen Vernetzungen für immer durch neue, angenehmere ersetzt.

> **Tipp**
>
> Sicherlich ist es hilfreich, bei konkreten Ängsten den Vorgang der Veränderung der inneren Bilder mehrfach zu durchlaufen und damit Ihr Unterbewusstsein neu zu konditionieren, damit es zuverlässig die neue Vernetzung in Ihrem Gehirn aktiviert, wenn eine entsprechende Situation auftritt.

Es gibt eine Reihe von Menschen, die Angst vor der persönlichen Veränderung haben. Wenn Sie sich den inneren Prozess anschauen, läuft dieser genauso ab, als wenn Sie Angst vor einer Spinne, vor dem Autofahren oder vor Höhe haben. Denn wir Menschen machen uns in einer bestimmten Art und Weise Angst vor etwas, meist ohne genau begründen zu können, warum wir diese Angst haben. Es mag sein, dass Sie sich an eine Situation aus Ihrer Kindheit erinnern, in der Sie eine bestimmte Angst zum ersten Mal hatten. Doch diese Erkenntnis alleine bringt Sie überhaupt nicht weiter. Entscheidend ist Ihre Fähigkeit, ab sofort die Situation neu zu bewerten und mit Ihren inneren Bildern und Filmen anders umzugehen.

3.9 Verlassen Sie Ihre Komfortzone!

Die Komfortzone beschreibt den Bereich von Erlebnissen und Handlungen eines Menschen, in denen dieser sich üblicherweise bewegt und wo er sich wohl fühlt. Viele Menschen haben eine vergleichsweise kleine Komfortzone, das heißt, dass sie wenig neue Dinge ausprobieren und sich auch nur selten aus dem gewohnten Spielraum heraus wagen. Ein neues Selbstbewusstsein, neue Fähigkeiten und neue Eigenschaften zu entwickeln bedeutet in jedem Fall, die eigene Komfortzone mehr oder weniger deutlich zu verlassen. Insofern werden Sie in den kommenden Tagen und Wochen gerne trainieren wollen, diese Komfortzone hinter sich zu lassen und damit neue Möglichkeiten für sich und Ihre Zukunft zu erschließen. Dies bedeutet nicht nur, dass Ihnen die Veränderung ab sofort Spaß macht, sondern es ist sozusagen ein neuer Drang, den Sie sukzessive entwickeln werden, immer neue Situationen und damit auch immer neue Gefühle zu erleben. Es wird eine großartige Möglichkeit für Sie sein, die eigene Veränderung auch bei sich selbst zu bemerken, weil Sie plötzlich Dinge tun, die Sie früher nicht gewagt hätten.

> **Beispiel: Das besondere Geburtstagsgeschenk**
> Helga und Klaus Baumann machen sich gegenseitig immer ganz besondere Geburtstagsgeschenke: Sie suchen für den anderen immer eine Gelegenheit aus, die eigene Komfortzone zu verlassen. So hat Klaus seiner Frau im vergangenen Jahr einen Tauchurlaub geschenkt, bei dem sie den PADI-Tauchschein erwerben konnte. Zwar hatte Helga große Angst vor dem Tauchen, aber sie wusste, dass sie es schaffen würde und profitierte sehr davon, ihre Ängste zu überwinden und in das Südsee-Korallenriff abzutauchen. Klaus bekam dann einen Tandem-Fallschirmsprung von Helga geschenkt. Den hatte er sich auch schon länger gewünscht, obwohl er ebenfalls Angst davor hatte, sich dieser Herausforderung zu stellen.

So unterstützt sich dieses Paar liebevoll bei der persönlichen Weiterentwicklung, die immer auch damit zu tun hat, Dinge zu unternehmen, die Sie sich noch nie zugetraut haben. Als Kind haben Sie nahezu jeden Tag Ihre Komfortzone verlassen, vielleicht sogar ohne diese Komfortzone bewusst zu erkennen. Viele Eltern schränken heute ihre Kinder zu sehr ein, weil sie Angst davor haben, dass diese sich verletzen könnten bei dem Versuch, die eigene Komfortzone ständig zu erweitern. Doch genau dies bedeutet Heranwachsen, es geht darum, ständig Neues auszuprobieren und Neues zu erleben. Neugierde ist eine ganz selbstverständliche und natürliche Eigenschaft, mit der auch Sie geboren wurden und die Sie mehr oder weniger stark in Ihrer Kindheit ausgelebt haben. Auch als Erwachsener können Sie diese Neugierde jeden Tag ausleben, sobald Sie sich dafür wieder bewusst entscheiden.

3.10 Andere Menschen einbeziehen

Bei der Vermittlung der eigenen Ziele ist es ganz wichtig, die Menschen in Ihrer Umgebung soweit wie möglich einzubeziehen, wenn Sie dies wünschen und wenn dies vielleicht bei der Erreichung Ihrer Ziele entscheidend ist. Eine Möglichkeit in diesem Prozess erfolgreich zu sein ist es, die anderen das zuvor gesagte wiederholen zu lassen. Wenn Sie also Ihr Gegenüber fragen, was bei der Vorstellung Ihrer Ziele angekommen ist, dann mag dieser etwas ganz anderes wiederholen als Sie Ihrer Meinung nach gesagt haben. Das bedeutet nicht, dass Ihr Gegenüber ungehobelt ist oder sich nicht für Ihre Ziele interessiert. Es ist lediglich ein Hinweis darauf, dass wir alle tatsächlich in einer unterschiedlichen Welt leben und deshalb auch die Worte und Sätze unterschiedlich interpretieren und verschiedene Bilder in unserem Kopf haben.

> **Beispiel: Bleiben Sie bei Ihren Zielen**
>
> Vielleicht sitzen Sie Ihrem Partner oder Ihrer Partnerin bald gegenüber und erzählen davon dass Sie Fallschirmspringen lernen wollen. Ihr Gegenüber reagiert vielleicht verdutzt, weil er diesen heimlichen Wunsch, den Sie vielleicht schon seit vielen Jahren in sich tragen, nicht kannte. Und dann mag es eine Äußerung geben wie: »Aha, Du willst also eine Sportart ohne mich machen, denn Du weißt ja, dass ich Höhenangst habe.« In solchen Situationen ist es ganz wichtig, die Ruhe zu bewahren und dem Anderen die eigenen Vorstellungen in aller Ruhe und Gelassenheit rüberzubringen.

Das mag gerade für Paare am Anfang eine schwierige Übung sein, wenn sie diese Art der Kommunikation miteinander nicht gewöhnt sind. Und selbst geübte Kommunikatoren beziehen manche Aussagen auf sich, obwohl diese gar nichts mit ihrer Person zu tun haben. Sehen Sie also die Kommunikation über eigene Ziele als einen Entwicklungsprozess, den Sie vielleicht mit Ihrer Partnerin oder Ihrem Partner gemeinsam durchlaufen wollen. Und es kann schon eine Zeit lang dauern, bis Sie in aller Ruhe über Ihre Ziele sprechen können, ohne dass sich der Andere angegriffen fühlt. Dasselbe gilt selbstverständlich auch für die Kommunikation über Gefühle. Es ist ja schon ein großer Schritt, dass Sie sich selbst bewusst machen, welche Gefühle Sie in sich spüren. Über diese Gefühle dann auch noch mit einem anderen Menschen zu sprechen, ist ein großer Schritt.

3.11 Ihre Gedanken: negative registrieren, positive aktivieren

Selbstbeobachtung ist eine entscheidende Voraussetzung dafür zu erkennen, was Ihnen zum Beispiel Spaß macht oder was Sie weniger begeistert. Die aufmerksame Beobachtung Ihres eigenen Verhaltens ist sehr wichtig, um das

Ihre Gedanken: negative registrieren, positive aktivieren 3

Selbstbewusstsein zu entwickeln, das Sie haben möchten. Beobachten Sie aufmerksam, was Sie tun und finden Sie heraus, warum und wie Sie es tun.

> **Übung: Machen Sie sich innere Abläufe bewusst**
>
> Erinnern Sie sich an eine Situation, in der Sie zum Beispiel mit einem Auto in einem Stau standen oder bei der Sie in einer Schlange warten mussten und sehr ungeduldig waren? Denken Sie einmal darüber nach, wie Sie sich in dieser Situation des ungeduldigen Wartens gefühlt haben. Und fragen Sie sich, wie sich die Ungeduld genau geäußert hat? Vielleicht sind Sie einfach nervös geworden, weil Sie einen dringenden Termin hatten oder noch andere Aufgaben erledigen wollten, anstatt in der Schlange zu warten. Wenn Sie nun der Frage des »Wie?« genauer nachgehen, dann werden Sie feststellen, dass Sie sich zum Beispiel innere Bilder von der Situation gemacht haben, die Sie zum Beispiel vermeiden wollten. Vielleicht kamen Sie aufgrund des Staus bei einem Kundentermin zu spät und Sie haben sich während des Im-Stau-stehens vorgestellt, wie dieser Kunde ärgerlich reagiert oder Ihnen einen Auftrag entzieht. Es mag genauso gut sein, dass Sie eine innere Stimme gehört haben, die Ihnen irgendetwas Negatives eingeflüstert hat, was sich aufgrund Ihres Wartens in der Zukunft hätte ergeben können.

Sich negative Bilder zu machen oder innere Stimmen zu hören, ist eine ganz natürliche Art und Weise, sich als Mensch mit der Welt auseinander zu setzen. Eine gesteigerte Eigenwahrnehmung bedeutet also vor allem, sich dieser Prozesse bewusst zu werden und diese kritisch zu hinterfragen. Denn wenn Sie zum Beispiel in einem Stau warten und dadurch zehn Minuten zu spät bei Ihrem Kunden ankommen, dann ist es in der Regel wenig hilfreich, in einem aufgeregten Zustand zu diesem Kunden zu gehen.

Vor einigen Jahren habe ich dazu in einem Buch die Weisheit eines asiatischen Großmeisters gelesen: »Wenn Du zu spät kommst, gehe noch einmal um den nächsten Häuserblock herum.« Ich habe diese Weisheit zunächst nicht verstanden und hielt sie für völlig unsinnig.

Inzwischen weiß ich, dass es dem Meister um etwas anderes ging: Hektisch in einen Termin zu gehen, völlig entnervt nach Hause zu kommen oder mit seinen Gedanken noch ganz woanders zu sein, ist bei keinem Vorhaben zuträglich. Konzentrieren Sie sich auf das vor Ihnen liegende, sammeln Sie sich und Ihre Kräfte für den Termin bei Ihrem Kunden vor allem dann, wenn Sie zu spät kommen. Denn die hektische, nervöse oder angespannte Stimmung überträgt sich auf die anderen Menschen und das wird sich dann insgesamt für Sie nicht positiv auswirken.

> **! Übung: Gehen Sie in das Gefühl**
>
> Erinnern Sie sich an einen Kundentermin, bei dem alles glatt gelaufen ist? Vielleicht hat der Kunde einen Vertrag unterschrieben oder die Verhandlungen sind so gut gelaufen, dass Sie am Ende sehr viel Geld dadurch verdient haben. Nun fühlen Sie sich genau in diese Situationen hinein, in dem Sie sich noch einmal in die Situation versetzen, also so tun, als würde diese Verhandlung jetzt noch einmal ablaufen. Wenn Sie das mit mehreren Verhandlungen, wichtigen Gesprächen, oder Verkaufserlebnissen tun, dann werden Sie merken, wie Sie in kürzester Zeit einen so genannten ressourcestarken Zustand einnehmen. Sie werden sich einfach wohler fühlen in Ihrer Haut, ganz unabhängig davon, wie Sie sich vorher gefühlt haben.

Diese Fähigkeit wird auch in Ihrem Leben Wunder wirken, und Sie werden sie so oft wie möglich einsetzen. Mit etwas Übung läuft es noch besser. Stellen Sie sich zum Beispiel vor, dass Sie für ein Gespräch oder für eine Verhandlungssituation verschiedene Ressourcen nutzen möchten. Sie möchten zum Beispiel ein selbstbewusstes Auftreten haben, Sie möchten gelassen sein und Sie möchten heiter sein. Egal welche Ressource Sie für das Gespräch brauchen, Sie können sich einfach an jeweils ein oder zwei Situationen aus Ihrem Leben erinnern, in denen Sie genau dieses Gefühl schon einmal hatten. Dann wird das bevorstehende Gespräch viel besser laufen, als Sie es sonst hätten führen können.

> **! Beispiel: »Ich kann nichts!«**
>
> Ich fragte einmal in einem Seminar eine Teilnehmerin, was Sie besonders gut könne. Die Antwort war: »Nichts«, denn ihr fiel in diesem Moment nichts ein. Allmählich und mit einigem Nachfragen entlockte ich Ihr dann doch die eine oder andere Fähigkeit, wie Spiegeleier zubereiten, Menschen zum Lachen bringen und einiges mehr. Ihr einziges Problem war, dass sie jede ihrer Fähigkeiten im Verhältnis zu jemand anderem beurteilte, der genau in diesem Bereich besser war als sie selbst. Doch der Vergleich mit anderen führte sie nicht weiter, weil das Ergebnis immer nur eines war: Sie fühlte sich minderwertig und hatte den Eindruck, nichts besonders gut zu können.

Auf dem Weg zu mehr Selbstbewusstsein ist es sicherlich eine der unnötigsten und überflüssigsten Übungen, die eigenen Fähigkeiten und Eigenschaften mit denen anderer Menschen zu vergleichen. Denn wo immer Sie auch hinschauen, Sie werden einen Menschen finden, der die Dinge besser kann als Sie. Das ist unabhängig davon, wie gut Sie sich in einer bestimmten Disziplin auskennen. Denn keiner von uns ist an jedem Tag immer weltspitze, selbst ein Weltmeister nicht. Auch dieser Weltmeister hat schon Kämpfe verloren und auch dieser Weltmeister hat vielleicht trotz seiner überragenden Fähigkeiten schon einmal eine Niederlage einstecken müssen. Es ist einfach nur menschlich. Erfolgreiche Menschen messen sich nicht ständig an anderen.

Sie fragen sich vielleicht, warum das oben geschilderte Stapeln von Ressourcen für eine bevorstehende Situation, die Sie besonders erfolgreich meistern wollen, funktioniert. Hirnforscher haben herausgefunden, dass bei bestimmten Erlebnissen bestimmte Gehirnareale aktiv sind. So findet zum Beispiel ein Gefühl von Verliebtsein an einer anderen Stelle in Ihrem Gehirn statt, als das Gefühl von tiefer Depression. Daran gekoppelt sind immer auch innere Bilder, Geräusche, Töne, Stimmen und das, was Sie sich mit Ihrer inneren Stimme sagen. Vielleicht haben Sie dies bisher als Denken bezeichnet, doch wenn Sie jetzt einmal anfangen, genau auf diesen Prozess zu achten, dann ist es so als wäre es ein auditiver Vorgang, etwas, bei dem Sie sich selbst zuhören. Noch einmal: Je besser Sie diese inneren Prozesse unter Kontrolle bringen, desto selbstbewusster werden Sie, weil Sie die Möglichkeiten Ihres Gehirns damit bestmöglich ausnützen lernen.

3.12 Willkürlich gut drauf sein

Die Verknüpfung einer erlebten oder vorgestellten Situation mit einem bestimmten Gefühl ist willkürlich und kann jederzeit gelöst werden. Das gilt auch und gerade für den Umgang mit ihrer inneren Stimme. Sie ist bei den meisten Menschen ständig präsent, so dass sie sie gar nicht mehr bewusst wahrnehmen, bis sie Übungen wie die folgende machen.

> **Übung: Das tut man doch nicht**
>
> Stellen Sie sich vor, nackt aus dem Haus und zum Beispiel zum Einkaufen oder ins Büro zu gehen. Und nun achten Sie darauf, was diese Vorstellung in Ihrem Innern auslöst. Sehen Sie ein Bild von sich? Sehen Sie sich von außen oder sind Sie in Ihrem Körper, so dass Sie an sich hinunterschauen können? Und was hören Sie? Sind es die Stimmen anderer Menschen? Sind es Geräusche? Oder ist es Ihre innere Stimme, die Ihr Verhalten kommentiert?
> Hören Sie dieser inneren Stimme noch einmal genauer zu. Ist es Ihre eigene Stimme? Und von wo kommt sie, wo sitzt der Sprecher? Welche Gefühle löst diese innere Stimme in Ihnen aus?
> Stellen Sie sich nun bitte vor, dass diese Stimme Sie siezt und Sie sogar mit Ihrem Vor- und Nachnamen anspricht: »Sie, Herr/Frau Sowieso, ich möchte Sie darauf hinweisen, dass Sie das nicht tun dürfen.« Merken Sie den Unterschied?

Die meisten Menschen brechen bei dieser Übung in schallendes Gelächter aus. Für sie verliert die innere Stimme ihre negative Wirkung. Selbstverständlich können Sie alternativ zum Siezen die innere Stimme auch in die Stimme von Donald Duck oder Mickey Mouse verwandeln, so dass sie einfach lächerlich wirkt. Oder lassen Sie die Stimme gaaaanz langsam sprechen, wie in Zeitlupe.

Erlaubt sind alle Veränderungen, die Spaß machen und Ihnen gute Gefühle bringen.

Je mehr Übung Sie im Umgang mit diesen inneren Vorgängen haben, desto mehr Möglichkeiten erschließen sich, zum Beispiel auch aus Kombinationen. So kann es sein, dass Sie in einer bestimmten Situation zunächst ein bestimmtes Bild vor dem inneren Auge sehen, dann hören Sie ein Geräusch und dann fühlen Sie Angst. Oder Sie hören ein Geräusch, dann taucht ein Bild auf und danach sagt Ihnen die innere Stimme, wie Sie mit der Situation umzugehen haben. Diese Sequenzierung, also die genaue Abfolge, ist sehr wichtig, damit am Ende auch wirklich dieses Gefühl entsteht.

> **Beispiel: Auf den Ablauf kommt es an**
>
> Rainer Gärtner hatte Angst davor, mit einem Lift in die Berge zu fahren. Da er jedoch begeistert Ski fährt, behinderte ihn diese Angst sehr. Als er sich den Prozess bewusst machte, wurde ihm klar, dass er zuerst das Bild sah, wie er von oben in die Tiefe schaut, dann fühlte er, wie die Knie weich wurden und er hörte, wie er innerlich vor Angst schrie. Im Training fragte ich ihn nach seinem Lieblingslied. Dieses Lied – »Love me tender« von Elvis Presley – spielte ich ihm laut vor und bat ihn dann, sich noch einmal in die Situation an der Seilbahn zu versetzen. Dann summte er das Lied mit und bestieg fröhlich lächelnd in Gedanken die Bahn. Er konnte sich sogar vorstellen, gänzlich angstfrei oben anzukommen. Was hatte sich verändert? Die Sequenzierung seines früheren Angsterlebnisses war durchbrochen und hatte nun neue, positive neuronale Verknüpfungen anstelle der früheren Angst.

Selbstverständlich lässt sich dies auf viele Alltagserlebnisse übertragen. Sie werden vielleicht sogar einen großen Spaß daran haben, immer neue Abläufe in sich festzustellen und diese immer geschickter und in kürzerer Zeit zu verändern.

> **Übung: Gute Gefühle auf Knopfdruck**
>
> Die neuen Techniken, die Sie gelernt haben, lassen sich im Alltag ganz leicht nutzen. Zum Beispiel können Sie sich vorstellen, dass Sie auf Ihren Knien einen grünen Knopf für gute Gefühle und einen roten Knopf für schlechte Gefühle haben. Welcher Knopf auf welchem Knie ist, bleibt dabei Ihnen überlassen. Denken Sie nun zunächst nacheinander an mehrere schöne Situationen, in denen Sie sich gut gefühlt haben. Und immer dann, wenn Sie mitten in dem guten Gefühl sind, drücken Sie sozusagen den imaginären grünen Knopf auf Ihrem Knie. Die Fachleute nennen das Ankern und es geht um eine neuronale Verknüpfung zwischen den guten Gefühlen, den schönen Bildern und der Berührung Ihres Knies. Wiederholen Sie die Übung fünf Mal oder noch häufiger.

Nun haben Sie für alle Situationen einen grünen Knopf dabei, den Sie nur drücken müssen, um sofort in guten Gefühlen zu baden. Probieren Sie es gleich aus. Und wenn es einmal nötig ist, dann können Sie auch den roten Knopf drücken, der Ihnen schlechte Gefühle bringt. Viele Menschen nutzen diesen Knopf noch eine zeitlang, vor allem um zu wissen, wie sich der Unterschied anfühlt. Und Sie haben dann auch die Möglichkeit, sich eine kleine Depression auf Knopfdruck zu verabreichen – nur zur Übung versteht sich.

Sobald Sie verstanden haben, dass Sie für Ihre eigenen Gefühle zuständig sind, werden Sie auch aufhören, sich für die Gefühle anderer Menschen zuständig zu betrachten. Es geht hier keineswegs darum, dass Sie sich in Zukunft wie der Elefant im Porzellanladen verhalten und andere Menschen ständig darauf verweisen, dass sie schließlich für deren Gefühle nichts könnten.

3.13 Manipulativer Einsatz von Emotionen

Dass negative Emotionen einen Menschen krank machen können, haben Sie sicher schon verstanden. Wozu sind sie dann überhaupt gut? Manche Leute setzen schlechte Gefühle unterbewusst gezielt ein, um andere Menschen zu manipulieren. Das kommt häufiger vor, als Sie vielleicht glauben, und sie selbst haben vielleicht auch schon mal ein solches Verhalten bei sich beobachtet, wenn Sie aufmerksam und ehrlich genug waren.

Ohnehin setzen Menschen viele Gefühle und Verhaltensweisen vor allem ein, um ihre Mitmenschen zu manipulieren. Das basiert oft auf dem wenig bewussten Glaubenssatz, nicht liebenswert zu sein. Dieser lässt sich schon bei kleinen Kindern beobachten, die vom ersten Tag an genau beobachten, wie sie ihre Eltern gezielt dazu bringen, sich ihrem Willen unterzuordnen. Erstaunlicherweise beschränken sich die zur Manipulation angewendeten Verhaltensweisen auf wenige: Oft wird die Opferrolle eingenommen, aus der heraus sich ja leider nichts verändern lässt; dazu gehören auch Krankheiten und andere Arten sich hilflos zu machen. Oder ein Mensch reagiert aggressiv, um seine Ideen durchzusetzen. Auch Gleichgültigkeit kann eine Art sein, die Kontrolle zu bekommen und andere nach Belieben zu steuern.

Sobald Sie die manipulativen Absichten hinter Ihrem Verhalten verstanden haben, geht es zunächst darum, sich selbst kritisch zu hinterfragen und aufmerksam auf das jeweilige Verhaltensmuster zu achten. Denn Sie wollen ja nicht von anderen Menschen gemocht werden, weil Sie so ein exzellenter Manipulator sind. Sondern Sie wollen sich selbst mögen und von anderen wegen Ihrer Fähigkeiten und Eigenschaften gemocht werden. Das ist die große

Herausforderung auf dem Weg zu einem gesunden Selbstbewusstsein. Das Beenden der Manipulation ist dabei einer der größten Schritte.

3.14 Bedürfnisse sind mit Gefühlen verknüpft

Ich bin der festen Überzeugung, dass wir Menschen nur sehr wenige lebensnotwendige Bedürfnisse haben, und gerade unsere Konsumgesellschaft bietet hier zahlreiche Dinge an, die wir als unbedingt notwendig empfinden ohne dies geprüft zu haben.

> **Übung: Lebensnotwendig oder Luxus?**
>
> Schauen Sie sich einfach mal an dem Ort um, an dem Sie gerade sitzen. Welche Gegenstände in Ihrer Umgebung sind wirklich lebensnotwendig? Und auf welche Gegenstände könnten Sie problemlos verzichten, ohne dass Ihr Leben dadurch ernsthaft in Gefahr geriete?

Das mag Ihnen auf den ersten Blick als eine überflüssige Übung vorkommen. Doch sobald Sie sie machen, stellen Sie fest, dass die wenigsten Dinge, die Sie in Ihrem Leben angesammelt haben, wirklich lebensnotwendig sind. Jetzt geht es nicht darum, dass Sie sich ab morgen den minimalistischen Lebensstil eines buddhistischen Mönchs angewöhnen. Und doch kann es eine ganz interessante Erfahrung sein, auf verschiedene Dinge im Leben zu verzichten. Im Mittelpunkt steht die Frage, warum Sie sich all diese (überflüssigen) Gegenstände gekauft haben?

Sie haben mit diesen Dingen eines oder mehrere Gefühle verbunden und das war der Hauptgrund, warum Sie sich diese Dinge zugelegt haben. Sie hatten den Eindruck, nach dem Erwerb des entsprechenden Gegenstandes ein bestimmtes Gefühl zu haben, von dem Sie vorher schon wussten, dass Sie es haben würden. Vielleicht haben Sie sich ein teures Schmuckstück gekauft, weil Sie der Meinung waren, dann bei Ihren Freundinnen und Freunden ein besseres Ansehen zu genießen. Oder Sie haben sich ein teures Bild gekauft, weil Sie der Meinung waren, dass die Betrachtung dieses Bildes Ihnen gute Gefühle machen würde und das Bewusstsein geben würde, ein wertvoller (weil reicher) Mensch zu sein. Es spielt keine Rolle, was die Beweggründe für dieses Bedürfnis genau waren. Entscheidend ist die Verknüpfung mit einem bestimmten Gefühl und die Erwartung, dass dieser Gegenstand das entsprechende Gefühl für immer in Ihr Leben bringen werde.

Kennen Sie die Enttäuschung, die sich kurze Zeit nach dem Erwerb eines heiß ersehnten Gegenstandes einstellen kann? Vielleicht haben Sie über Jahre hinweg einen bestimmten Wunsch gehabt, vielleicht wollten Sie ein Fahrzeug besitzen oder eine wertvolle Uhr. Und schon wenige Wochen nachdem der ersehnte Gegenstand in Ihrem Leben angekommen war, spielte es so gut wie keine Rolle mehr, dass Sie ihn hatten. Das Gefühl verblasste. Auf der anderen Seite hatten Sie die Vorfreude sehr genossen und vielleicht teilweise sogar als quälend empfunden. Wenn Sie diese beiden Situationen miteinander vergleichen, dann mögen Sie zu dem Schluss kommen, dass das Warten auf einen ersehnten Gegenstand oder darauf, dass ein bestimmtes Bedürfnis erfüllt wird, fast schöner ist, als das Besitzen oder Erleben des entsprechenden Gefühls. Das mag auch der Grund sein, warum wir Menschen immer wieder neue Bedürfnisse entwickeln und neue Erfahrungen machen wollen. Nichts ist langweiliger, als mit einem Menschen zu tun zu haben, der glaubhaft versichert, er habe schon alles erlebt und er besitze alles, was in diesem Leben für ihn wichtig sein könne.

> **Tipp**
> Werden Sie sich klar darüber, dass nichts im Außen liegt, sondern dass Ihre Bedürfnisse nur der Auslöser eines bestimmten emotionalen Zustandes sind. Und in diesem Zustand können Sie sich jederzeit versetzen, indem Sie sich einfach vorstellen diesen Gegenstand schon zu besitzen.

3.15 Entscheidend ist das Gefühl

In Bezug auf die Gehirnaktivitäten ist es übrigens völlig egal, ob Sie den gewünschten Gegenstand tatsächlich in Ihrer Hand halten, oder ihn sich nur vorstellen. Wenn Sie beispielsweise Weltmeister im Laufen werden wollen, dann sollten Sie sich auf jeden Fall vorstellen können, dass Sie die entscheidenden Läufe gewinnen. Denn in dem Moment, in dem Sie sich Ihrem Sieg vorstellen, feuern in Ihrem Inneren genau die Neuronen, die später auch dann feuern werden, wenn Sie den Sieg auch tatsächlich errungen haben. Das gilt analog auch für Ihre Gefühle, die Sie in Ihrem Leben haben. Gefühle in Ihrem Inneren sind nur eine Reaktion auf etwas im Außen, die jedoch nicht von dem Auslöser im Außen abhängig ist. Es genügt zu jeder Zeit, sich das entsprechende Bild vorzustellen, einen Händedruck zu fühlen oder das applaudierende Publikum zu hören, um nur einige Beispiele zu nennen. In dem Moment, in dem Sie in der entsprechenden Situation baden, sind alle Gefühle genau da, als wäre die Situation bereits Realität.

Lektion 2: So werden Sie selbstbewusst

> **! Übung: Mehr Selbstbewusstsein erlangen**
>
> Es ist also nach den Erkenntnissen in diesem Kapitel für Sie ein leichtes, mehr Selbstbewusstsein zu erlangen: Stellen Sie sich einfach jeden Abend vor dem einschlafen und jeden Morgen kurz nach dem aufwachen vor, wie Sie selbstbewusst in der einen oder anderen Situation agieren und reagieren. Dabei spielt es überhaupt keine Rolle, um welche Situation es sich handelt. Entscheidend ist nur, dass Sie sich das gute Gefühl vorstellen, selbstbewusst aufzutreten und genau das Verhalten zu zeigen, das Sie gerne zeigen möchten. Malen Sie sich die Details der vorgestellten Situation wirklich sehr genau aus, so als wäre sie real. Sehen Sie genau, was Sie in dieser Situation sehen werden, hören Sie exakt das, was zu hören sein wird und schon stellen sich auch die Gefühle ein, die zu dieser Situation mit viel Selbstbewusstsein passen.

Sobald Sie also Ihr Ziel, die Selbstwahrnehmung zu steigern und mehr Selbstbewusstheit zu erreichen, klar formuliert haben, werden Ihnen die neuen Methoden sehr schnell helfen, dieses Ziel auch zu erreichen. Wenn Ihr Ziel sein sollte, dabei auch noch gelassener zu werden und mit den Situationen Ihres Alltagslebens viel fröhlicher umgehen zu lernen, dann helfen Ihnen die gelernten neuen Fähigkeiten auch dabei sehr gut. Sie merken schon, dass Sie sozusagen ein Schweizer Taschenmesser für Ihr Gefühlsleben geschenkt bekommen haben, das Sie in sehr kurzer Zeit sehr weit voranbringen wird.

3.16 Zusammenfassung

- Sich zu entwickeln und selbst zu finden bedeutet auch, dass Sie bereits als vollständiger Mensch mit allen emotionalen Fähigkeiten auf die Welt gekommen sind. Sie müssen sich also nur erinnern.
- Die Träume aus Ihrer Jugendzeit dürfen wieder aufleben und einen wichtigen Platz in Ihrem Leben einnehmen.
- Planen Sie persönliche und berufliche Ziele langfristig, damit genügend Raum für eine wundervolle Entwicklung bleibt, die das Leben erst ausmacht.
- Achten Sie zunehmend auch auf Ihre inneren Prozesse und Abläufe. Dadurch können Sie lernen, auch mit emotional schwierigen Lebenssituationen gut klar zu kommen.
- Lösen Sie Ihre Ängste mit den genannten Techniken auf, dann werden Sie sich freier fühlen und leichter Ihr Leben genießen.
- Verlassen Sie täglich Ihre bisherige Komfortzone, das bringt viel Spaß und macht Sie flexibel.
- Nutzen Sie meditative Augenblicke, um Ihre Mitte zu finden und Ihre Stärken voll zur Geltung zu bringen.
- Selbstbewusstsein hat viel mit der eigenen Wahrnehmungsfähigkeit zu tun. Werden Sie täglich aufmerksamer.

4 Lektion 3: So motivieren Sie sich richtig

Vielleicht haben Sie sich bis zum heutigen Tag noch nie Gedanken darüber gemacht, wie Sie sich selbst am besten motivieren können. Vielleicht haben Sie Motivation als eines der Gefühle betrachtet, die rein zufällig sind und nicht gezielt von Ihnen gesteuert werden können. Und dann haben Sie sicherlich auch schon Situationen erlebt, in denen Sie eben nicht motiviert waren, egal was Sie vorher geplant hatten. Haben Sie sich schon einmal vorgenommen, am Wochenende den Keller aufzuräumen, und am Montag war alles unverändert? Sie konnten sich einfach nicht aufraffen. Und das, obwohl Sie bei dem Gedanken an das Aufräumen völlig begeistert waren?

4.1 Ziele wirken motivierend

Wenn Sie glauben, dass Sie manchmal sehr gut und manchmal eben weniger gut motiviert sind und dies nicht verändern können, dann sind Sie auf dem Holzweg. Eine herausragende Bedeutung für Ihre eigene Motivation haben selbstverständlich die Ziele, die Sie sich gesetzt haben. Ziele sind nicht nur das Salz in der Suppe, sondern sie sind sehr gute Motivatoren, die Ihnen im Alltag helfen können, sich auch dann zu motivieren, wenn Sie vielleicht zu träge sind oder es Ihnen etwas schwerer fällt, Ihre volle Energie einzusetzen.

> **Beispiel: Ziellose Unternehmen**
> Vor diesem Hintergrund ist es sehr erstaunlich festzustellen, dass die meisten Unternehmen keine klare Zielsetzung verfolgen. Viele Manager konzentrieren sich auf viel zu allgemein formulierte Ziele wie Umsatzsteigerung um ein bestimmtes Maß oder auf die Maximierung des Gewinns. Im Zeitalter des Shareholder Value ist das keine Besonderheit, und es hilft den Mitarbeitern kein Stück weiter, ihre Arbeit motiviert zu leisten. Besser ist es, sehr genau zu beschreiben, welche Produkte und Dienstleistungen ein Unternehmen in fünf oder zehn Jahren seinen Kunden anbieten will und auf welche Weise es sich von seinen Mitbewerbern positiv unterscheiden möchte, um somit für seine Kunden einzigartig zu werden.

Sollten Sie also als Manager arbeiten oder als Selbstständiger Ihr eigenes Unternehmen führen, dann ist es sehr wichtig, die Ziele Ihres Unternehmens sehr genau festzulegen und schriftlich an alle Mitarbeiter, Kunden und Partner zu verteilen. All dies sorgt dafür, dass andere Menschen Sie beim Erreichen Ihrer Ziele unterstützen.

Ähnliches gilt selbstverständlich auch in Ihrer Familie, denn die Motivation, Sie zu unterstützen, resultiert nicht allein aus den guten Gefühlen, die andere Familienmitglieder für Sie empfinden. Entscheidend ist, dass diese geliebten Menschen verstanden haben, wohin Sie wollen. Nur dann können Sie sie wie gewünscht unterstützen.

4.2 Treffen Sie Absprachen mit sich selbst

Wenn Sie sich selbst besser motivieren wollen, müssen Sie lernen, sich zu vertrauen. Das ist keineswegs selbstverständlich. Denn Beispiele wie das eingangs erwähnte Aufräumen des Kellers sind genau genommen Versprechen, die Sie sich selbst gegeben haben und die Sie auch selbst gebrochen haben. Was bedeutet es, Vertrauen in sich selbst zu haben? In dem hier gewählten Kontext ist Selbstvertrauen schlicht die Sicherheit, ein selbst gestecktes Ziel auch zu erreichen. Mehr Selbstvertrauen können Sie nur erreichen, wenn Sie auch tatsächlich vertrauenswürdig sind, also Ihre Versprechen gegenüber sich selbst einhalten, Ihre Vorhaben durchziehen.

> **!** **Beispiel: Motivation für große Aufgaben**
> Als Buchautor werde ich von vielen Menschen immer wieder darauf angesprochen, wie ich mich motivieren kann, ein solch großes Werk in relativ kurzer Zeit zu Wege zu bringen. Und viele Menschen gestehen mir bei solchen Gesprächen, dass sie selbst auch schon seit längerer Zeit mit dem Gedanken schwanger gehen, ein Buch zu schreiben. Erstaunlicherweise haben diese Menschen es in der Regel noch nicht geschafft und sie nennen dafür eine Reihe verschiedener Gründe. Der am meisten missachtete Grund ist, dass die Menschen Ihre Versprechen an sich selbst nicht einhalten. Dabei können Sie sich von anderen gezielt unterstützen lassen. Beim Schreiben eines Buches hilft mir zum Beispiel mein wundervoller Agent, der mich anfangs freundlich und später dann immer bestimmter an den versprochenen Abgabetermin erinnert. Zudem gibt es einen Vertrag, der mich ebenfalls daran erinnert, dieses Versprechen gegeben zu haben.

Und es kommt noch ein weiterer wichtiger Faktor dazu: Damit ich mein Versprechen auch einhalte, stelle ich mir täglich das fertige Buch vor. Ich sehe mich dabei, wie ich es in einer großen Münchener Buchhandlung als veröffentlichtes Werk im Regal stehen sehe. Und ich höre mich mit anderen Kunden dieses Ladens über mein Buch sprechen, so dass sie es dann kaufen.

Wenn Sie ganz am Anfang sind mit der Frage, ob Sie sich selbst vertrauen können, dann hilft es sicherlich, dass Sie sich erst einmal bewusst machen, in welchen Situationen Sie sich auf sich selbst sehr gut verlassen können, und in welchen Situationen das weniger der Fall ist. Nutzen Sie dafür die folgende Übung:

> **Übung: Halten Sie sich an Versprechen**
> Welche Abmachungen mit sich selbst brechen Sie immer wieder?
>
> Und welche Abmachungen halten Sie ein?

Zählen Sie in dieser Übung ruhig verschiedene Situationen auf. Machen Sie sich bewusst, dass Sie in Ihrem Leben bestimmt schon einmal mehr oder weniger große Ziele gesteckt haben und diese auch in der geplanten Zeit erreicht haben. Dieser Fokus bringt Sie weiter und Sie dürfen gerne stolz auf sich sein, dass Sie diese Ziele seinerzeit erreicht haben. Auch dieser Stolz bringt Sie voran, denn Sie werden lernen, sich immer besser auf sich selbst verlassen zu können.

> **Tipp**
> Denken Sie einen Moment darüber nach, was der Unterschied ist zwischen den Situationen, in denen es nicht funktioniert hat, und denen, in denen Sie Ihr Ziel erreicht haben. Wo waren die inneren Bilder? Und was hat Ihre innere Stimme über das jeweilige Ziel gesagt? Lernen Sie, Ihre neuen Fähigkeiten hier sehr konkret einzusetzen, damit Sie diese ab sofort bei allen neuen Situationen nutzen können.

Beispiele für solche Zielerreichungen lassen sich in nahezu jedem Lebensbereich finden, egal ob es um private Situationen oder um berufliche Herausforderungen geht. Ein Unterschied ist, dass die meisten Menschen im beruflichen Kontext sehr häufig durch andere Menschen kontrolliert werden bei der Erreichung dieser Ziele und sich durch diese enge Kontrolle vielleicht besser motivieren können, als wenn sie nur selbst verantwortlich sind. Das ist vielen Menschen im Wege, die sich nach einem Angestelltenverhältnis in die Selbstständigkeit aufmachen. Da stellen sich dann Fragen wie diese: Werde ich genügend motiviert sein, um morgens früh aufzustehen und dann jeden Tag meine Aufgaben pflichtgemäß zu erledigen?

Absprachen mit sich selbst haben allerdings noch einen anderen Charakter: Es geht um die Frage ob Sie einmal getroffene Entscheidungen auch einhalten, selbst wenn diese nicht mit konkreten Zielen verbunden sind.

Lektion 3: So motivieren Sie sich richtig

> **! Beispiel: Zu einer Entscheidung stehen**
>
> Andreas Mahler hat sich von seiner langjährigen Freundin Stefanie getrennt, weil diese seit einem dreiviertel Jahr eine andere Beziehung hatte. Er war sich sicher, eine gute Entscheidung getroffen zu haben. Er begann sich vorzustellen, wie er eine neue Partnerin finden und mit ihr ein wundervolles Leben teilen würde. Wenige Wochen später ging Andreas allerdings zu seiner früheren Partnerin zurück, um es mit ihr erneut zu versuchen. Was war passiert? Er hatte eine Vereinbarung mit sich selbst gebrochen, von der er wusste, dass sie gut für ihn war.

Wenn Sie sich auf die inneren Prozesse konzentrieren, so wie Sie es im vorherigen Kapitel gelernt haben, ist klar, was passiert ist. Andreas hat die Bilder einer neuen Partnerschaft gegen die Bilder der Vergangenheit ausgetauscht. Und damit verlor er seinen Fokus, den Blick nach vorn in eine strahlende Zukunft. Das machen übrigens ganz viele Menschen und Sie merken es daran, dass diese Menschen von der Vergangenheit als dem goldenen Zeitalter reden, das so nie wieder kommen werde.

4.3 Intuitiv entscheiden – oder bewusst

Auf der anderen Seite gibt es ja auch noch die Intuition, die innere Führung, die solche abrupten Schwenks vorgeben mag. Diese von einem inneren Prozess zu unterscheiden, bei dem bewusst oder unterbewusst Bilder ausgetauscht wurden, dürfte am Anfang schwierig sein. Je mehr Sie sich Ihrer eigenen Gefühle bewusst werden, desto klarer wird allerdings auch Ihre Intuition sein.

An dieser Stelle ist der entscheidende Aspekt, dass jeder Mensch offensichtlich in vielen Situationen sehr genau weiß und fühlt, was gut für ihn ist. Bei diesen Entscheidungen dann dauerhaft zu bleiben, ist sehr wichtig, auch wenn mit einer solchen Entscheidung zum Beispiel eine gewisse Phase der Einsamkeit oder andere auf den ersten Blick negative Gefühle oder Situationen verbunden sein können. Selbstverständlich lässt sich hier kein wirklich guter Rat erteilen. Es kommt darauf an, dass Sie wieder lernen, Ihren wirklichen Gefühlen und Ihrer Intuition zu folgen, vor allem dann, wenn es um wichtige Entscheidungen in Ihrem Leben geht. Und als zweiter Schritt ist es dann von großer Bedeutung, dass Sie einer einmal getroffenen Entscheidung weiter folgen, und sich damit selbst beweisen, dass Sie sich vertrauen können.

Viele Menschen tun schlicht das Gegenteil von dem, was Sie entweder mit anderen Menschen besprochen oder sogar mit sich selbst vereinbart haben. Ein solches Verhalten nenne ich in meinen Seminaren das Gegenbeispielsortierertum.

Intuitiv entscheiden – oder bewusst **4**

Klassische Gegenbeispielsortierer sind zum Beispiel Jugendliche in der Zeit der Pubertät: In dieser Phase können Eltern so gut wie jeden Tipp oder Ratschlag an die Heranwachsenden vergessen, weil diese schlicht das Gegenteil von dem tun, was ihre Eltern für richtig halten. Das lässt sich selbstverständlich sehr einfach nutzen, um diese Jugendlichen zu steuern, in dem Eltern schlicht das Gegenteil von dem sagen, was sie für richtig halten. Die meisten Jugendlichen bemerken dies nicht, und selbst wenn sie es bemerken, ist es wichtig zu erkennen, dass das Gegenbeispielsortieren ein unterbewusster Prozess ist.

Es geht nicht darum, dass Sie zwanghaft an jeder Entscheidung festhalten, die Sie irgendwann einmal in Ihrem Leben getroffen haben! Halten Sie sich einfach nur an die guten Entscheidungen und setzen Sie diese konsequent um. Typische Beispiele für destruktive Verhaltensweisen finden sich bei Menschen, die abnehmen wollen oder die mehr Sport treiben wollen. Vielleicht halten sie das einen oder zwei Tage durch, doch spätestens am dritten Tag beginnen sie, Gegenbeispiele zu sortieren, um Ihre eigene Entscheidung zu kontern. Sie essen wieder mehr als vorher oder sie lassen das tägliche Fitnessprogramm einfach ausfallen, so dass es dann im Sande verläuft. Ein solches Verhalten ist nicht emotional intelligent, denn dies Menschen leiden ja anschließend unter ihren negativen Gefühlen, die sie sich auf diese Weise selbst gemacht haben.

> **Beispiel: Die Eltern haben es nicht gemerkt**
> Reinhard und Stefan sind Brüder, Stefan ist zwei Jahre jünger als Reinhard. Als sie gelernt haben, mit dem Thema Gegenbeispielsortieren umzugehen, erinnert sich Stefan an sein eigenes Verhalten, das er als Jugendlicher trainiert hat. Während Reinhard damals nämlich immer wieder mit seinen Eltern über sein Verhalten stritt, verhielt sich Stefan ruhig und folgte erstmal seinen Eltern. Drei Tage später machte auch Stefan das Verbotene, doch seine Eltern hatten dann die Diskussionen meist schon vergessen. Als Stefan dann erwachsen wurde, machte ihm dieses Verhalten sehr zu schaffen. Denn wenn er eine Maßnahme selbst als gut und richtig erkannt hatte, konnte er trotzdem nur wenige Tage daran festhalten, bevor er automatisch ins Gegenbeispielsortieren verfiel. Er kostete ihn einige Mühe, das eigene Programm zu durchbrechen.

Allerdings können Sie sich als Gegenbeispielsortierer auch austricksen. Wenn Sie zum Beispiel abnehmen wollen, dann sagen Sie sich selbst: »Ich möchte nicht zu schnell abnehmen.« Wiederholen Sie diesen Satz wie ein Mantra Tag für Tag, Stunde um Stunde und vor allem auch immer vor dem und während des Essens. Es wirkt. Versprochen!

Fangen Sie zunächst einfach einmal an, auf die Reaktion anderer Menschen zu achten, wenn Sie ihnen das Gegenbeispiel von dem vorschlagen, was sie eigentlich wollen. Eine typische Formulierung wäre beispielsweise: »Ich möchte nicht, dass Du zu schnell Dein Zimmer aufräumst.« Wenn Sie in dieser Art und Weise mit Ihren Kindern sprechen und diesen Satz nicht zu deutlich von anderen Teilen der Konversation abtrennen, dann verspreche ich Ihnen, dass selbst ein pubertierender Jugendlicher dies in der Regel nicht bemerkt. Und Sie werden erstaunt sein, dass Ihr renitentes Kind plötzlich eine viertel oder halbe Stunde später anfängt, sein Zimmer wie selbstverständlich aufzuräumen. Machen Sie sich bewusst, dass dies unterbewusste Prozesse sind, die in jedem Menschen ablaufen, der nicht wach genug ist.

> **!** **Übung: Was tut mir gut (und ich tue es dennoch nicht)?**
> Machen Sie sich bewusst, welches neue Verhalten Sie ab sofort zeigen werden, weil Sie wissen, dass es Ihnen gut tut. Und nutzen Sie bei der Motivation auch die Chance, sich als Gegenbeispielsortierer selbst auszutricksen, zum Beispiel mit einem passenden Mantra ...

4.4 Der innere Schweinehund und andere Quertreiber

Wenn Sie lernen wollen, besser mit den inneren Widerständen und dem so genannten inneren Schweinehund zu Recht zu kommen, dann ist es ganz wichtig, hier einen Schritt nach dem anderen zu tun. Es macht wenig Sinn, sich eine große Aufgabe oder ein großes Ziel zu setzen, nur um dann nach wenigen Wochen festzustellen, dass Sie keinen Schritt weiter gekommen sind. Hier wäre es viel besser, wenn Sie sich zunächst einmal ein kleines Teilziel oder eine kleine Aufgabe vornehmen, um dann zu beobachten, wie gut Sie in der Lage sind, Ihre eigenen Vorhaben konsequent und in einem festgelegten Zeitrahmen umzusetzen.

> **!** **Übung: Finden Sie Ihre Mitte**
> Haben Sie schon herausgefunden, wie gut es tut zu meditieren, sich in völliger Entspannung nur auf den Moment zu konzentrieren. Zen-Meister können das stunden- und tagelang. Und wenn Sie ein Anfänger sind, dann ist es schon eine große Leistung, jeden Tag nur zehn oder 15 Minuten lang still in einem ruhigen Zimmer zu sitzen und sich zu konzentrieren. Machen Sie auch bei dieser Übung einen Schritt nach dem anderen. Und denken Sie daran, dass die Kontinuität wichtiger ist als die Dauer.

4 Der innere Schweinehund und andere Quertreiber

Selbstverständlich ist es sehr hilfreich, wenn Sie solche kleinen Aufgaben jeden Tag erfüllen, und damit den Durchhaltemuskel trainieren. Ja, das ist tatsächlich so wie beim Sport: Die tägliche Übung macht den Meister.

Ich möchte nicht verhehlen, dass es auch Erfolgsverhinderer gibt, die sich Ihnen auf dem Weg zu mehr Motivation und zu Ihren großen Zielen deutlich in den Weg stellen. Der wichtigste, der der Selbstmotivation quasi diametral entgegensteht, ist die Faulheit. In unserer Gesellschaft sind Faulheit und Bequemlichkeit sehr hoch angesehene Werte. So arbeiten viele Menschen ihr ganzes Leben darauf hin, endlich in den Ruhestand gehen zu können. Und der besteht dann bei den meisten aus endlos viel Ruhe, Fernsehkonsum und wenig Bewegung. Viele Manager und auch Firmeninhaber streben nur danach, endlich genug Geld zu haben, um dann möglichst faul die Tage zu verbringen, beim Golf, auf einer Segeljacht oder einer anderen Freizeitbeschäftigung. Doch Faulheit ist ein Verhinderer des Erfolgs, der nur dann besonders attraktiv erscheint, wenn ein Mensch seine Berufung noch nicht gefunden hat.

> **Übung: Große Ziele**
> Welche großen Ziele Ihres Lebens haben Sie bisher nicht erreicht, weil Sie zu faul waren?

Diese Übung erfordert ein gewisses Maß an Ehrlichkeit zu sich selbst. Und seien Sie sich bewusst, dass die bloße Erkenntnis alleine noch nicht der entscheidende Schritt zur Lösung ist. Doch immerhin hilft die Erkenntnis weiter, dass Sie ehrlich genug zu sich selber sind, um sich einzugestehen, dass die Faulheit der wohl größte Gegner Ihres bisherigen beruflichen oder persönlichen Erfolges war. Und Erfolg definiere ich an dieser Stelle schlicht als das Erreichen großer Ziele.

Wenn Faulheit der höchste Wert eines Menschen ist, dann kann es passieren, dass dieser Mensch sich plötzlich in der Arbeitslosigkeit wiederfindet. Er hat sein (unterbewusstes) Ziel erreicht, möglichst wenig zu arbeiten. Wenn dann das Geld für den Golfplatz fehlt, dann ist das zwar schade, aber vielleicht war es ja sowieso viel wichtiger, nicht mehr jeden Tag arbeiten zu müssen. Seien Sie also bei der letzten Übung sehr ehrlich zu sich selbst. Sobald Sie verstanden haben, dass Sie in der Vergangenheit manches Ziel nicht erreicht haben, weil Sie einfach zu faul waren, dann kann es sehr hilfreich sein, sich das Ziel noch größer und noch wichtiger vorzustellen, so dass Sie es erreichen können.

Lektion 3: So motivieren Sie sich richtig

Früher war Angst vielleicht der herausragende Erfolgsverhinderer, der Grund, den Sie vorgeschoben haben, wenn es darum ging, zu neuen Ufern aufzubrechen. Allerdings kann diese Furcht auch ein Deckmäntelchen für die Faulheit sein.

> **! Tipp**
>
> Um herauszubekommen, welcher Aspekt für Ihr Zögern wichtiger ist – Angst oder Faulheit –, erinnern Sie sich einfach an die Zeit, als Sie sich mit neuen (Lebens-)Plänen beschäftigt haben und an die Gründe, warum sie diese nicht konsequent verfolgt haben.

Sobald Sie die Wirkung von Angst und Faulheit auf Ihr Leben verstehen, sind Sie auf dem besten Weg, sie für immer aus Ihrem Leben zu räumen. Ein dritter Faktor könnte Ihnen dann noch in die Quere kommen: die Eitelkeit. Eitelkeit ist ja recht verpönt und doch bei genauem Hinsehen weit verbreitet. So sind manche Menschen trotz ihrer misslichen finanziellen Situation zum Beispiel nicht bereit, jeden Job anzunehmen, der angeboten wird. Das ist ein sehr gutes Beispiel für die Auswirkungen von Eitelkeit.

> **! Übung: Eitelkeit verhindert Ihre große Vision**
>
> Wann waren Sie sich zum letzten Mal zu schade etwas Bestimmtes zu tun, das vermutlich erfolgreich gewesen wäre?

> **! Übung: Erfolgsverhinderer**
>
> Wenn Sie sich die drei Erfolgsverhinderer nebeneinander vorstellen, dann scheint es eine Abhängigkeit voneinander zu geben. Meiner Meinung nach ist die Faulheit die Basis, während Angst und Eitelkeit nur der Verschleierung dienen. Wie gut können Sie sich mit diesem Modell anfreunden?

Wie können Sie nun lernen, sich trotz dieser Behinderungen möglichst gut und möglichst immer zu motivieren? Neben dem schon erwähnten großen Ziel ist Selbstdisziplin einer der wichtigsten Begleiter auf dem Weg zu mehr Erfolg. Selbstdisziplin ist erlern- und trainierbar und sie muss ständig geübt werden.

> **! Tipp**
>
> Wenn Sie bisher mit Ihrer Selbstdisziplin nicht zufrieden sind, dann fangen Sie einfach jetzt gleich an, etwas zu tun, vor dem Sie sich schon lange gedrückt haben. Wählen Sie am besten eine Aufgabe, deren Erledigung etwa zehn bis 15 Minuten benötigt. Und dann legen Sie gleich fest, was Sie morgen tun und übermorgen und am Tag danach …

Sich selbst wieder in Gang zu bringen, großen Zielen entgegenzustreben, ist eine erfüllende Aufgabe. Sie ist deutlich abgegrenzt von der hektischen Betriebsamkeit, die manche Menschen an den Tag legen. Allerdings können Sie den Unterschied nur bei genauem beobachten und hinfühlen mitbekommen. Hektische Betriebsamkeit mag sogar aus Faulheit oder Feigheit entspringen, denn sie führt meist nicht zu einem klaren Ziel. Sie können Ihre eigene hektische Betriebsamkeit tatsächlich am besten daran ablesen, ob Sie das Ziel, das Sie gerade verfolgen, wirklich benennen können. Und Sie können an jedem Abend ein Resümee ziehen, wie viel Sie auf Ihrem Weg mit den jeweilgen Aktivitäten vorangekommen sind. Ist der Fortschritt gering, der Aufwand dagegen grandios? Bingo!

Seien Sie dabei kritisch mit sich selbst, vor allem dann, wenn Sie bisher schon mal das Gefühl hatten, den ganzen Tag oder sogar eine ganze Woche mit viel Energie gearbeitet aber wenig erreicht zu haben. Das ist ein weiterer guter Maßstab dafür, ob Sie auf dem richtigen Weg sind, oder im Grunde einer aufgeblasenen Beschäftigungstherapie nachgehen.

4.5 Erkennen Sie Ihre Intuition

Intuition wird oft mit der inneren Stimme gleichgesetzt. Doch Sie haben ja schon gelernt, dass Sie eine innere Stimme haben, die höchst kritisch mit Ihnen umgeht und oft wenig schmeichelhafte Kommentare loslässt. Es wird also wichtig sein, diese innere Stimme von der wahren Intuition zu trennen, die Sie in vielen Situationen perfekt durch Ihr Leben führt.

Die Antwort ist so verschieden wie die Menschen, die sich diese Frage stellen. Denn jeder Mensch hat eine andere Art, mit seinem inneren Selbst zu kommunizieren.

Machen Sie sich bewusst, dass diese innere Stimme, Ihre Intuition immer bei Ihnen ist und Sie ständig begleitet. Nur ist sie viel leiser, viel sanfter und viel sensibler als die dröhnende innere Stimme, die Ihnen ständig dreinreden mag. Sicher haben auch Sie schon Situationen erlebt, bei denen Sie von Anfang an ein schlechtes Gefühl hatten, das sich am Ende bewahrheitet hat. Vielleicht ging es darum, dass Sie einen neuen Menschen kennen gelernt haben. Oder Sie haben Verhandlungen geführt und waren von Anfang an sicher, dass dieser neue Kunde nicht zu Ihnen oder Ihrem Unternehmen passen werde. Das sind typische Beispiele dafür, dass die Intuition Sie im Alltag begleitet und ein sehr guter Ratgeber sein kann, wenn es um die Einschätzung anderer Menschen, neuer Situationen oder etwas Ähnliches geht.

Üben Sie, Ihre Intuition deutlicher wahrzunehmen, indem Sie ihr einfach folgen. Dafür mag es hilfreich sein, sich für ein paar Minuten oder sogar länger in einen meditativen Zustand zu versetzen und in sich hineinzuhören. Wiederholen Sie dann die Frage, auf die Sie gerne eine Antwort haben möchten und vertrauen Sie darauf, sobald Sie sie hören beziehungsweise fühlen. Die Intuition äußert sich bei vielen Menschen am Anfang eher in Form einer klaren Ja- oder Nein-Aussage beziehungsweise in Form eines ablehnenden oder zustimmenden Gefühls. Viele Menschen können nicht einmal genau beschreiben, wie es sich anfühlt oder anhört, wenn Sie diese Intuition wahrnehmen. Sie wissen es einfach. Und darauf kommt es am Ende an: Lernen Sie wieder, in Ihrem Inneren nach den richtigen Antworten zu forschen und vertrauen Sie auf die Gefühle, die Sie dabei wahrnehmen. Je mehr Zeit Sie sich damit lassen und je häufiger Sie üben, desto klarer tritt die Intuition in Erscheinung und macht sich dann immer mehr auch im Alltag bemerkbar.

Machen Sie sich doch einfach einmal bewusst, welche Situationen Sie dank der Intuition in der Vergangenheit zu Ihrem Vorteil entschieden haben.

> **!** **Übung: Erinnern Sie sich einfach**
> In welchen Situationen haben Sie intuitiv aus dem Bauch heraus entschieden und sind damit gut gefahren?

> **!** **Tipp**
> Bedanken Sie sich doch jetzt gleich bei Ihrer Intuition für die gute Führung, die sie Ihnen in den oben notierten Situationen hat zuteil werden lassen. Und bitten Sie darum, dass Sie in Zukunft noch besser zusammenarbeiten werden.

Sie haben ja bereits gelernt, dass Sie sich vor allem auch durch die Gefühle motivieren können, die Sie mit einer bestimmten Situation oder auch einem bestimmten Produkt verbinden. In der Tat ist das der Hauptgrund, warum wir irgendein Produkt kaufen. Zu diesem Thema gibt es auch eine sehr interessante Übung.

> **!** **Übung: Erkennen Sie die Absicht**
> Bei dieser Übung geht es darum, dass Sie sich einen gewünschten Gegenstand so vorstellen, als besäßen Sie ihn bereits. Wenn Sie zum Beispiel ein Auto haben möchten, dann stellen Sie sich vor, dass Sie dieses Auto bereits besitzen und machen Sie sich bewusst, welche Gefühle für Sie mit diesem Fahrzeug verbunden sind. Stellen Sie sich dann vor, dass Sie diese Gefühle bereits haben.
> Was sind nun Ihre weiteren Bedürfnisse oder Wünsche beziehungsweise welche Gefühle möchten Sie noch empfinden, wenn der dringende Bedarf eines Autos gestillt

4 Erkennen Sie Ihre Intuition

ist? Das Interessante an dieser Übung ist, dass Ihnen immer deutlicher werden wird, wo Ihre wirkliche Absicht, und das heißt auch Motivation liegt. Das fängt schon auf der untersten Ebene an: Vielleicht wollten Sie das Auto haben, um ein bestimmtes Ansehen bei Ihren Nachbarn zu erreichen. Oder Sie wollen mit dem neuen Wagen besonders schnell fahren, weil Sie sich dann dynamisch und jung fühlen. Die Absicht, die also in diesem Fall hinter dem Produkt Auto liegt, ist das Gefühl jung und dynamisch zu sein. Dann stellen Sie sich vor, dass Sie diesen Zustand von jung und dynamisch bereits erreicht haben. Was ist Ihr nächstes Ziel, das heißt welches Gefühl wollen Sie nun empfinden? Vielleicht geht es darum sich reich zu fühlen. Haben Sie dieses Gefühl, wenn Sie sich vorstellen eine große Summe Geldes auf Ihrem Bankkonto zu haben? Dann stellen Sie sich das einfach vor und fühlen Sie genau, wie sich das reich sein anfühlt. Arbeiten Sie sich so Schritt für Schritt weiter.

Am Ende steht die Erkenntnis, dass die Absicht zwar auf den ersten Blick ein sehr abstrakter Begriff ist, doch dass dieser mit ganz konkreten Gefühlen, die sehr individuell sind, gefühlt werden kann. Ihr Leben wird Ihnen klarer werden, sobald Sie diese Übung eine gewisse Zeit lang gemacht haben und so Ihre alltäglichen Bedürfnisse quasi überwunden haben. Überwunden heißt nicht, dass Sie das Auto, das viele Geld, das Haus – oder was auch immer es sein mag – jetzt gar nicht mehr besitzen müssen. Überwunden bedeutet, dass Sie jederzeit in der Lage sind, die mit diesem Produkt oder einer bestimmten Situation, wie die einer erfüllten Partnerschaft oder etwas ähnlichem jederzeit vorerleben und erfühlen können. Das schafft eine tiefe Befriedigung und die Erkenntnis, dass Sie am Ende vermutlich vor allem nach Liebe, Geborgenheit und Anerkennung streben. Freuen Sie sich darüber, es ist ein wundervoller Bestandteil des Lebens.

Und es gibt noch einen weiteren Aspekt: Ich habe festgestellt, dass jeder Mensch bei jedem Verhalten eine – allerdings oft unterbewusste – ganz konkrete Absicht hat. Diese Absicht steuert unser alltägliches Verhalten mehr als alles andere und es kann in vielen Fällen wichtig sein, sich diese Absicht bewusst zu machen. So lässt sich das eigene Verhalten besser verstehen und es lassen sich auch Blockaden leichter aus dem Weg räumen.

> **Beispiel: Eine E-Mail nicht schreiben**
> Vielleicht kennen Sie das: Sie müssen schon seit einigen Tagen auf eine E-Mail antworten, die den Weg in Ihr Postfach gefunden hat. Aber immer, wenn Sie sich das vornehmen, kommt etwas dazwischen, Sie können sich nicht aufraffen, Sie schieben das Schreiben immer weiter vor sich her. Wenn Sie sich jetzt einfach mal ein bisschen Zeit nehmen und in sich hineinfühlen, dann können Sie merken, worum es wirklich geht, also was die Absicht hinter Ihrem Verhalten ist. Noch einmal ganz konkret: Die E-Mail nicht zu schreiben dient, das ist meine These, einer konkreten, nachvollziehbaren, bei genauem Hinsehen und Hinfühlen bemerkbaren Absicht!

> In diesem Beispiel könnte es etwa sein, dass Sie sich nicht festlegen wollen (Ihre wirkliche Absicht), dass Sie keine Lust haben, mit diesem Menschen einen Termin auszumachen oder etwas Ähnliches. Und durch das Aufschieben trägt Ihr Unterbewusstsein der Absicht Rechnung.

Natürlich können Sie auch viele andere Beispiele für solche unterbewussten Absichten finden, etwa dann, wenn sie sich schon seit Monaten vornehmen, ihren Keller oder das Arbeitszimmer aufzuräumen. Sie können zum Beispiel feststellen, dass Sie in solchen Fällen vielleicht schon seit längerer Zeit vor einem bestimmten negativen Gefühl weglaufen, das Sie mit der entsprechenden Aufgabe verknüpft haben. Die konkrete Absicht kann also sein, dieses negative Gefühl zu vermeiden. Wenn Sie jetzt die oben genannte Übung für diese Fälle anwenden, dann werden Sie etwas ganz Erstaunliches entdecken: Sobald sie sich bewusst machen, was die Absicht hinter dem Aufschieben ist, sobald Sie diese Gefühle wirklich zulassen, können Sie diese in vielen Fällen allein schon dadurch auflösen, dass sie in Ihr Bewusstsein gelangt sind.

4.6 Selbstkritik bringt Sie nicht weiter

Ganz wichtig ist es dabei, dass Sie sich nicht selbst kritisieren. Vielleicht ist es Ihnen bis heute noch gar nicht klargeworden, dass die Selbstkritik sie überhaupt nicht weiter bringt. Das gilt zum Beispiel auch für Menschen, die übergewichtig sind oder ihre Wohnung nicht aufräumen. Machen Sie sich ein für alle Mal klar, dass dieses ungewünschte Verhalten nicht dadurch verschwindet, dass sie sich selbst noch härter, noch strenger oder noch bösartiger kritisieren. Ich weiß, dass wir in unserer Gesellschaft leicht den Fehler begehen, dass wir Selbstkritik für die einzige Möglichkeit halten, uns zu verändern. Doch die Wahrheit ist eine andere! Persönliche Veränderung wird dann möglich, wenn Sie eine neue Sanftheit für sich selbst entdecken, einen wirklich mehr und mehr liebevollen Umgang. Wenn Sie sich mit der oben aufgeführten Übung klarmachen, dass auch hinter ihrem Übergewicht, dem Überessen, dem zu wenig Sport treiben, dem nicht aufräumen eine ganz klare unterbewusste und damit positive Absicht liegt, dann können Sie ab sofort anfangen über sich selbst zu schmunzeln.

Vielleicht haben Sie bisher zu viel gegessen, weil das für sie mit der Absicht verbunden ist, ihren Reichtum zu zeigen?! Vielleicht haben sie zu viel gegessen, weil die unterbewusste Absicht war, sich gegen Angriffe von außen zu schützen?! Vielleicht können Sie mit einem dicken Bauch andere Menschen auf Abstand halten und dies ist die unterbewusste Absicht?! Vielleicht haben Sie Ihr Zimmer oder den Keller nicht aufgeräumt, weil es Ihnen ein Gefühl von

Freiheit gibt, es nicht zu tun?! Das mag daran liegen, dass Sie als Kind immer wieder gezwungen wurden Ihr Zimmer in Ordnung zu halten. Dann wäre also die unterbewusste Absicht hinter dem nicht aufräumen, dass sie sich frei fühlen wollen – und das will schließlich jeder Mensch! Persönliche Veränderung wird dann möglich, wenn Sie die Widerstände loslassen können und wenn Sie lernen sich ganz auf das Ziel und die damit verbundenen guten Gefühle zu konzentrieren.

Auch im Umgang mit anderen Menschen kann es hilfreich sein, sich die Absicht hinter einem Verhalten bewusst zu machen. Meine Frau und ich üben des regelmäßig in unserer Partnerschaft und wir haben für uns herausgefunden, dass uns das wirklich voranbringt. Wie geht das konkret? Wenn wir aneinander ein seltsames Verhalten beobachten, das wir uns vielleicht in der konkreten Situation gar nicht erklären können, dann warten wir ab, bis wir beide in einem entspannten und gelassenen Zustand sind und setzen uns zusammen. Und dann sprechen wir über die bestimmte Situation und stellen dem anderen ganz konkret die Frage, was die Absicht hinter dem Verhalten war. Manchmal geht es auch noch schneller, die unterbewusste Absicht zu erkennen und anzusprechen.

> **Beispiel: Mag er mich nicht?**
>
> Eines Abends kam meine Frau vom Seminar nach Hause und sobald sie durch die Tür gekommen war und ich sie begrüßt hatte, sagte ich ihr, dass ich gerne ihr Auto zum Waschen und Tanken fahren würde. Da ich das schon den ganzen Nachmittag geplant hatte, war ich voller Tatendrang, hatte den Autoschlüssel schon in meiner Hosentasche und war in diesem Moment bereit sofort zu starten. Meine Frau reagierte darauf verdutzt, denn ihr Plan war es gewesen, jetzt gemeinsam mit mir einen schönen Abend zu verleben. Und dann sagte sie etwas Wichtiges: »Kann es sein, dass Du einfach nur Zeit für Dich alleine brauchst?« Sie sprach also direkt eine mögliche unterbewusste Absicht an, die mir in diesem Moment wirklich nicht klar war.
> Auf meinem Weg zur Tankstelle, die etwa 15 Minuten von unserem damaligen Haus entfernt liegt, dachte ich noch viel über diese Frage nach. Konnte es sein, dass ich nur deshalb zur Tankstelle fahren wollte, weil ich noch ein bisschen allein sein wollte? Ich bin gerne ab und zu mal eine Zeit alleine, einfach, weil ich dann besser denken und mich auf meine Themen konzentrieren kann. Aber an diesem Abend war es mir in Zusammenhang mit meiner Fahrt zur Tankstelle nicht bewusst gewesen, ich wurde sozusagen durch meine unterbewusste Absicht ferngesteuert. Dadurch, dass meine Frau mir direkt die Frage nach der unterbewussten Absicht stellte, konnte ich meinen Frieden mit meinem eigenen, von außen betrachtet vielleicht etwas seltsamen Verhalten machen.

Sie können sich vorstellen, wie leicht und friedlich das Zusammenleben mit meiner Frau dadurch geworden ist, dass wir uns in vielen Momenten darum bemühen, sehr bewusst mit uns selbst und unserem Verhalten und dem Verhalten des Anderen umzugehen. Dieses Beispiel ist nur eines dafür, wie die zunehmende Bewusstheit in unserem Leben jeden Tag angenehmer, leichter und nicht zuletzt auch fröhlicher macht. Ich kann Ihnen ein Leben in dieser Bewusstheit nur nachdrücklich empfehlen.

4.7 Wie Sie sich selbst für etwas begeistern

Sich selbst zu motivieren funktioniert umso besser, je mehr Sie Ihre Eigenarten, Ihren Körper, eben sich selbst annehmen können. Denn wenn Sie zum Beispiel mit Ihrer Bequemlichkeit hadern, dann bringt es Sie nicht voran, sich den lieben langen Tag über eben diesen Wesenszug, den Sie sich irgendwann einmal antrainiert haben, zu ärgern. Besser ist es, sich selbst wirklich anzunehmen in der Erkenntnis, dass Sie ein wundervoller Mensch sind, der auch seine Schwächen haben darf. Werfen Sie einen letzten Blick auf die Aspekte an sich selbst, die Sie ablehnen und über die Sie sich vielleicht sogar ärgern:

> **Übung: Das mag ich nicht an mir**
> Schreiben Sie einfach ganz spontan auf, wie Ihre Gefühle in Bezug auf die genannten Themen sind.
> So finde ich …
> - meinen Körper?
> - meine Art mit anderen Menschen umzugehen
> - meine Fähigkeiten als Liebhaber/Liebhaberin
> - mein Aussehen
> - meinen Beruf
> - mein Auto

Vielleicht sind Sie über den letzten Punkt gestolpert. Das Auto? »Was soll das mit mir zu tun haben?«, haben Sie vielleicht gedacht. Das Auto steht für Ihr Selbst. Kennen Sie Begriffe wie »Autoagression« oder »Autoimmunkrankheit«? Die Silbe »Auto« steht für »selbst«. Und wenn Sie Ihr Fahrzeug als Metapher für Ihr Selbst nehmen, dann ist das mehr als ein lustiges Spiel, es kann eine interessante Metapher sein. Prüfen Sie es einmal nach, wenn Sie jetzt schon bereit sind, sich einmal auf etwas Neues einzulassen – nicht zu schnell versteht sich.

Selbstverständlich dürfen Sie diese Übung beziehungsweise die Begriffe die Sie für diese Übung auswählen beliebig und nach eigenem Ermessen erwei-

4 Wie Sie sich selbst für etwas begeistern

tern. Erarbeiten Sie sich auf diese Weise einen möglichst vollständigen Überblick Ihres Lebens und Ihrer Gefühle in Bezug auf Ihre Lebenssituation. Von dieser Statusübersicht werden Sie profitieren, weil sie Defizite bewusst macht und auch klar macht, warum Sie in einigem Lebensbereichen motivierter sind als in anderen.

Leben lässt sich aus meiner Sicht auf einen sehr einfachen Nenner bringen: Finden Sie heraus, was Ihnen gut tut und tun Sie dies! Das mag Ihnen auf den ersten Blick vielleicht zu einfach erscheinen und Sie sind vielleicht der Meinung, dass das noch nicht alles gewesen sein könne. Vielleicht haben Sie bisher gedacht, dass Leben schmerzhaft sein müsse und dass Sie quälende und negative Erfahrungen sammeln müssten wie andere Menschen Edelsteine, Schmuckstücke oder Kleidung. Doch das ist nicht die Wahrheit! Wahr ist vielmehr, dass es nur darum geht, sich möglichst oft oder sogar fortwährend bewusst zu machen, ob Sie sich in einer bestimmten Situation gut fühlen oder nicht. Und dann handeln Sie einfach nur nach dieser Erkenntnis.

Im Umkehrschluss ist dies das Geheimnis dafür, warum viele Menschen ihre eigenen Gefühle nicht mehr richtig wahrnehmen: Sie haben vielleicht schon viel zu lange nicht mehr nach der Maßgabe gelebt, sich möglichst oft in guten Gefühlen zu baden. Es spielt überhaupt keine Rolle, was Ihnen bisher schlechte Gefühle macht. Das kann Ihre berufliche Beschäftigung sein, Ihre Partnerschaft oder das Zusammenleben mit Ihrer Familie. Es kann auch sein, dass Ihnen Ihr Körper nicht gefällt oder das Aussehen, das Sie momentan haben, vielleicht halten Sie sich für zu unsportlich. Was auch immer es ist, bedenken Sie, es ist nur eine Form von Feedback auf Ihr vergangenes Leben. Und Sie haben jeden Tag die Macht, dieses Leben zu verändern.

> **Übung: Was begeistert mich in meinem Leben wirklich?**
> Hier geht es nicht um ein Wischiwaschigefühl von »Ach, das fühlt sich ganz nett an«, sondern um wirkliche Begeisterung. Was hat Sie wirklich entflammen lassen? Was hat Sie in den vergangenen Wochen, Monaten oder auch Jahren sozusagen vom Hocker gehauen und dazu angetrieben, wirklich motiviert zu sein?

Sollte Ihnen das Wort »Begeisterung« zu hoch gegriffen sein, dann formulieren Sie die Frage für sich doch einfach folgendermaßen um: Wofür setze ich mich ein? Denn es kann ja sein, dass Sie momentan gar nicht den Eindruck haben, von irgendetwas begeistert zu sein, vielleicht nicht einmal von Ihren eigenen großen Zielen. Doch dann werden Sie sich bestimmt daran erinnern können, wofür Sie sich in der Vergangenheit gerne eingesetzt haben. In einem weiteren Schritt können Sie sich dann fragen, was genau an dieser Tätigkeit Ihnen Spaß bereitet hat. War es, dass Sie sehr wenig beschäftigt waren? Oder mochten Sie die Tätigkeit, weil Sie dafür Anerkennung von anderen bekommen haben?

Einmal mehr kann es an dieser Stelle sehr hilfreich sein, dass Sie ehrlich zu sich selbst sind und sich bewusst machen, was die Motivation hinter der Begeisterung war. Es geht dabei nicht um eine Bewertung oder gar um eine Abwertung Ihrer Person im Sinne von: »Ich habe das nur gemacht, damit andere mich netter finden oder gerne mit mir zusammen sind.« Allerdings gibt es solche Motivationen, und wir Menschen stecken oft eine Menge Energie in solche Aktivitäten, weil wir sozusagen über Bande spielen. Ja, es ist wie beim Billard: Wir tun etwas, weil wir eine bestimmte Reaktion anderer Menschen auf unsere Handlung erwarten oder erhoffen.

> **!** **Beispiel: Kinder verhalten sich konform**
>
> Falls Sie Kinder haben, können Sie dieses Verhalten sehr eindrucksvoll studieren: Ihre Kinder wissen genau, von welchen Tätigkeiten sie begeistert sind, und welche sie nicht so gerne mögen. Ihr Sohn oder Ihre Tochter räumt die Küche nicht aus Spaß auf, sondern weil er oder sie dafür in der Vergangenheit immer wieder gelobt worden ist. Dann wird dieses Kind höchstwahrscheinlich immer mal wieder die Küche aufräumen, zum Beispiel wenn es eine Taschengelderhöhung haben will oder die Erlaubnis erbitten möchte, bei einem Freund oder einer Freundin zu übernachten. Wenn Sie ehrlich sind, dann ist das gezeigte Verhalten (Küche aufräumen) nur eine Art von Bestechung. Nun dürfen sich Eltern sicherlich kritisch die Frage stellen, ob es sinnvoll ist, sich von den Kindern bestechen zu lassen.

Selbstverständlich kommen Sie auf dem Weg zu mehr Selbstmotivation zu der Frage, ob es nicht eine simple Möglichkeit gibt, sich für alles und jedes zu begeistern? Und in der Tat gibt es mindestens eine Technik, die dies sehr einfach möglich macht. Ihre inneren Bilder sind der Schlüssel dazu.

> **!** **Übung: Motivation für jede Tätigkeit**
>
> Denken Sie an eine Situation, in der Sie sehr motiviert und begeistert waren. Vielleicht haben Sie einem anderen Menschen geholfen und wurden dafür anschließend gelobt. Oder Sie haben etwas anderes erlebt, dass Sie wirklich begeistert hat und bei dem Sie sich selbst sehr motivieren konnten. Finden Sie nun heraus, wo der entsprechende Film oder das Bild dieser Situation sozusagen vor Ihrem inneren Auge entsteht. Ist es eher auf der linken Seite, oben oder auf der rechten Seite? Es geht vor allen Dingen darum, dass Sie diese Begeisterung wieder hervorrufen und die Szene so sehen, dass Sie erneut begeistert sind. Merken Sie sich nun die Lage des Bildes und auch die Attribute, die dieses Bild beziehungsweise der Film in Ihrem

4 Wie Sie sich selbst für etwas begeistern

Inneren hat: Ist er farbig? Hören Sie irgendwelche Geräusche, während Sie sich die Szene ansehen? Wo genau sitzt das Gefühl von Begeisterung, während Sie sich die entsprechende Situation noch einmal »ansehen«?

Und nun denken Sie an eine Situation, in der Sie so gar nicht motiviert waren. Was immer es war, erinnern sich auch an diese Situation so, als würden Sie sie gerade erleben. Finden Sie nun heraus, wo dieses Bild vor Ihrem inneren Auge steht und wie es aussieht.

In meiner Arbeit als Trainer habe ich herausgefunden, dass alle Menschen, die ich bisher getroffen habe, diese Bilder auf den gegenüberliegenden Seiten einer gedachten Mittellinie positionieren. Also beispielsweise die Szene für die Sie sich begeistern, auf der linken Seite und die Szene, die Sie nicht so sehr motiviert hat, auf der rechten Seite – oder umgekehrt. Nun ist es wichtig zu wissen, wo Ihre Bilder sind, denn sobald Sie jetzt an eine neue Situation denken, für die Sie sich gerne motivieren möchten, dann schauen Sie, wo das Bild der entsprechenden Szene vor Ihrem inneren Auge auftaucht. Vielleicht geht es darum, dass Sie wieder mehr Sport treiben möchten, zum Beispiel durch Joggen. Dann stellen Sie sich vor, wie Sie bereits durch den Wald laufen und sehen Sie sich genau so in diesem Bild, wie Sie sich in der Szene gesehen haben, von der Sie wirklich begeistert waren. Schieben Sie sozusagen Ihr inneres Bild an dieselbe Stelle und passen Sie auch alle Attribute der Szene an, die Sie vorher festgestellt haben. So wissen Sie nun, wie leicht es ist, sich zu motivieren.

Es könnte nun ja auch sein, dass Sie sich für etwas wie übermäßiges Essen nicht mehr so sehr begeistern möchten, wie in der Vergangenheit. Dann können Sie das entsprechende Bild der Szene, für die Sie sich nicht mehr begeistern wollen, an die Stelle schieben, wo vorher die Szene auftauchte in der Sie nicht so begeistert waren. Sie werden feststellen, dass Ihnen die entsprechende Tätigkeit einfach nicht mehr so viel Spaß macht wie früher.

Ist es wirklich so einfach? Einmal mehr mag diese Frage in Ihrem Kopf auftauchen, während Sie die letzte Übung im Detail mit verschiedenen Szenen ausprobieren. Womöglich brauchen Sie ein bisschen Übung, um diese Begeisterung wirklich noch stärker und noch größer zu spüren für etwas, für das Sie sich bisher nicht so sehr begeistern oder motivieren konnten. Doch das bedeutet nicht, dass diese einfache Übung nicht funktioniert! Im Gegenteil, die einzige Möglichkeit, Motivation oder Nicht-Motivation zu empfinden ist die, die inneren Bilder in entsprechender Weise sozusagen in unserem Inneren zu sortieren.

> **Beispiel: Wie Paare sich auseinander leben** !
> Dasselbe haben Sie vielleicht schon einmal bei einem Paar beobachtet, dass sich im Laufe der Jahre auseinander gelebt hat. Solche Menschen können Sie fragen, wo das innere Bild ist, auf dem sie sich selbst frisch verliebt mit der Partnerin oder dem Partner sehen. Und dann fragen Sie diese Menschen, wo das Bild der Partnerin oder des Partners nach einigen Jahren des Zusammenseins hingeschoben worden ist.

Lektion 3: So motivieren Sie sich richtig

> Sie werden feststellen, dass meisten Menschen den Ort des Bildes geändert haben, vielleicht sogar über die oben zitierte Mittellinie hinweg. Dies ist eine interessante Erkenntnis, denn wenn diese Menschen ihre Partnerschaft aufrechterhalten wollen, dann kann es sehr sinnvoll sein, das Bild des Partners wieder an die Stelle von »frisch verliebt« zu verschieben.

Ist das nicht manipulativ? Ja, Sie manipulieren sich beim Verschieben von inneren Bildern selbst. Dem ist nichts hinzuzufügen, denn Manipulation ist ein ganz natürlicher und neutraler Vorgang. Denn denken Sie noch einmal an die Ziele, die Sie in Lektion 1 dieses Buches aufgeschrieben haben. Wie wollen Sie diese Ziele erreichen, wenn Sie nicht von diesen Zielen begeistert sind? Nun könnten Sie natürlich antworten, dass die Ziele wohl für Sie nicht geeignet seien, wenn Sie nicht dauerhaft und immer die nötige Begeisterung für diese Ziele hätten. Und in der Tat gibt es viele Menschen, die genau nach dieser Devise leben: Sie verfolgen ein Ziel solange, wie sie noch eine gewisse Begeisterung in sich spüren können. Falls die Begeisterung einmal verschwunden ist, hören Sie sofort auf, der entsprechenden Tätigkeit nachzugehen. Das Ende der Selbstdisziplin und Motivation ist damit das Ende jeder Tätigkeit. Das muss nicht sinnvoll sein!

Disziplin bedeutet ab heute auch für Sie nicht mehr, dass Sie sich zu irgendetwas zwingen müssen, das Ihnen überhaupt keinen Spaß macht. Es geht nur noch darum, die entsprechenden Bilder in Ihrem Inneren so zu verschieben, dass Sie die Tätigkeit weiterhin begeistert, von der Sie überzeugt sind, dass Sie sie zu Ihren Zielen bringt.

Sobald Sie mit den gerade absolvierten Übungen herausgefunden haben, wie die Prozesse in Ihrem Inneren ablaufen, erhalten Sie nicht nur persönliche Freiheit zurück, sondern Sie entwickeln auch eine Form von emotionaler Intelligenz, über die viele Menschen nicht verfügen. Es geht nicht um den Vergleich, sondern schlicht darum, dass emotionale Intelligenz eine fortwährende Übung ist. Wenn Sie bisher nach der Devise »Pech gehabt« gelebt haben, dann haben Sie jetzt eine große Chance, Ihr Leben neu zu gestalten und Ihre großen Ziele und eigenen Pläne wirklich in die Tat umzusetzen.

Sich selbst zu motivieren lässt sich auch durch die richtige Kommunikation mit sich selbst erleichtern. Dabei werden übrigens auch wieder Ihre inneren Bilder verschoben.

> **Übung: Modaloperatoren helfen weiter** !
>
> Formulieren Sie nun einen einfachen Satz mit einer Tätigkeit, der Sie gerne nachgehen möchten. Ein Beispiel wäre: »Ich möchte ab sofort jeden Tag Sport treiben.« Formulieren Sie nun diesen Satz mit den folgenden Modaloperatoren um und prüfen Sie dabei, welche Formulierung Sie am meisten motiviert. Bei welcher Formulierung werden Sie wirklich aktiv?
> Wenn Sie sozusagen die fortgeschrittene Version dieser Übung machen wollen, dann prüfen Sie auch, wie sich Ihre inneren Bilder passend zu der gewählten Formulierung verändern.
> - Ich möchte ...
> - Ich möchte versuchen ...
> - Ich könnte ...
> - Ich versuche ...
> - Ich würde gern ...
> - Ich werde mich bemühen ...
> - Ich möchte eigentlich ...
> - Ich muss ...
> - Ich darf ...
> - Ich sollte ...
> - Ich tue es ... (also aktiv ausdrücken: Ich treibe täglich Sport.)
> - Ich werde ...
>
> Und für die Gegenbeispielsortierer:
> - Ich darf nicht ...
> - Ich sollte nicht ...

4.8 Überzeugen Sie andere Menschen

Die Übung mit den Modaloperatoren ist auch sehr gut geeignet, um sich bewusst zu machen, wie wenig Sie andere Menschen mit bestimmten Formulierungen motivieren können. Viele Vorgesetzte nutzen etwa bei Ansprachen vor ihren Mitarbeitern Sätze wie »Wir müssen im kommenden Jahr ...« oder »Wir sollten unbedingt ...«. Doch diese Formulierungen sind für die meisten Menschen nicht sehr motivierend, weil sie auf die entsprechenden Modaloperatoren einfach nicht reagieren. Der Prozess, der dabei im Inneren abläuft, ist typischerweise, dass sich das Bild zum Beispiel weiter entfernt, schwarzweiß wird, oder sich ein Film in ein Standbild verwandelt. Dadurch wird die Motivation behindert, der gewünschte Effekt kann sogar ins Negative verdreht werden.

Lektion 3: So motivieren Sie sich richtig

> **! Tipp**
> Wenn Sie als Manager oder Chef Ihre Mannschaft motivieren wollen, dann ist es also sehr angeraten, dass Sie Ihre Modaloperatoren überprüfen und nur solche wählen, die für Sie selbst und vermutlich auch für viele andere Menschen förderlich sind. Meine Erfahrung aus der Praxis zeigt, dass der aktive Ausdruck »Wir werden ...« oder »Wir erledigen ...« helfen, Menschen in einem Team zu der entsprechenden Tätigkeit zu veranlassen. Ich habe bis heute unter tausenden von Seminarteilnehmern nur eine einzige Frau gefunden, die auf das Wort »müssen« gut reagiert. Bei allen anderen hat dieser Modaloperator eher zur Folge, dass sie die vorgeschlagene Handlung nicht vornehmen. Insofern darf dieses Wort genauso wie »könnten«, »sollten« oder »müssten« aus Ihrem Wortschatz verschwinden, wenn Sie andere Menschen wirklich gut motivieren wollen.

So komisch es sich für Sie vielleicht anhört: Neid ist ein ganz wichtiger Motivator. Neidisch zu sein haben viele Erwachsene schon in der Kindheit gelernt, zum Beispiel in einer Situation, wo der Nachbarsjunge ein ganz besonderes Fahrrad oder etwas anderes geschenkt bekommen hat. Oder vielleicht waren Sie ja neidisch auf die Fähigkeiten anderer Kinder, die früher lesen oder schreiben konnten.

> **! Übung: Wann hat Neid Sie angespornt?**
> Erinnern Sie sich an Situationen, in denen Sie mit jemand anderem gleich ziehen wollten, wodurch Sie sehr motiviert waren?

Es kann sehr positiv sein, sich durch Neid motivieren zu lassen, weil darin die Chance liegt, dieselbe Fähigkeit wie ein anderer Mensch zu erreichen. Dabei spielt es überhaupt keine Rolle, ob Sie auf eine sportliche, intellektuelle oder eine andere Leistung eines Menschen neidisch sind. Die negative Ausformung des Neides ist allerdings so etwas wie »zerfressen werden vom Neid«. Das ist sozusagen ein übersteigerter Neid, der nicht mehr positiv und motivierend sondern zerstörerisch wirkt.

Wenn Sie sich also jetzt an Situationen erinnern, in denen Sie schon einmal neidisch waren, dann wählen Sie bitte solche Situationen, in denen der Neid motivierend auf Sie gewirkt hat. Ich bin sehr sicher, dass die entsprechenden Bilder dieser Situation wieder an derselben Stelle liegen, wie die der vorher erinnerten Situation, in der Sie begeistert waren. Ich erwähne dies nur, damit Sie für sich noch einmal abgleichen können, wie stimmig die These von den inneren Bildern ist. Vielleicht sind Sie jetzt auch einfach neidisch auf die Menschen, die schon sehr spielerisch mit ihren inneren Bildern umgehen können. So lange Sie diese Art von Neid motiviert, dann sollten Sie den Neid jetzt deutlich empfinden, damit Sie, wie alle anderen Leser auch, lernen. mit Ihren inneren Bildern spielerisch umzugehen und sie zu Ihrem Vorteil zu nutzen.

> **Übung: Wie viele verschiedene Gefühle von Motivation kennen Sie?**
> Machen Sie sich bitte einmal bewusst, dass es sehr unterschiedliche Arten von Motivation gibt, die Sie empfinden können. Dafür habe ich Ihnen beispielhaft ein paar Situationen zusammengestellt, an die Sie sich jetzt erinnern können, um voll in das Gefühl von Motivation einzutauchen:
> - Kuscheln mit dem Partner
> - Lesen
> - Zeit für sich nehmen
> - Mit den Kindern spielen
> - Morgens aufstehen und zur Arbeit gehen
> - Beruflich erfolgreich sein
> - Sport treiben
> - Ein großes Ziel erreichen, das Sie jahrelang angestrebt haben
>
> Andere Situationen in denen Sie sehr motiviert sind:

> **Tipp**
> Selbstverständlich können Sie auch in Bezug auf das Thema Motivation die Übung anwenden, die schon weiter oben in diesem Buch angesprochen worden ist. Wenn Sie sich für eine neue Situation motivieren möchten, dann können Sie einfach an ein paar andere Situationen denken, in denen Sie sehr motiviert waren. Behalten Sie dann das Gefühl der Motivation bei und denken Sie an das Thema, das Sie wirklich motiviert angehen möchten. Sie werden merken, wie leicht sich mit solchen Techniken die Motivation auf die neue Situation übertragen lässt.

So gut Sie sich ab sofort in jeder Situation motivieren können, so wichtig ist es, dass Sie auch mal eine Pause einlegen. Denn in den Pausen können Sie durchatmen und neue Kräfte sammeln. Dazu gibt es einige wichtige Tipps:

> **Tipp**
> Machen Sie eine richtige Pause, indem Sie etwas anderes als vorher tun. Wenn Sie am Schreibtisch arbeiten, dann stehen Sie auf und betätigen Sie sich körperlich. Wenn Sie an einem Bildschirm arbeiten, dann schließen Sie in der Pause mal für einige Zeit die Augen. Und wenn Sie körperlich gearbeitet haben, dann legen Sie sich in der Pause einfach mal hin. Körperliche Entspannung tut sehr gut, unabhängig davon, was Sie ansonsten gerade getan haben. Lassen Sie Ihre Gedanken fließen und atmen Sie einfach ruhig ein und aus. Und zum guten Schluss: Machen Sie regelmäßig eine Pause, also etwa 5 Minuten pro Arbeitsstunde. Das ist besser, als alle drei Stunden 20 Minuten Pause zu machen.

4.9 Zusammenfassung

- Ein wirklich großes Ziel zu haben, kann eine enorme Motivation bedeuten. Wann finden Sie es für sich heraus?
- Lernen Sie, auch zu unbequemen Entscheidungen zu stehen, auch wenn dies eine gehörige Portion Selbstdisziplin erfordert.
- Das Gegenbeispielsortieren macht Menschen leicht steuerbar und Sie können es für sich als guten Motivator in allen Lebenslagen nutzen, sobald Sie die richtigen Formulierungen verwenden.
- Die klassischen Erfolgsverhinderer sind Faulheit, Angst und Eitelkeit.
- Vermeiden Sie hektische Betriebsamkeit und arbeiten Sie stattdessen lieber konsequent und gelassen am Erreichen Ihrer Ziele.
- Hinter jedem Bedürfnis steht die Hoffnung, damit ein bestimmtes Gefühl zu haben. Entdecken Sie Ihre Gefühle als große Chance für eine wachsende Motivation.
- Werden Sie wieder genauso begeisterungsfähig wie Sie als Kind waren. Das wirkt auch auf andere Menschen sehr ansteckend.
- Lernen Sie immer genauer mit der Sprache umzugehen und nutzen Sie die geeigneten Modaloperatoren, um sich und andere in Schwung zu bringen.
- Neidisch zu sein hat auch sein Gutes, sobald Sie dadurch angespornt werden, sich nach Ihren höchsten Zielen zu strecken und mehr zu leisten als bisher.

5 Lektion 4: So planen Sie sinnvoll

Ein intelligenter Umgang mit Ihren Gefühlen führt auch dazu, dass Sie Ihre eigenen Ressourcen besser einsetzen und sich selbst besser steuern. Dieses Thema hat keineswegs nur mit eiserner Disziplin zu tun, sondern es geht vielmehr darum, Störfaktoren zu entdecken und zu beseitigen sowie gezielter die Dinge zu tun, die Sie zu Ihren Zielen bringen.

Einer der wichtigsten Störfaktoren ist zweifelsohne der Stress. Viele Ärzte bezeichnen den Stress als Krankheitsursache Nummer eins und sie vermuten, dass stressbedingte Krankheiten in den kommenden Jahren noch weiter zunehmen werden. Wie entsteht dieser Stress? Die wichtigsten Ursachen sind Überforderung und Unterforderung. Selbstverständlich sind dies lediglich Überbegriffe, und ein Thema der kommenden Abschnitte wird sein, hier mehr ins Detail zu gehen, damit Sie lernen, welche Aspekte Ihres Lebens genau diese Über- oder Unterforderung und damit den Stress auslösen.

5.1 Stressfaktoren

Vielleicht sind Sie erstaunt, dass hier die Unterforderung als Stressfaktor benannt wird. Allerdings deutet vieles darauf hin, dass Menschen in unserer Gesellschaft auch aufgrund von Unterforderung einen gewissen Stress erleben, weil sie einfach nicht den Tätigkeiten nachgehen können, für die sie sich berufen fühlen. Langzeitarbeitslose leiden beispielsweise unter diesem Stress und ebenso Menschen, die zwar einen geregelten Beruf haben, aber ständig weit unter ihren intellektuellen Fähigkeiten arbeiten. Das mag der Faulheit entgegenkommen, doch es ist tatsächlich stressig, und der Körper reagiert darauf mit allen stresstypischen Krankheitssymptomen.

Menschen, die unter Stress stehen, haben viel zu selten gute Gefühle, das heißt, biochemisch gesehen ist ihr Hormonspiegel ständig im Belastungsbereich. Das wirkt sich auf alle Körperfunktionen aus und sorgt auch dafür, dass sie eine eingeschränkte Sicht haben. Das ist durchaus wörtlich gemeint, denn es handelt sich um eine ganz normale Stressreaktion, die im Umfeld einer Kampf- oder Fluchtreaktion sehr sinnvoll ist: Das Gesichtsfeld, das heißt der mit den Augen wahrgenommene Bereich, wird verkleinert, so dass sich der Fliehende oder Kämpfende besser auf das direkt vor ihm Liegende konzentrieren kann. In dem friedlichen Umfeld, in dem Sie vermutlich leben, ist das allerdings nicht sehr hilfreich, denn Sie wollen ja mehr wahrnehmen und flexibler agieren können und haben es nicht nötig, auf Bäume zu klettern oder sich einem Kampf Speer gegen Stoßzahn zu stellen.

> **Beispiel: Ein Prokurist ohne Spaß am Leben**
> Harald Meisner ist als Prokurist bei einem mittelständischen Unternehmen mit 125 Mitarbeitern angestellt. Er hat recht viel zu tun, doch die gute Arbeitsorganisation führt dazu, dass er regelmäßig um 18 Uhr schon zuhause ist. Als er in eines meiner Seminare kam, war eine der wichtigsten Fragen an ihn, was ihm im Alltag gute Gefühle bereite? Diese Frage konnte Harald auf Anhieb nicht beantworten, ja er verfiel später sogar in tiefes Grübeln. Am Abend hatte er immer noch keine Lösung. Er hatte nur das Gefühl, dass sein Leben auf eine bestimmte Art und Weise blutarm geworden sei und dass er keinen Spaß mehr daran habe, so weiter zu leben.

So wie Harald geht es vielen Menschen, die Seminare besuchen oder Bücher lesen, um ihr Leben zu verbessern. Sie haben längst verstanden, dass ihnen das Leben so keinen Spaß mehr macht, wie es jeden Tag läuft. Und manche glauben sogar, dass es ihnen nicht den ganzen Tag gut gehen darf und dass sie ihre Arbeit zu erledigen haben, egal ob sie Freude bereitet oder nicht. Hier ist der Beruf allerdings nur ein Beispiel dafür, dass Menschen dauerhaft in einer nicht erfüllenden Situation leben. Auch eine anstrengende Partnerschaft, die den Zenit sozusagen überschritten hat, kann diese schlechten Gefühle auslösen und sogar dafür sorgen, dass Sie krank werden. All dies ist nur ein Zeichen dafür, dass ein Mensch nicht auf seinem richtigen Weg ist und dass es Zeit wird, die Veränderung anzugehen.

Einer der wichtigsten Stressoren ist die Angst. Doch viele Menschen sind sich ihrer Angst gar nicht bewusst. Da ist zum Beispiel die Angst vor der Veränderung, die Angst vor einem kritischen Gespräch mit einem Vorgesetzten beziehungsweise dem Partner oder die Angst vor dem eigenen Versagen. Manche schrauben die Anforderung an sich selbst so hoch, dass sie stets nur versagen können und vor lauter Angst fangen diese Menschen an, zu erstarren und nichts mehr zu tun. Auch das Mobbing am Arbeitsplatz kann ein typischer Angstfaktor sein, weil Menschen sich dann aus Furcht vor Kritik nicht mehr trauen, ihre Meinung zu sagen oder ihre Vorlieben auszuleben.

> **Tipp**
> Beachten Sie, dass die Kritik, die andere Menschen an Ihnen üben, zwar ganz sicher etwas mit diesen anderen Menschen zu tun hat, mit Ihnen jedoch nicht unbedingt. Denn wenn wir mit einem Finger auf einen anderen Menschen deuten, dann zeigen immer drei Finger auf uns selbst. Ein Grund dafür ist das Resonanzgesetz: Es kann Sie an einem anderen Menschen nur das stören, was Sie an sich selbst stört. Andere Menschen helfen Ihnen höchstens, diese unerwünschte Eigenschaft oder Fähigkeit

> zu entdecken. Außerdem sollten Mobbingopfer lernen, die vermeintliche Kritik nicht auf sich zu beziehen, sondern bei den anderen zu lassen. Auch wenn dies vielleicht leichter gesagt als getan ist, so ist es doch ein sehr guter Weg zu einem neuen positiven Lebensgefühl trotz aller Kritik.

Nicht jeder Mensch reagiert auf Umweltfaktoren in gleicher Weise. Das bedeutet auch, dass jeder in verschiedenen Situationen gestresst reagiert. Finden Sie also zunächst heraus, was für Sie besonders gut als Stressfaktor wirkt, bevor Sie lernen, damit gezielt umzugehen.

> **Übung: Persönliche Stressauslöser**
> Was bereitet Ihnen Stress? Schreiben Sie genau auf, in welchen Situationen Sie gestresst reagieren oder welche typischen Faktoren in der Außenwelt dafür sorgen können, dass Sie Stress empfinden.

5.2 Positiver oder negativer Stress?

In der Fachliteratur wird gerne auch darauf hingewiesen, dass es positiven und negativen Stress im Leben eines Menschen geben kann. Positiver Stress bedeutet, dass Sie eine Art von Anspannung erleben, die Ihnen gut tut, weil Sie dann die Sachen erledigen, die Sie gerne erledigen möchten. Viele Menschen, die ihre Berufung gefunden haben und in ihrer eigenen Mitte leben, empfinden positiven Stress bei den Herausforderungen des Alltags. Es scheint also einmal mehr um den goldenen Mittelweg zu gehen, den auch Sie finden können, denn wenn ein Mensch sich von allen Anforderungen zurückzieht, dann empfindet er sein Leben eher als fade und beginnt vielleicht sogar, sich selbst zu vernachlässigen.

> **Beispiel: Viele Rentner sind nur unterfordert**
> Diesen Effekt können Sie bei vielen Rentnern beobachten, die zwar mit einer mehr oder weniger guten Rente ausgestattet sind, dafür aber einfach nicht mehr wissen, was sie mit ihrer Zeit anfangen sollen. Viele dieser älteren Menschen haben keine Ziele mehr und leben einfach in den Tag hinein, ohne dass es größere Anforderungen an sie gäbe. Sicherlich trägt dazu auch bei, dass die Familien in der Regel weiter auseinander wohnen und dass die Alten auch innerhalb der Familie keine Aufgaben mehr haben. Gefragt sind hier neue Lebensmodelle, bei denen auch alte Menschen bereit und in der Lage sind, sich neue Ziele zu setzen und auf diese zuzustreben. Niemand gehört zum alten Eisen, nur weil es ein Alter gibt, bei dem viele von uns das aktive Berufsleben verlassen müssen.

Lektion 4: So planen Sie sinnvoll

Doch zurück zu dem positiven Stress, den es sicher auch in Ihrem Leben gibt. Erinnern Sie sich an typische Arbeitsaufgaben oder Tätigkeiten, die Sie unter positiven Stress gesetzt haben?

> **! Übung: Stress, der gut tut**
> Welche anstrengenden oder sogar stressigen Situationen empfinden Sie als positiv?

Wenn Sie nun die negativen Stressoren mit den positiven vergleichen, stellen Sie sich bestimmt die Frage, was der Unterschied ist. Liegen positive Stressoren im Innen und negative im Außen? Werden Sie durch andere Menschen stärker unter Druck gesetzt als von sich selbst? Und was sind die Gemeinsamkeiten zwischen den Stressoren, die bei Ihnen dieselbe Reaktion auslösen?

Den Umgang mit Stress so zu verändern, dass Sie den weit überwiegenden Teil Ihres Lebens in heiterer Gelassenheit verbringen, ist nicht nur ein theoretisches Ziel, es ist eine lebenserhaltende Maßnahme. Emotionale Intelligenz drückt sich auch darin aus, dass Sie lernen, zunehmend besser mit sich selbst und mit Ihren Kräften zu haushalten. Lernen Sie also, Ihre Einstellung gegenüber Ihren bisherigen Stressfaktoren zu verändern. Ob Sie dabei erfolgreich waren, merken Sie vor allem an der neuen Gelassenheit, die Sie spüren.

Eine sehr gute Möglichkeit, den Stress in kurzer Zeit auf ein Minimum zu reduzieren, ist eine neue Sicht auf die Welt.

> **! Übung: Gibt es das Chaos in Ihrem Leben?**
> Glauben Sie, dass in Ihrem Leben jederzeit etwas Zufälliges, Chaotisches passieren kann? Ein Unfall zum Beispiel oder etwas anderes, das Ihnen zustößt?

Die Antwort ist digital, denn das Chaos kann schließlich zu jeder Zeit auftreten, solange Sie an das Chaos glauben. Also bleibt es bei Ja oder Nein, dazwischen kann nichts liegen. Das Gegenteil von Chaos ist die vollständige Eigenverantwortung für alles, was in Ihrem Leben passiert.

Wenn Sie das Leben als großes Chaos empfinden, in dem Sie vor nichts und niemandem sicher sein können, dann ist es logisch, dass Sie ein ziemlich gestresster Zeitgenosse sein müssen. Denn dann beschäftigen Sie Fragen wie die, ob der Ziegelstein auf dem Dach des Hauses, an dem Sie gerade vorbei gehen, auch fest ist.

Oder fällt er herunter und Ihnen auf den Kopf, so dass Sie sofort tot sind? Das bedeutet es, konsequent vom Chaos auszugehen. Wer Leben aus dieser Perspektive heraus lebt, hüpft von morgens bis abends voller Hektik durch ein Minenfeld aus Dingen, die jederzeit passieren können. Selbstverständlich gibt es Versicherungen für alles und jedes, doch damit werden bestenfalls die Folgen abgemildert.

Wechseln Sie die Perspektive! Stellen Sie sich einmal für einen Moment vor, Sie wären davon überzeugt, in absoluter Sicherheit zu leben, ständig und immer. Fühlen Sie in sich hinein, wie gut sich dieses Wissen anfühlt und achten Sie darauf, wie viel ruhiger und gelassener Sie werden. Schalten Sie für einen Moment jedes »Ja, aber …« aus, denn das nützt jetzt nichts. Vermutlich erinnern Sie sich daran, als Kind genau so gelebt zu haben, lange bevor ein Versicherungsvertreter vorbeikam, um Sie von einer Police zu überzeugen, die Sie damals auf keinen Fall gebraucht hätten. Jetzt stellt sich nur noch eine Frage: Wollen Sie nicht den Rest des Lebens in genau diesem Gefühl der Sicherheit bleiben? Ist das nicht der beste Weg, um auch sämtlichen Stress zu verbannen? Sie haben die Wahl, denn Sie können die Entscheidung treffen, sich von einem Leben voller chaotischer Zustände und Ereignisse jetzt gleich oder irgendwann später zu verabschieden und sich für ein Leben voller Ruhe und Gelassenheit zu entscheiden.

Das Leben selbst zu steuern bedeutet anzufangen, die Zügel wieder in die Hand zu nehmen und die volle Verantwortung für alle Situationen des Lebens zu übernehmen. Sehen Sie es doch einfach mal von dieser Seite: Das Wort Zufall bedeutet, dass Ihnen die Dinge zufallen, die Sie zuvor für möglich gehalten haben. Das geht auf den Glauben zurück, dass unsere Gedanken unser Leben bestimmen. Das betrifft nicht nur alle Glaubenssätze und Systeme, die Sie im Lauf der Jahre aufgebaut haben. Es betrifft vor allem auch das zentrale Thema, wie Sie Ihre Lebensgestaltung sehen. Denn solange es für Sie chaotische Zustände im Außen gibt, werden Sie nicht bereit sein, die volle Verantwortung für Ihr Leben zu übernehmen.

5.3 Den Stress aktiv durchbrechen

Müssen Sie nun jede Situation beherrschen, die Ihnen zustößt? Dies würde ja nur bedeuten, dass Sie wie ein Besessener darauf aus sind, jede Situation und vermutlich dann auch jeden Menschen in Ihrem Umfeld so zu kontrollieren und zu gängeln, dass alles nach Ihren Wünschen passiert. In der Tat gibt es ziemlich viele Menschen, die genau so ihr Leben leben und damit ihre Umwelt terrorisieren. Viel wichtiger ist es, Ihre Gefühle in Bezug auf die Situation zu beherrschen. Selbstverständlich ist das wieder das Thema Manipulation, denn wenn Sie Ihre Gefühle gezielt einsetzen, dann manipulieren Sie sie ja.

Lektion 4: So planen Sie sinnvoll

Auf dem Weg zu mehr Eigenverantwortung ist es von entscheidender Bedeutung, dass Sie anderen Menschen die Möglichkeit nehmen, in Ihnen bestimmte Gefühle auszulösen.

> **! Beispiel: Was erlauben?**
>
> Es ist schon eine ganze Weile her, dass meine Frisörin mir erzählte, dass ihr pubertierender Sohn sie regelmäßig auf die Palme bringe. Ich gab ihr dazu einen kleinen Tipp und sagte Ihr, sie solle einfach die Formulierung ändern: »Ich lasse mich von meinem Sohn auf die Palme bringen.« Zunächst mussten wir beide herzlich lachen, und sie glaubte nicht daran, dass diese kleine Änderung in der Formulierung etwas in Ihrem Leben bewirken könne. Doch bei dem nächsten Termin einige Wochen später berichtete sie mir voller Begeisterung, dass sie verstanden habe, worum es gehe. Sie habe die Eigenverantwortung für ihre Gefühle übernommen und erlaube ihrem Sohn nicht mehr, sie auf die viel zitierte Palme zu bringen. Und ihr neues Verhalten in den stressigen Situationen hat schon nach kurzer Zeit dazu geführt, dass auch ihr Sohn sich anders verhält.

Dieses Beispiel belegt etwas ganz wichtiges: Es kommt auf die Kleinigkeiten an, die Sie verändern. Sie beginnen genau hinzuhören, wenn Sie oder jemand anders etwas sagt. Sie formulieren Sätze anders, nutzen andere Wörter oder putzen sich einfach mal mit der anderen Hand die Zähne. Je häufiger Sie von eingefahrenen Wegen abweichen, desto mehr Spaß und Erfolg haben Sie.

> **! Übung: Der Weg der Veränderung**
>
> Machen Sie Ihrem Unterbewusstsein deutlich, dass Sie auf dem Weg der Veränderung sind. Eine Möglichkeit dies zu tun ist es, die Uhr an dem anderen Arm zu tragen, also an dem, an dem Sie sie gewöhnlicher weise nicht getragen haben. Wenn Sie dies jetzt tun, dann wird sich das etwas ungewöhnlich anfühlen. Und genau um diesen Effekt geht es: Trainieren Sie, dass das Ungewöhnliche zu Ihrem Alltag wird, denn dann werden Sie über die Dinge stolpern, die in Ihrem Leben jeden Tag gleich ablaufen. Ähnliche Dinge können Sie üben, indem Sie sich zum Beispiel mit der anderen Hand rasieren oder ähnliche Dinge tun. Fahren Sie einen anderen Weg zur Arbeit oder tauschen Sie beim Essen regelmäßig die Plätze. All dies wird helfen, Ihre Flexibilität zu erhöhen und damit auch deutlich mehr Spaß im Leben zu haben. Seien Sie allerdings bei der Übung mit dem Zähneputzen oder mit dem Rasieren vorsichtig, damit Sie sich keine Verletzungen zuziehen.

Wenn Sie es nicht glauben können, dass eine solche kleine Übung Ihr ganzes Leben verändern kann, dann weiß ich nicht, ob Sie jetzt schon bereit sind, die Probe aufs Exempel zu machen. Selbstverständlich können Sie die Dinge nur erfahren, indem Sie sie wirklich ausprobieren. Und es mag sein, dass Sie einige Wochen lang die Uhr am anderen Arm tragen wollen, bevor Sie eines

Tages bemerken, dass Sie die Uhr automatisch morgens an den »neuen« Arm angezogen haben. Das wird der Tag Ihres großen Triumphes sein, weil Sie merken, dass Sie doch viel flexibler sind, als Sie vielleicht bisher gedacht haben.

Selbstverständlich bedeutet eine solche Übung auch eine Veränderung Ihres Fokus: Denn ab sofort werden Sie sich darauf konzentrieren, was sich auch sonst in Ihrem Leben verändert beziehungsweise verändern lässt, denn die zunehmende Eigenverantwortung sorgt schlicht dafür, dass Sie mit immer mehr Freude alte Dinge loslassen und neue Dinge in Ihr Leben ziehen. Und diese Veränderung zu beobachten macht selbstverständlich eine Menge Spaß und bringt eine Menge neuer Möglichkeiten in Ihr Leben.

Zu diesem Thema gibt es noch eine sehr gute Übung, die ich Ihnen zum Abschluss jedes Tages empfehle:

> **Übung: Achten Sie auf das Neue**
> Was machen Sie genau ab heute anders in Ihrem Leben, um weniger Stress zu empfinden und mehr Spaß zu haben?

Diese Fragestellung ist auch dann empfehlenswert, wenn Sie ein Seminar besuchen, ein gutes Buch lesen oder auch nur die Tageszeitung. Haben Sie sich daran gewöhnt, dass die meisten Dinge in Ihrem Umfeld nichts mit Ihnen zu tun haben, weil es entweder gar keinen oder nur einen sehr entfernten Bezug zu Ihrem Leben gibt? Nehmen Sie zum Beispiel die Fernsehnachrichten: Die meisten dieser ach so wichtigen Nachrichten haben keinerlei konkrete Auswirkung auf Ihr Leben, die Sie aktiv beeinflussen könnten. Dieses Kriterium sollte allerdings wichtig sein, denn Sie leben ja jeden Tag und erwarten daher zu Recht, dass eine solche Sendung etwas bringt, das Sie sofort umsetzen können oder dass wenigstens irgendeinen positiven Einfluss auf Sie hat. Nehmen Sie dieses Kriterium in Ihr tägliches Repertoire auf mit der Frage: »Was verändert sich dadurch in meinem Leben ab sofort?« Wenn es keine positiven Auswirkungen hat, dann lassen Sie es in Zukunft einfach weg.

5.4   Gedanken beleben durch Entspannung

Wussten Sie schon, dass Sie rund 50 000 Gedanken an jedem einzelnen Tag denken? Der größte Teil dieser Gedanken ist ständig derselbe, das heißt, Sie wiederholen ein und denselben Gedanken immer und immer und immer wieder. Da Sie inzwischen in diesem Buch bereits gelernt haben, dass wir mit unseren Gedanken auch unsere Gefühle steuern, ist diese ständige Wiederholung der entscheidende Faktor, warum sich Ihr Gefühlsleben nur sehr allmählich verändert, wenn überhaupt.

Sobald Sie es sich zum Ziel gesetzt haben, Ihr Leben fröhlicher und glücklicher zu gestalten, eine schöne Partnerschaft zu leben und Ihre Berufung zu finden oder Ihrer Berufung zu folgen, dann werden sich auch Ihre Gedanken in diese Richtung verändern. Denn Sie werden von diesem Tag an Ihren Fokus darauf legen, was Sie erleben auf dem Weg zum Ziel. Damit ändert sich zumindest ein Teil der Gedanken, die Sie ständig wiederholen. Und mit jedem neuen Gedanken verändert sich auch Ihr Leben.

Alle Entspannungsübungen helfen Ihnen dabei, Ihre Gehirnhälften besser zu synchronisieren, was Ihnen einen leichteren Zugang zu Ihren Gefühlen, sozusagen zu der emotionalen Seite Ihres Seins erlaubt. Je seltener Sie wirklich entspannt sind, desto weniger gut können Sie mit Ihren Gefühlen umgehen und desto geringer sind Ihre intuitiven Fähigkeiten ausgeprägt. Sie haben also ein großes Interesse daran, regelmäßig solche Übungen zu machen, um Ihre emotionale Intelligenz zu fördern.

Entspannte Bewusstseinszustände, die sie etwa während Meditationsübungen, beim Hören von Entspannungsmusik oder bei gezielten Yogaübungen erreichen können, sind hilfreich auf dem Weg zu einer besseren Selbststeuerung und zu einer besseren Selbstwahrnehmung. Wenn Sie bisher wenig Erfahrung mit entspannten Zuständen gesammelt haben, dann empfehle ich Ihnen unbedingt, sich diesem Bereich einmal intensiv zu widmen. Entspannungs-CDs sind zum Teil schon für wenige Euro erhältlich und sie wirken bei regelmäßiger Anwendung Wunder. Auch in stressigen Situationen können Sie solche Hilfsmittel sehr leicht anwenden, indem Sie zum Beispiel in Ihren PC am Arbeitsplatz oder über Kopfhörer Entspannungsmusik hören und sich damit vielleicht auch nur für fünf oder zehn Minuten aus dem aktiven Tagesablauf zurückziehen. Solche Pausen sind sehr gut geeignet, die eigene Mitte wieder zu finden und damit die eigene Leistungsfähigkeit deutlich zu erhöhen.

Wenn Sie noch einen Schritt weiter gehen wollen, dann empfehle ich Ihnen den Besuch von Zen-Meditationsabenden. Bei solchen Abenden konzentrieren Sie sich gemeinsam mit anderen Menschen zum Beispiel auf einen Gegenstand wie eine Kerze. Am Anfang ist es erstaunlich zu erleben, wie leicht Ihre Gedanken abschweifen. Das können Sie schon jetzt gleich in der folgenden Übung testen.

> **Übung: Volle Konzentration auf Nichts**
>
> Konzentrieren Sie sich auf einen Gegenstand, der in Ihrer Nähe ist. Nutzen Sie alle Gedanken, und lassen Sie diese nur um diesen einen Gegenstand kreisen. Das kann zum Beispiel eine Kerze sein oder ein Buch das vor Ihnen auf dem Tisch liegt. Beobachten Sie diesen Gegenstand genau, finden Sie alle Ecken und Kanten, bemerken Sie, wie sich das Licht vielleicht spiegelt oder bricht und welche Schatten geworfen werden. Und stellen Sie voller Aufmerksamkeit fest, wie leicht Ihre Gedanken abschweifen, so dass Sie an andere Dinge, also zum Beispiel einen vor Ihnen liegenden Termin, Ihre Kinder oder Ihre Partnerschaft denken. Sobald Sie merken, dass die Gedanken wieder abschweifen, konzentrieren Sie sich erneut auf den Gegenstand. Diese einfache Übung wird Ihnen helfen, sich in sehr kurzer Zeit tief zu entspannen. Und Sie lernen gleichzeitig viel über den Gedankenstrom, der nur mit einiger Übung unterbrochen wird.

Sobald Sie diese Übung einmal gemacht haben, werden Sie merken, dass die Gedanken tatsächlich sehr flüchtig sind, unser bewusster Verstand scheint ein Meister darin zu sein, von dem aktuellen Zustand abzulenken. Diese Ablenkung ist vermutlich einer der Gründe, warum wir in einem etwas hektischeren Alltag unsere eigenen Gefühle nicht so leicht wahrnehmen. Denn um ein Gefühl wahrzunehmen, ist es hilfreich, sich ein wenig Zeit zu nehmen. Und da der bewusste Verstand sehr schnell auf Wanderschaft in andere Bereiche geht, waren Sie vielleicht bisher nicht so gut in der Lage, sich auf Ihre Gefühle zu konzentrieren. Deshalb empfehle ich Ihnen alle genannten Entspannungsübungen, weil sie Ihnen helfen, einen besseren Kontakt mit Ihrem inneren Selbst und mit Ihrer umfassenden Gefühlswelt aufzunehmen.

5.5 Selbstbestimmung versus Fremdbestimmung

In meinen Seminaren treffe ich immer wieder auf Menschen, die behaupten, dass sie nicht »Nein« sagen könnten. Das ist eine ganz lustige Formulierung, denn ich bitte diese Teilnehmer dann mir die Buchstaben N – E – I – N nachzusprechen. Die Antwort ist dann meist: »Das ist nicht das, was ich meine.« Tatsächlich meinen diese Menschen, dass es ihnen schwer fällt, im Alltag anderen Menschen eine Bitte auszuschlagen, um zum Beispiel mehr Zeit für sich selbst zu haben. Auf der anderen Seite ist hier das Kümmern um die Bedürfnisse anderer Menschen eine gute Möglichkeit, diese zu manipulieren und von sich selbst abzulenken. Denn es könnte ja sein, dass Sie sich bisher nicht so intensiv mit sich selbst und Ihren eigenen Gefühlen beschäftigt haben, weil sie Angst davor hatten, sich eigene Defizite bewusst zu machen. Dann ist es ab jetzt an der Zeit anderen nein zu sagen und sich auf sich selbst zu konzentrieren.

Das gilt sowohl für den Arbeitsbereich als auch für Ihr Privatleben. Denn gerade dort ist es für Sie wichtig, Ihre Interessen deutlich zu vertreten. Selbstverständlich bedeutet dies nicht, dass Sie ab sofort jede Bitte eines Mitmenschen um Mithilfe oder Unterstützung ablehnen und egoistisch auf Ihr Recht pochen sollten. Nur kommt es darauf an, das richtige Verhältnis zu finden um sich nicht in zahlreichen Hilfsmaßnahmen für andere Menschen zu verlieren. Dieses Thema ist eng verbunden mit der Fremdbestimmung durch andere Menschen. Machen Sie sich bewusst, in welchen Situationen Ihres Lebens Sie sich fremdbestimmt fühlen und wie sich das für Sie genau anfühlt.

> **Übung: Fremdbestimmt**
>
> Welche Menschen in Ihrem Umfeld steuern Sie mehr als es Ihnen lieb ist?
>
> Manchmal funktioniert das besonders gut über Schuldgefühle. Wer macht Ihnen Vorwürfe oder wem gegenüber fühlen Sie sich schuldig?

Auch die dauerhafte Fremdbestimmung kann dafür sorgen, dass Sie sich von Ihrer inneren Führung und Ihren Gefühlen abkoppeln und schon nach kurzer Zeit nicht mehr wahrnehmen, was Sie wirklich empfinden und was Sie wirklich wollen. Bei der Bewusstwerdung hilft es, von der Fremdbestimmung und Ihren Schuldgefühlen auszugehen. Selbstverständlich wirken diese Mechanismen auch anders herum. Es kann also sein, dass Sie auch andere Menschen in Ihrem Umfeld auf diese Weise steuern. Das sollten Sie so schnell wie möglich unterlassen und durch eine direkte und offene Kommunikation über Ihre Bedürfnisse ersetzen. Die Manipulation durch Schuldgefühle oder auf andere Weise ist nur eine Kommunikation um die Ecke, Sie spielen damit mal wieder über Bande.

> **Beispiel: Zuviel des Guten**
>
> Hannelore Moser leidet unter ihrem Übergewicht, das sie bereits seit ihrer Kindheit mit sich herumschleppt. Wenn sie zurückdenkt an ihre Kindheit, erinnert sie sich an Sätze wie: »Iss den Teller leer, damit morgen das Wetter schön wird.« Oder: »In Afrika verhungern die Kinder, wie kannst du nur etwas auf deinem Teller liegen lassen?« All diese Gedanken rund um das Thema Essen belasten Hannelore schwer, obwohl die Szenen schon viele Jahre zurückliegen. Als erwachsene Frau lernt sie durch die Unterstützung eines persönlichen Coaches, sich neue Glaubenssätze zum Thema Essen zu überlegen und diese beständig zu wiederholen. Zu diesen Sätzen gehört dieser folgende: »Ich ernähre mich gesund und esse genug, um schlank zu bleiben und mich in meinem Körper wohl zu fühlen.« Diese und weitere Suggestionen helfen ihr, im Lauf von sechs Monaten ihr Gewicht deutlich zu reduzieren, mehr Sport zu treiben und sich viel wohler als vorher zu fühlen.

Selbstverständlich gibt es auch unter Erwachsenen zahlreiche Möglichkeiten, sich gegenseitig fremdzubestimmen. Viele Sätze der alltäglichen Kommunikation transportieren beispielsweise Normen oder Glaubenssätze, nicht immer zum Vorteil aller Beteiligten. Diese Sätze tragen oft das Wörtchen »man« in sich und dann ist auf jeden Fall Vorsicht geboten. Denn diesen »man« gibt es nicht, und Sie können damit auf keinen Fall gemeint sein.

> **Tipp**
>
> In meinen Seminaren habe ich mir angewöhnt, nach dem Urheber zu fragen, sobald ein Teilnehmer das Wörtchen »man« benutzt. »Wer?«, frage ich dann, und das führt spätestens nach einem bis zwei Seminartagen dazu, dass ein Großteil der Seminarteilnehmer das Subjekt genauer angibt. Entweder sprechen sie dann von sich selbst oder von einem bestimmten Menschen, der ein Verhalten zeigt. Nutzen Sie diese Chance auch in Ihrem beruflichen und privaten Umfeld, um von dem unpersönlichen »man« wegzukommen.

5.6 Mit Selbstdisziplin zur heiteren Gelassenheit

Viele Aspekte der Selbststeuerung haben im weitesten Sinne auch mit dem Zeitmanagement zu tun. Es würde den Platz in diesem Buch sprengen, dieses Thema ausführlicher zu behandeln. Mangelnde Disziplin und mangelnde Fähigkeiten im Bereich einer gezielten Ressourcensteuerung sind die wichtigsten Auslöser eines schlechten Zeitmanagements. Auch dazu gibt es gute Bücher, die Sie lesen sollten, wenn Ihnen das Zeitmanagement Probleme bereitet.

Haben Sie sich schon bewusst gemacht, in welchen Lebensbereichen Sie aufgrund mangelnder Selbstdisziplin bisher nicht die Ergebnisse erreicht haben, die Sie gerne erreichen würden? Wenige Menschen in unserer Gesellschaft haben nach meinen Beobachtungen im Bereich der Selbstdisziplin gute Lehrmeister gehabt. Im Gegenteil ist es häufig so, dass viele Menschen dringende Aufgaben endlos vor sich her schieben, obwohl sie wissen, dass dies auf Dauer keine gute Lösung ist. Mangelnde Selbstdisziplin wirkt sich in allen Bereichen negativ aus, egal ob es um das Erledigen von dringenden Aufgaben geht, um Sport oder um das Aufräumen des Kellers bei nächster Gelegenheit. Allerdings können Sie die Folgen mangelnder Selbstdisziplin allerorten beobachten. Gehen Sie jetzt einmal gedanklich alle Lebensbereiche durch und schreiben Sie auf, an welchen Stellen Ihnen mehr Selbstdisziplin ab sofort helfen wird, bessere Ergebnisse zu erreichen.

> **! Übung: Selbstdisziplin bringt Sie voran**
> In welchen Lebensbereichen wollen Sie ab sofort mit mehr Selbstdisziplin neue Ergebnisse erreichen?

In vielen Büchern, die auf den asiatischen Weisheiten basieren, ist der Zielzustand heitere Gelassenheit für alle Lebenslagen das angestrebte Ergebnis. Für viele Menschen, die in einer westlichen Zivilisation groß geworden sind, mag dies am Anfang etwas befremdlich klingen, weil es in unserer Gesellschaft noch kein hohes Ideal ist. Allerdings ist es nichts, was sich nach meiner Erfahrung von heute auf morgen erreichen lässt. Erfahrung ist nötig und auch eine Menge Übung, das mag vielen im Weg sein. Es gibt zahlreiche Möglichkeiten, einen Zustand der heiteren Gelassenheit zu trainieren und damit das Leben immer fröhlicher zu leben. Zum Beispiel können Sie bei vielen Seminaren Entspannungstechniken, Trancezustände und ähnliches lernen. Vielleicht haben Sie bis heute noch nie etwas von Trancen und Meditationen gehört oder gehalten. Doch das bedeutet nicht, dass dies für den Rest Ihres Lebens so sein muss. Allerdings ist es wie mit vielen anderen Dingen im Leben auch: Sie können sie nur selbst erfahren und die Erzählungen anderer Menschen können für Sie bestenfalls eine Anleitung oder eine Inspiration sein. Denn nur Sie selbst werden die Erfahrung machen, wie gut es sich für Sie anfühlt, entspannt und gelassen Ihren Alltag anzugehen.

> **! Tipp**
> Ich verweise bei Vorträgen immer wieder gerne darauf, dass viele Menschen für ihr Fahrzeug im Jahr mehr Geld ausgeben als für die persönliche Weiterentwicklung. Dies ist nicht als Kritik gemeint, sondern als Hinweis darauf, dass sie vielleicht nicht immer im Leben die richtigen Prioritäten setzen. Selbstverständlich ist es ganz großartig, ein tolles und schnelles Auto zu fahren. Und sicherlich ist dieses Fortbewegungsmittel auch notwendig, um damit zur Arbeit zu fahren oder die Kinder in die Schule zu bringen. Doch auch für die persönliche Weiterentwicklung sollten Sie finanzielle Mittel bereitstellen und sich Zeit für diese Weiterentwicklung nehmen. Denn wenn Ihr Auto schon längst verrostet auf einem Schrottplatz herumsteht, werden Sie weiterhin jeden Tag mit Ihrer Persönlichkeit konfrontiert sein. Denken Sie einfach mal über Ihre Prioritäten nach.

5.7 Ängste besiegen durch Umdeuten von Situationen

Eine weitere gute Technik, um mit den alltäglichen Herausforderungen noch besser umgehen zu können und die eigenen Ängste zu besiegen ist die Frage nach der schlimmsten Entwicklung einer Situation. Ich habe Menschen kennengelernt, die bei dieser Übung wahre Horrorszenarien entwickeln konnten. Doch irgendwann während der Entwicklung des Horrorszenarios fingen auch diese Menschen an zu lachen, was die einzig richtige und sehr gute Reaktion auf diese negativen Vorahnungen ist. Wenn es Ihnen hilft, dann machen Sie diese Übung in solchen Situationen, in denen Sie Schlimmes befürchten. Hören Sie auf, sich einfach nur Sorgen zu machen, sondern überzeichnen Sie jede einzelne Sorge maximal so gut es geht.

> **Übung: Hilfe, mein Kind könnte schon tot sein**
>
> Wenn Sie zum Beispiel befürchten, dass Ihr Kind mit dem Fahrrad auf dem Schulweg von einem Auto angefahren werden könnte, dann fangen Sie an, sich dies in den schlimmsten Farben auszumalen. Stellen Sie sich vor, wie eine Massenkarambolage passiert, wie Ihr Kind hunderte von Metern durch die Luft gewirbelt wird und wie alles noch viel schrecklicher wird dadurch, dass am Ende der dritte Weltkrieg durch diesen Unfall ausgelöst wird. Vielleicht merken Sie irgendwann, dass Ihre Sorgen völlig übertrieben sind, und beginnen sich stattdessen vorzustellen, wie Ihr Kind wohlbehalten in der Schule ankommt und mittags auch wieder nach Hause kommt. Das ist wohl die beste Möglichkeit, mit solchen Gedanken umzugehen.
> Sehen Sie die gelöste positive Situation klar vor Augen: Wenn Sie zum Beispiel eine Verhandlung mit Ihrem Chef vor sich haben, in der es um eine Gehaltserhöhung geht, dann sehen Sie sich schon bei der Verabschiedung von Ihrem Chef, bei dem er noch einmal bekräftigt, dass Sie ab dem nächsten Ersten das höhere Gehalt bekommen. Sobald Sie sich diese Situation vor Ihrem inneren Auge ausmalen und spüren, wie gut sich das anhört, dass Ihr Chef Ihnen die Gehaltserhöhung zusagt, sind Sie auf dem richtigen Wege. Die schönen Situationen können Sie sich mit bunten Farben und mit allen Details vorstellen, denn hier ist Ihre Energie richtig aufgehoben und hier können Sie eine positive Zukunft gestalten lernen.

> **Beispiel: Was kann es noch bedeuten?**
>
> Nehmen Sie an, Ihr Sohn oder Ihre Tochter kommt nach Hause und würdigt Sie keines Blickes. Vielleicht sind Sie bisher bei dieser Verhaltensweise aus der Haut gefahren und waren sauer auf Ihr Kind, weil es Ihnen schließlich Respekt zollen soll. Doch denken Sie nun einmal darüber nach, was es noch für mögliche Gründe für dieses Verhalten geben könnte? Vielleicht ist Ihr Kind verliebt und hat deshalb nichts anderes im Sinn, als diesen begehrten Menschen. Vielleicht ist es einfach nur konzentriert, weil es eine gute Note geschrieben hat und sich fragt, wie es Ihnen diese frohe Botschaft am besten überbringen soll. Vielleicht ist Ihr Kind einfach in Gedanken versunken, weil es darüber nachdenkt, wie schön das Spielen mit den Freunden am Nachmittag wird.

Sie merken schon, es gibt mindestens ein Dutzend verschiedene Möglichkeiten, warum sich Ihr Kind so verhält, die alle eins gemeinsam haben: Sie machen Ihnen gute Gefühle. Und genau darauf kommt es an! Denn in der Vergangenheit haben beliebige Situationen einen Anlass geliefert, um sich schlechte Gefühle zu machen. Sie haben allerdings in diesem Buch gelernt, dass es keinen direkten Zusammenhang zwischen einer Situation im Außen und Ihren schlechten Gefühlen gibt. Sie sind für Ihre Gefühle selbst verantwortlich!

Das Umdeuten beliebiger Situationen, und das bedeutet vor allen Dingen das Umdeuten des Verhaltens anderer Menschen mit denen Sie zusammen leben oder zusammen arbeiten, ist eine sehr gute Möglichkeit, sich selbst in einen positiven Gefühlszustand zu versetzen. Anstatt also zum Beispiel zu vermuten, dass die muffelige Arbeitskollegin jetzt gleich wieder über Sie herfallen wird, weil sie sich über irgendetwas geärgert hat, stellen Sie sich doch vor, wie der Morgen dieser Dame abgelaufen sein könnte. Malen Sie sich das Geschehen in den buntesten Farben aus, so dass Ihnen nichts anderes übrig bleibt, als zumindest innerlich in lautes Gelächter auszubrechen, sobald Sie auch nur ein »Guten Morgen!« aus ihrem Mund vernehmen.

Viele Chefs sind ganz erstaunt, wenn sie von Mitarbeitern darauf angesprochen werden, dass sie ja so unfreundlich seien und mit den Mitarbeitern so schlecht umgingen. Diese Manager empfanden ihr eigenes Verhalten gar nicht als kritisch, sie waren vielleicht einfach nur in Gedanken versunken oder haben sich in einer schweren Zeit voll auf die Steuerung des Unternehmens konzentriert, anstatt die Mitarbeiter bei guter Laune zu halten.

Doch das Verhalten dieser Manager hat nicht notwendigerweise etwas damit zu tun, dass sie die Mitarbeiter mehr oder weniger schätzen. Wer sich durch solch ein Verhalten eines Vorgesetzten abgelehnt fühlt, riskiert im ersten Schritt seine guten Gefühle, mittel- oder langfristig eventuell auch seinen Arbeitsplatz. Denn in einem Moment, in dem wir selbst in einem negativen Gefühlszustand gehen, weil wir uns schreckliche Gedanken darüber machen, was ein anderer Mensch über uns denken mag, wirken wir auch nach außen nicht sonderlich anziehend. Im Gegenteil werden wir Menschen durch dieses Verhalten eher von uns abstoßen, so dass sie entsprechend negativ auf uns reagieren. Und so kann es sein, dass ein solcher Vorgesetzter mit der Zeit tatsächlich sauer auf einen Mitarbeiter wird, der dies bisher von seinem Chef immer nur fälschlicherweise vermutet hatte.

Es handelt sich um eine sich selbst erfüllende Prophezeiung. Dabei stellt sich jemand etwas so lange vor, bis es im Außen erschaffen ist. Deswegen ist es so wichtig, dass Sie positive Glaubenssätze annehmen und dass Sie sich in jeder Situation vorstellen, was der positivste Grund für ein scheinbar ablehnendes Verhalten eines anderen Menschen Ihnen gegenüber sein könnte.

Die gerade genannten Beispiele funktionieren besonders gut, sobald andere Menschen beteiligt sind und sich in einer bestimmten Art und Weise Ihnen gegenüber verhalten. Anders sieht es jedoch aus, wenn scheinbar nicht beeinflussbare Umstände auf den ersten Blick negativ wirken, ohne dass diese direkt mit dem Verhalten eines einzelnen Menschen zu tun haben.

Vielleicht haben Sie einen Autounfall, Sie stehen im Stau, Sie warten länger in einer Schlange als sonst üblich, oder etwas anderes passiert, das Sie bisher als negative Situation eingeschätzt hätten. Was könnte der beste Grund für das Malheur sein? Vielleicht lernen Sie hier einen besonders interessanten Menschen kennen, der ebenfalls in der Schlange steht. Sehen Sie sich genau um. Oder durch eine Autopanne kommen Sie in eine Werkstatt, in der Sie einen neuen Wagen sehen, für den Sie sich schon lange interessiert haben. Die Möglichkeiten sind vielfältig und in dem Moment, in dem Sie daran glauben, dass Ihnen auf diesem Planeten Gutes widerfährt, werden Sie genau dies erleben.

> **Übung: Reframing aus der Engelsperspektive**
> Diese Übung ist etwas für Fortgeschrittene: Beim Engelsreframing gehen Sie nämliche noch einen Schritt weiter. Stellen Sie sich vor, wie tatsächlich zwei oder drei Engel darum bemüht sind, Sie auf einem optimalen Weg zu Ihrem persönlichen Erfolg und einem glücklichen Leben zu führen. Diese Engel sorgen dafür, dass Ihnen all das widerfährt, was Sie in Ihrem Leben erleben. Dazu gehören auch alle scheinbar negativen Erlebnisse, selbst Scheidungen, Autounfälle und ernsthafte Erkrankungen. Doch die Engel handeln keineswegs launisch oder um Sie zu ärgern, sondern sie haben immer nur eines im Sinn: Sie schnellstmöglich auf den richtigen Weg zu führen und Ihnen genau die optimalen Möglichkeiten in Ihrem Leben zu schaffen, die Sie so dringend benötigen. Fangen Sie an, sich in diese Engelsperspektive zu begeben und aus dieser Metaposition heraus ihr eigenes Leben zu betrachten. Merken Sie schon wie lustig es ist, alle ehemals negativen Situationen in diesem neuen positiven Licht zu sehen?

Viele Menschen haben genau dies erlebt, sie haben Situationen zunächst als negativ interpretiert und erst Jahre später gemerkt, wie positiv die damalige Entwicklung für ihr ganzes Leben war. Sobald Sie anfangen, sich mit der richtigen Literatur zu beschäftigen, werden Sie dies auch zum Beispiel von Menschen erfahren, die von ihrer Krebserkrankung auf natürliche Art und Weise und ohne die Einnahme von schädlichen Chemikalien geheilt wurden und im Nachhinein ihre lebensbedrohliche Krankheit als das größte Glück ihres Lebens empfanden. Diese Menschen sind durch diese Krankheit zurückgeführt worden auf den Weg, der für sie bestimmt war, wie immer Sie dies interpretieren mögen.

Das Engelsreframing gibt Ihnen eine großartige Möglichkeit, das natürliche Verhalten sehr erfolgreicher Menschen nachzuahmen: Diese Menschen sehen in jeder Situation, die auf den ersten Blick nicht in ihr Konzept passt, eine großartige Chance, einen neuen Weg auszuprobieren, um so das gewünschte Ziel doch zu erreichen. Dieses Verhalten ist sehr empfehlenswert. Wenn etwas nicht funktioniert, ist das nicht schlimm und auch nicht tragisch, sondern einfach nur ein Feedback, sozusagen eine Antwort des Universums auf Ihren Versuch, mit dem Kopf durch die Wand zu rennen. Doch das funktioniert eben nicht, und es ist auch gut so, dass es nicht funktioniert. Wenn Sie sich Ihrer inneren Führung wieder anvertrauen und sich Ihre Gefühlswelt mehr und mehr erschließen, dann werden Sie zahlreiche Möglichkeiten finden, mit Rückschlägen besser umzugehen, als jemals zuvor in Ihrem Leben.

> **! Übung: Perspektivenwechsel**
>
> Denken Sie noch einmal zurück an solche Situationen, die Sie vielleicht vor ein paar Jahren erlebt haben und damals als schreckliche Herausforderungen oder gar unüberwindbare Hürden empfunden haben. Wie beurteilen Sie dieselben Situationen aus der heutigen Perspektive? Waren es vielleicht die Situationen, die Ihnen das größte Entwicklungspotential geboten haben? Oder haben Sie noch nicht verstanden, wofür das Erlebte gut war?

5.8 Zusammenfassung

- Stressfaktoren sind Über- und Unterforderung. Achten Sie auch hier auf die goldene Mitte.
- Ohne klares Ziel werden Sie die meisten Aufgaben Ihres Lebens als stressig, öde oder langweilig empfinden, weil sie keinen Sinn machen. Lassen Sie sich von Ihren eigenen Visionen leiten.
- Angst ist der Stressfaktor Nummer eins. Daher ist es so wichtig zu lernen, mit den eigenen Ängsten erfolgreich umzugehen.
- So lange Sie daran glauben, dass Ihnen jederzeit schreckliche Dinge passieren können, stehen Sie unter Dauerstress, der auch krank machen kann. Vertrauen Sie dem Leben und den Menschen, dann werden Sie sich immer wohler fühlen.
- Die tägliche Gedankenflut in Bahnen zu lenken, macht auf Dauer den Unterschied zwischen Misserfolg und Erfolg.
- Entspannte Zustände mindern den Stress und helfen gerade in den Zeiten, in denen Sie Höchstleistungen erbringen wollen.
- Je mehr Sie das Positive annehmen und als Grundvoraussetzung Ihres Lebens akzeptieren, desto mehr löst sich der Stress von früher in Wohlgefallen auf.
- Finden Sie eine Lösung anstatt vor jeder kleinen oder größeren Herausforderungen stehen zu bleiben und nach einem Weg zu suchen.

6 Lektion 5: So trainieren Sie Ihre sozialen Fähigkeiten

Bei der sozialen Kompetenz geht es vor allem um zwei Aspekte: Ihre Fähigkeit, die eigenen Gefühle zu erkennen, zu steuern und gezielt einzusetzen, sowie Ihre Fähigkeit, andere Menschen mit ihren Gefühlen und ihren Bedürfnissen wahrzunehmen und damit umzugehen. Insofern überschneiden sich die Themen der emotionalen Intelligenz mit denen der sozialen Kompetenz. Soziale Fähigkeiten gehören sämtlich auch zu den Anforderungen, die der EQ an jeden Menschen stellt. Im Alltag geht es dann vor allem auch um den Ausgleich zwischen den eigenen Interessen und denen der anderen Menschen. Sozial kompetentes Verhalten bedeutet, geeignete Kompromisse zu finden, sich selbst nicht ständig zurückzustellen zum angeblichen Wohl der anderen und auch nicht immer nur den eigenen Kopf durchzusetzen.

6.1 Soziale Wesen in einer anonymen Gesellschaft

Das Leben in einer modernen Industriegesellschaft ist weitestgehend ohne tiefgehende soziale Kontakte möglich: Jeder kann einkaufen gehen und sich ernähren, ohne dass er auf die Unterstützung oder Hilfe anderer Menschen angewiesen wäre. Die großen Supermärkte führen heute kaum mehr zu intensiven sozialen Begegnungen, sondern sie nutzen vielmehr die Anonymisierung, um den Kunden einfacher in einen Zustand des Kaufrauschs führen zu können. Da würden ja soziale Kontakte nur ablenken. Hat der moderne Marktplatz, den der Supermarkt ja mehr und mehr ablöst, vielleicht seine Funktion als Austauschzentrum verloren? Wo werden sich Menschen in wenigen Jahren für diesen Austausch treffen?

Wenn Sie südliche Länder wie Italien besuchen, dann werden Sie vor allem in den kleineren Orten abends noch diese Art des Austauschs zwischen Menschen beobachten können. Das sind selbstverständlich auch sehr gute Orte, um die soziale Kompetenz, das Miteinander zu trainieren. Gerade in Deutschland scheinen diese Foren verloren zu gehen und der Mangel an Kontakten wird durch den massiven Fernsehkonsum, allgegenwärtige Computerspiele und Spielhöllen verstärkt. Auch die Kirche hat für viele diese Funktion gerade in den vergangenen zehn bis 15 Jahren eingebüßt und es scheint bisher nichts Gleichwertiges nachgewachsen zu sein.

Die Möglichkeit alleine zu leben, muss ja nicht bedeuten, dass jedes Mitglied einer Gesellschaft von dieser Möglichkeit tatsächlich Gebrauch machen muss. Viel sinnvoller kann es sein, gerade wegen der zunehmenden Vereinsamung vieler Menschen die sozialen Fähigkeiten zu trainieren und so zu schulen, dass ein angenehmer Kontakt mit anderen Menschen entstehen kann.

> **Tipp**
> Nicht nur Kinder sollten dazu angehalten werden, soziales Verhalten zu erlernen und ständig weiter auszubauen. Auch für Erwachsene tut hier Übung gut und gerade in dem Fall, dass Sie ein oder mehrere Kinder haben, leben Sie durch Ihre sozialen Kontakte eine wichtige Vorbildfunktion vor. Falls Sie sich also darüber beklagen sollten, dass Ihr Kind ein Stubenhocker geworden ist, dann machen Sie zuerst einmal eine Inventur bei sich selbst. Sind Sie ein Vorbild für die Pflege vieler enger Kontakte zu anderen Menschen?

6.2 Kommunizieren, um Feedback zu erhalten

Um sozial kompetenter zu werden, ist es sehr wichtig, die eigene Beobachtungsgabe zu schulen, besser Zuhören zu lernen und sich in andere Menschen einzufühlen. Diese drei Fähigkeiten sind die Basis, um überhaupt tragfähige Kontakte aufzubauen und sich auf andere Menschen einzulassen.

> **Beispiel: Trauen Sie sich zu fragen**
> In einem Vertriebsseminar sprach ich mit den Technikern des Unternehmens darüber, wie sie gezielt auf ihr Gegenüber eingehen können, indem sie schlicht beobachten und zuhören. Einer der anwesenden Techniker sagte im Anschluss an das Seminar: »Jetzt verstehe ich endlich, warum meine Kunden so komisch reagieren. Sie fragen mich regelmäßig montags, wie ich mein Wochenende verlebt habe. Und bis zu Ihrem Seminar heute bin ich noch nie auf die Idee gekommen, meine Auftraggeber auch nach dem Verlauf ihres Wochenendes zu fragen.«

Für manche Menschen bedeutet es, die eigene Komfortzone deutlich zu verlassen, wenn sie anderen eine persönliche Frage stellen. Insofern kann soziale Inkompetenz einfach nur ein Ausdruck eines Protests sein, den Sie vielleicht schon in Ihrer Pubertät begonnen haben. Immer wieder berichten mir Menschen, dass sie irgendwann im Lauf des Erwachsenwerdens aufgehört haben, sich intensiv mit ihren Eltern beziehungsweise allen Familienangehörigen auseinander zu setzen, weil sie sich dort nicht verstanden fühlten. Und dieses Verhalten haben sie schlicht in ihr späteres Erwachsensein übernommen, auch wenn dies heute überhaupt keinen Sinn mehr macht.

> **Übung: Was ist der Sinn der Kommunikation?**
> Warum ist der Austausch mit anderen Menschen aus Ihrer Sicht sinnvoll?

Die Antwort ist auf einer relativ abstrakten Ebene sehr leicht: Der Sinn der Kommunikation ist das Feedback, das wir von den anderen bekommen. Das mag Ihnen auf den ersten Blick zu einfach erscheinen. Doch es trifft den Kern der Sache genau: Damit Sie das Feedback empfangen können, schärfen Sie Ihre Sinneswahrnehmung und achten genau darauf, wie die Menschen in Ihrer Umgebung auf das reagieren, was Sie aussenden. Genau hier findet sich der Sinn von Kommunikation wieder. Die Fähigkeit, gut mit anderen Menschen umzugehen, bedeutet vor allem, die Feedbackschleifen im Griff zu haben, also das eigene Verhalten so anzupassen und dabei sehr flexibel zu sein, dass die anderen Menschen das Verhalten zeigen beziehungsweise die Antworten geben, die Sie sich erhoffen.

Sie verhalten sich in einer bestimmten Weise, um bei einem anderen Menschen eine bestimmte Reaktion hervorzurufen. In dieser Disziplin ist jeder Mensch ein Meister, sie ist angeboren und wird fortwährend trainiert. Das gilt sogar für Menschen, die keinerlei Kontakte pflegen und jeden auf Abstand halten. Sie haben zum Beispiel so viel Angst vor anderen Menschen und den Beziehungen mit ihnen, dass sie sich eine bestimmte Verhaltensweise angewöhnt haben, um andere sicher auf großem Abstand von sich zu halten.

> **Übung: Warum Sie andere Menschen treffen**
> Prüfen Sie die Motivation, mit der Sie auf andere Menschen zugehen. Was sind Ihre Ziele?

Immer wieder höre ich in meinen Seminaren von Menschen, die sich nicht trauen, andere Menschen anzusprechen. Sie setzen sich zum Beispiel bei einer Party lieber in die Ecke und reden mit niemandem, anstatt auf jemanden zuzugehen, den sie vielleicht ganz ansprechend oder interessant finden. Wissenschaftler haben herausgefunden, und das mag Ihnen eine Hilfe auf diesem Weg sein, dass Menschen sich in aller Regel, und das bedeutet zu annähernd 100 Prozent, gegenseitig anziehend finden. Das heißt, wenn Sie auf einer Party oder an Ihrer Arbeitsstelle jemanden interessant finden, dann sprechen Sie ihn einfach mal an, weil die Wahrscheinlichkeit, dass dieser Mensch Sie auch interessant findet, sehr hoch ist. Was kann Ihnen dabei schlimmstenfalls passieren? Wie schrecklich wäre eine Ablehnung im Verhältnis dazu, dass Sie Ihr irgendwann einmal antrainiertes Verhalten niemanden anzusprechen für den Rest Ihres Lebens fortsetzen und damit für immer einsam bleiben?

Ein anderes Extrem sind die Menschen, die auf jeden losstürmen und ihn mit ihren persönlichen Belangen »zutexten«. Auch dieses Verhalten zeugt nicht notwendigerweise von einer übergroßen sozialen Kompetenz, sondern eher von einem übergroßen Mitteilungsbedürfnis. Immerhin können solche Menschen sich einen passenden Beruf suchen und zum Beispiel Lehrer, Dozent oder Trainer werden. Oder Sie schreiben als Autor ein Buch nach dem anderen.

Suchen Sie eine Möglichkeit, dass Sie wieder Ihre Bereitschaft erhöhen, auf andere Menschen zuzugehen und anderen Menschen zuzuhören. Zuhören bedeutet an dieser Stelle nicht, dass Sie schon während der andere etwas sagt darüber nachdenken, was Sie gleich antworten werden. Das ist ein Fehler, den viele Menschen machen. Aktives Zuhören ist gemeint und das bedeutet, dass Sie mit Ihrer gesamten Sinnesaufmerksamkeit bei dem Erzählenden bleiben bis dieser geendet hat. Sollten Sie nun mit einem Menschen zusammentreffen, der aufgrund Ihres guten Zuhörens die nächsten zwei Stunden nicht aufhört zu reden, wenden Sie neue Techniken an, um den Redeschwall zu unterbinden und entweder selbst auch mal zu Wort zu kommen oder diesen Gesprächspartner schlicht allein zu lassen.

> **! Tipp**
>
> Wenn Sie zu den Menschen gehören, die sich mit der Kontaktaufnahme zu Fremden schwer tun und die andere gerne auf möglichst großem Abstand halten, dann überlegen Sie zunächst einmal, ob Sie den Rest Ihres Lebens so bleiben wollen. Das ist legitim und nur von Ihren persönlichen Vorlieben abhängig. Wenn Sie bereit sind, mit der Welt doch in einen engeren Austausch zu treten, dann üben Sie dies schrittweise. Gehen Sie zu Treffen, die in Ihrer Stadt angeboten werden. Es gibt Gruppen für Spiele, Interessensgemeinschaften, Vereine, Unternehmerclubs, Visitenkartenpartys und viele andere Gelegenheiten mehr, um einen Kontakt zu anderen gleichgesinnten Menschen zu bekommen. Unternehmen Sie jetzt gleich den ersten Schritt!

6.3 Wie Kommunikation funktioniert

Alle Fähigkeiten, die für einen guten Kontaktaufbau zu anderen Menschen nötig sind, sind in Ihnen vorhanden. Sie dürfen sie nur mehr oder weniger deutlich reaktivieren, falls Sie mehr Kontakt zu anderen haben möchten. Eine dieser natürlichen Fähigkeiten ist das automatische Angleichen an ein Gegenüber. Dieses Angleichen ist ein mächtiger Prozess, der normalerweise unterbewusst abläuft. Nur im Rahmen dieses Trainings machen Sie sich diesen Vorgang bewusst. Es hat zu diesem Thema viele Versuche in Laboren gegeben, bei denen Menschen in Gesprächssituationen gefilmt wurden. Hier ließ sich beobachten, dass diese Menschen sich nach sehr kurzer Zeit zum Beispiel bei der Körperhaltung oder der Atmung aneinander anpassen.

Wie Kommunikation funktioniert 6

Die Wissenschaft spricht davon, dass jeder Mensch Spiegelneuronen in seinem Gehirn hat, die für diese Funktion zuständig sind. Diese Spiegelneuronen sind jederzeit aktiv, auch ganz ohne Ihr bewusstes Zutun.

Selbstverständlich werden die Menschen, die Sie sich für einen intensiveren Austausch aussuchen, Ihnen in aller Regel sehr ähnlich sein. Vielleicht verfolgen Sie gemeinsame Ziele, vielleicht haben Sie gemeinsame Hobbys oder es gibt andere Aspekte, die Sie einander ähnlich sein lassen. Wenn Sie also neue Ziele in Ihrem Leben erreichen wollen, dann ist der einfachste Weg, sich mit Menschen zu umgeben, die diese Ziele bereits erreicht haben. Dabei geht es gar nicht darum, dass Sie diese Menschen ausfragen, wie sie es geschafft haben, dahin zu kommen, wo sie heute sind. Sie werden sich vielmehr ganz automatisch an diese Menschen angleichen und so dafür sorgen, dass Sie selbst das angestrebte Ziel bald erreichen. Um also mehr soziale Fähigkeiten zu entwickeln, ist es sehr wichtig sich mit Menschen zusammen zu tun, die diese sozialen Fähigkeiten bereits besitzen.

> **Beispiel: Kopieren von schlechten Vorbildern**
> Ich habe aus den genannten Gründen eine große Skepsis gegenüber Selbsthilfegruppen, bei der sich Menschen mit ähnlich schlechten Strategien zusammentun, ohne dass jemand im Raum wäre, der das gewünschte Ziel schon erreicht hat. Das ist auch der Grund, warum es wenig Sinn macht, Häftlinge zusammen unterzubringen oder Menschen in psychiatrischen Anstalten wegzuschließen. Das sind Orte, an denen diese Menschen keine neuen, keine besseren Strategien, keine neuen Verhaltensideen erhalten werden, weil es schlicht niemanden gibt, der sie hat.

Lernen bedeutet ganz einfach, sich mit jemandem zusammen zu tun, der etwas schon beherrscht. Das sollten auch Lehrer bedenken und vor allen Dingen solche Menschen, die im Begriff sind Lehrer zu werden. Wenn Sie sich selbst in der Schule immer schwer getan haben mit dem Lernen, wenn Sie lernen für anstrengend halten oder sich schwer tun Dinge über einen längeren Zeitraum zu behalten, dann dürfte Lehrer nicht der sinnvollste Beruf für Sie sein. Vielleicht wartet eine ganz andere Aufgabe auf Sie. Denn mit Ihrem ursprünglichen Verhalten im Bereich des Lernens werden Sie ansteckend auf andere Menschen und vor allem auch auf Kinder wirken, weil Kinder ganz automatisch Strategien und Verhaltensweisen von uns Erwachsenen abschauen. Und das bedeutet logischerweise auch für Eltern, dass sie ständig in einem Lernprozess sein wollen, damit ihre Kinder eine Menge alternativer (Lern-)Strategien entwickeln können.

Aktives Zuhören ist uns, ich erwähnte es bereits, in die Wiege gelegt. Wie oben beschrieben passen sich Menschen dank der Spiegelneuronen zum Beispiel bei der Körperhaltung automatisch an, wenn sie einen anderen sympathisch finden und ihm zuhören. Der zweite Aspekt des aktiven Zuhörens ist die vollständige Sinnesaufmerksamkeit. Rutschen Sie nicht in Ihre eigenen Prozesse ab, das heißt unter anderem auch nicht in Ihre eigenen assoziierten Erinnerungen. Wenn Ihnen jemand erzählt, dass er gestern ein leckeres Eis gegessen hat, bedeutet dies nicht, dass Sie sich selbst erinnern müssen, wann Sie das letzte Mal ein leckeres Eis gegessen haben. Das ist gemeint mit Ihren inneren Prozessen. Bleiben Sie in solchen Situationen bei Ihrem Gegenüber, hören Sie zu und stellen Sie sich vor, wie dieser Mensch sein Eis vielleicht in einer Eisdiele erlebt hat, bei der Sie noch nie waren. Das ist ein Beispiel für aktives Zuhören, bei dem Sie sich in den anderen hineinversetzen.

> **Tipp**
>
> Manche Menschen haben Angst, dass sie nicht sofort antworten können, wenn sie nicht während des Gespräches schon über ihre eigene Antwort nachdenken. Hier können Sie mehr Gelassenheit entwickeln, weil es jedem Gespräch gut tut, wenn kleine Denkpausen entstehen. Und vielleicht kommen Sie, wenn Sie Ihrem Gegenüber vollständig zugehört haben, zu ganz anderen Gedanken und anderen Ideen, als wenn Sie sozusagen mitten in der Erzählung des anderen aussteigen, nur um Ihre Antwort vorzubereiten.

Auch im Erarbeiten neuer sozialer Fähigkeiten gilt das alte Sprichwort, dass Übung den Meister macht. Es mag sein, dass Sie noch eine gewisse Wegstrecke zurückzulegen haben. Das können Sie ganz einfach überprüfen, indem Sie Menschen in Ihrer Umgebung fragen, ob sie Ihnen vertrauen. Denn soziale Fähigkeiten finden ihren Ausdruck darin, dass andere Menschen Ihnen Vertrauen schenken. Jemanden, der Ihnen nicht zuhört, werden Sie kein Vertrauen entgegen bringen und Sie werden sich, wenn Sie ein Problem haben, auch nicht an diesen Menschen wenden, sondern das Problem entweder alleine oder mit jemand anderem lösen.

> **Beispiel: Vertrauen entscheidet auch über Erfolg**
>
> Ulrike Kaufmann lebt seit 15 Jahren mit Ihrem Mann Peter zusammen. Die Ehe läuft ganz gut, nur das Erstaunliche ist, dass Ulrike jedes größere Problem, das sie mit ihrem Mann hat, entweder mit ihrer Mutter oder mit ihrer besten Freundin Sabine bespricht. Bei diesen beiden Menschen hat Ulrike das Gefühl, dass sie ihr zuhören, ohne ihr reinzureden. Bei ihrem Mann hat sie diese Fähigkeit noch nicht beobachtet. Wenn sie versucht, mit ihm ein Problem zu besprechen, dann schlägt er ihr bestenfalls zwei oder drei Lösungen vor, mit denen Ulrike nichts anfangen kann.

Partner wie diese können lernen, ihre eigenen Bedürfnisse klarer zu formulieren, so dass das Gegenüber genau weiß, was erwartet wird und was zu tun ist. Ulrike könnte beispielsweise ihrem Mann sagen: »Ich möchte, dass du mir jetzt einfach mal zehn Minuten lang zuhörst.« Wenn sie das Gespräch so beginnt, dann wird es ihrem Mann leichter fallen, wirklich nur zuzuhören und sie mit ihren Problemen anzunehmen. Wenn er dann noch lernt, dass nicht für jedes beschriebene Problem eine Lösung erwünscht wird und dass es Menschen gibt, die beim Sprechen über ihre Probleme am leichtesten in der Lage sind, das Problem selbst zu lösen, dann ist für dieses Paar viel gewonnen.

6.4 Kontakt herstellen

Es geht hier nicht darum, Patentlösungen zu präsentieren, an die Sie sich ab sofort in jeder Lebenssituation halten sollten! Wichtig ist, dass Sie lernen, über Ihre Bedürfnisse offen zu sprechen und zum Beispiel Ihrer Partnerin oder Ihrem Partner klar zu machen, was Sie sich wünschen. Je deutlicher Sie Ihre Bedürfnisse aussprechen, desto leichter wird es für einen anderen Menschen sein, Ihnen gerecht zu werden. Erinnern Sie sich daran, dass jeder Mensch verschiedene Bedürfnisse hat und dass es wichtig ist, diese Verschiedenheit sprachlich (!) zum Ausdruck zu bringen, damit Ihr Gegenüber überhaupt eine Chance hat, Ihnen wirklich gute Gefühle zu machen.

> **Tipp**
> Das ist der Sinn jeder zwischenmenschlichen Beziehung und vor allem jeder Partnerschaft: Machen Sie sich gegenseitig gute Gefühle. Wie können Sie jetzt gleich Ihrem Partner oder Ihrer Partnerin ein gutes Gefühl geben?

Sozial kompetente Menschen sind noch leichter als andere in der Lage, die richtigen Fragen zu stellen. So könnte der eine zum Auftakt eines Gesprächs fragen, welche Erwartung der andere an ihn stellt. Dies ist keine Pflichtübung, sondern lediglich ein Aufeinandereingehen. Dazu passende Fragen zu stellen, kann es beiden erleichtern, zu einer offenen Kommunikation miteinander (zurück) zu finden. Selbstverständlich ist es dafür notwendig, dass Sie eventuelle negative Interpretationen von früher vergessen und möglichst unvoreingenommen auf den anderen zugehen. Denn die Erwartung, dass er oder sie bestimmt nur wieder in der gewohnt ätzenden Art reagieren wird, schafft bestenfalls eine selbsterfüllende Prophezeiung, auf die Sie ab sofort gerne verzichten.

Lektion 5: So trainieren Sie Ihre sozialen Fähigkeiten

> **!** **Beispiel: Passt es Dir gerade?**
>
> In vielen Ratgebern zum Thema emotionale Intelligenz wird Paaren empfohlen, dass sie noch behutsamer miteinander umgehen. Hier wird dann zum Beispiel vorgeschlagen, dass der eine den anderen erst einmal um Erlaubnis fragen soll, ob jetzt der richtige Zeitpunkt für das Besprechen eines Problems sei. Ich halte einen solchen Umgang aus einer persönlichen Erfahrung heraus für unrealistisch. Wenn jemand ein Problem hat, dann möchte er es mit seiner Partnerin oder seinem Partner besprechen und vielleicht nicht erst um Erlaubnis fragen, dieses zu tun. Wenn es ein unpassender Zeitpunkt ist, dann wird die ablehnende Haltung des anderen dies schon verdeutlichen. Oder der andere ist bereit und in der Lage seine aktuellen Aufgaben ein Stück zu verschieben.

Soziale Kompetenz bedeutet an dieser Stelle selbstverständlich auch ein Zusammenspiel aus Geben und Nehmen, was in jeder Partnerschaft wichtig sein sollte. Nach meiner Erfahrung können vor allen Dingen Männer lernen, dass »geteiltes Leid halbes Leid ist«, denn gerade das starke Geschlecht scheint sich bei Problemen häufiger in sich zurückzuziehen, als dass sie ihre Partnerin noch an der Problemlösung beteiligen. Das muss nicht unbedingt zu einer erfüllenden Partnerschaft führen. Bedenken Sie: Jedes alte Verhaltensmuster, dass Sie vielleicht in Ihrer Kindheit erfolgreich gelernt und angewendet haben, muss nicht für den Rest Ihres Lebens ein ständiger Begleiter bleiben. Das Teilen eines Problems schafft auch ein Zusammengehörigkeitsgefühl und macht Ihrer Partnerin deutlich, dass Sie ihr vertrauen und sich ihr öffnen – ein sehr angenehmer Liebesbeweis.

Gute Laune zu verbreiten ist auf jeden Fall eine exzellente Möglichkeit, in Kontakt mit neuen Menschen zu kommen und tragfähige Beziehungen aufzubauen. Selbstverständlich könnten Sie auch in einen Zirkel der Dauerdepressiven eintreten, vielleicht gibt es so etwas in der Stadt, in der Sie leben. Doch auch dies muss zum Glück nicht für den Rest Ihres Lebens so bleiben. Sie können lernen, sich selbst in einen positiven Gefühlszustand zu versetzen, indem Sie sich zum Beispiel an eine solche Situation erinnern, in der Sie sich gut gefühlt haben.

> **!** **Übung: Den Kontakt gezielt abbrechen**
>
> Setzen Sie sich mit jemandem gegenüber, den Sie ganz gut kennen und verabreden Sie mit Ihm Folgendes: Sie werden eine Geschichte erzählen, zum Beispiel etwas Positives, das Sie in Ihrem letzten Urlaub erlebt haben. Oder Sie berichten von Ihrem neuen Auto oder einer vergleichbaren schönen Situation. Ihr Gegenüber hat die Aufgabe, Ihnen etwa eine Minute lang aufmerksam und aktiv zuzuhören. Nach dieser Minute beginnt Ihr Gegenüber, gezielt andere Dinge zu tun, also zum Beispiel auf die Uhr zu schauen, wegzugucken oder etwas anderes zu machen, um Ihnen zu

> zeigen, dass die Aufmerksamkeit woanders ist. Jetzt wird es wichtig: Prüfen Sie Ihre Gefühle in dem Moment, in dem Sie merken, dass Ihnen Ihr Gegenüber gar nicht zuhört. Erzählen Sie unbedingt weiter, damit Sie in den Genuss all dieser Gefühle kommen. Vereinbaren Sie vorher mit Ihrem Gegenüber, dass er oder sie sich Ihnen nach einer weiteren Minute wieder zuwendet und beenden Sie die Übung unbedingt positiv.

Eine verfeinerte Variante der Übung ist es, dass Sie Ihr Gegenüber bitten, nur die Gedanken abschweifen zu lassen. Das heißt die Körperhaltung bleibt unverändert und auch die Augen sind konzentriert, beziehungsweise scheinbar konzentriert bei Ihnen. Prüfen Sie nun ab, ob Sie den Zeitpunkt bestimmen können, an dem die Gedanken Ihres Gegenübers nicht mehr bei der Sache sind. Ich habe in meinen Seminaren festgestellt, dass alle Teilnehmer sehr gut in der Lage waren, den exakten Zeitpunkt des Gedankenabschweifens festzustellen.

Diese Übungen machen Ihnen deutlich, wie wichtig es ist, voll konzentriert und mit der ganzen Aufmerksamkeit bei einem Gesprächspartner zu sein. Das gilt selbstverständlich im Berufsleben genauso wie in Ihrem Privatleben. Wir Menschen merken es, ob der andere uns wirklich zuhört oder ob er nur so tut. Selbst am Telefon ist es wichtig, keinen anderen Aktivitäten zu folgen als nur zuzuhören oder zu sprechen. Dazu mag es am Anfang hilfreich sein, die Augen zu schließen, weil Sie sich dann noch besser konzentrieren können.

Sie sind sehr schnell in der Lage noch viel mehr zu erfassen als nur die Stimmung Ihres Gegenübers. Vor allem kleine Kinder tun sich in dieser Fähigkeit deutlich hervor. Sie sind extrem schnell beim Erkennen der Strategien aller beteiligten Personen, mit denen sie zu tun haben. Das können Sie nicht nur bei der klassischen Supermarktsituation erleben, bei der sich ein Kind auf den Boden wirft, um Süßigkeiten zu erbetteln. Es geht auch um sehr subtile Mechanismen, die in jeder Minute des Zusammenseins erprobt, erweitert und ausgeübt werden.

> **Beispiel: Die Tochter steuert die Mutter**
> Renate Fielmann steuert ihre Mutter sehr gezielt: Eines Tages wollte sie mit größeren Kindern zum Schlittenfahren gehen. Allerdings sollte ihre Mutter sie unbedingt bei diesem Ausflug begleiten, doch diese hatte keine Lust und reagierte so auf die ersten zögerlichen Versuche ihres Kindes nicht. Ich fragte daraufhin die Tochter, was sie anstellen werde, wenn ihre Mutter weiterhin stur bleibe. Das kleine Mädchen zeigte mir nacheinander fünf verschiedene Eskalationsstufen. Es begann beim flehenden Ausstrecken der Hände, ging über zu einem kläglichen Rufen der Mutter und endete schließlich beim lauten Losheulen. Kurz danach beruhigte sich Re-

> nate wieder und schaute mich erwartungsvoll an. Wie wunderbar hatte sie in den wenigen Jahren eine Reihe guter Strategien entwickelt, um die Mutter tatsächlich perfekt unter ihre Kontrolle zu bringen.

Es ist sehr hilfreich, sich selbst und auch andere dabei zu beobachten, wie sie sich gegenseitig manipulieren. Hier tut sich ein weites Feld menschlichen Verhaltens auf und es spielt dabei keine Rolle, dass die Absicht auf den ersten Blick negativ scheinen mag. Hinter diesen Manipulationen versteckt sich eine sehr menschliche Absicht: Wir wollen uns geliebt fühlen und wollen eine Garantie haben, dass wir die Liebe unserer Mitmenschen anschalten können, wenn wir sie brauchen. Meiner Meinung nach ist dies der Kern all dieser Manipulationsversuche. Die Absicht des Kindes ist also sehr positiv.

! Tipp

Wenn Sie merken, dass Ihr Partner, Ihre Partnerin oder Ihr Kind Sie manipuliert oder Sie im Griff hat, dann gibt es eine gute Möglichkeit, dem zu begegnen: Werden Sie flexibler! Denn solange Sie in eingefahrenen Gleisen bleiben, wissen alle Menschen in Ihrem Umfeld, wo Ihre Alarmknöpfe sind. Ich nenne sie auch Trigger, also Auslösemechanismen, auf die wir entsprechend heftig und meist auch umgehend reagieren. Einmal mehr sei hier angemerkt, dass diese Trigger unterbewusst ablaufende Programme sind, die wir seit unserer Kindheit im Zusammenspiel mit unseren Eltern, mit Klassenkameraden, Lehrern und anderen Erziehern sowie mit unseren Freunden ausprobiert haben.

Die meisten Menschen nutzen bestenfalls drei oder vier solcher Manipulationsstrategien, mehr nicht. Insofern werden Sie mit Ihrem neuen geschärften Blick, den Ihnen dieses Buch gibt, in der Lage sein, diese Strategien bei sich und anderen sehr schnell zu entlarven und entsprechend anders zu reagieren als Sie es in der Vergangenheit getan haben.

6.5 Beziehungen aufbauen leicht gemacht

Eine entscheidende Frage beim Aufbau neuer Beziehungen ist, ob Sie sich in bestimmter Art und Weise verhalten, um anderen zu gefallen. Diese Frage mag nicht immer leicht zu beantworten sein, weil Sie vielleicht gar nicht wissen, wer Sie wirklich sind und was Sie wirklich wollen. Dieses Buch unterstützt Sie auf diesem Weg, Ihre eigenen Bedürfnisse, Ihre Grenzen und Ihre Fähigkeiten und Gefühle besser zu erkennen und sich mehr zu dem Menschen zu entwickeln, der Sie wirklich sind. Es macht wenig Sinn, beim Kennenlernen neuer Menschen in eitrainierte Rolle zu schlüpfen, um diesem Menschen zu gefallen. Denn spätestens, wenn Sie diese Rolle aufgeben, werden sich diese

Menschen wieder von Ihnen abwenden und enttäuscht sein, im wahrsten Sinne des Wortes, denn dann hätten Sie sie getäuscht mit Ihrem Verhalten und diese Täuschung wird früher oder später aufgehoben, wenn Sie Ihr sprichwörtliches wahres Gesicht zeigen. Ein Sprichwort sagt: »Sei ein guter Freund, wenn Du einen guten Freund haben willst.« Das ist eine gute Regel beim Aufbau neuer Beziehungen.

> **Übung: Wie beziehungsfähig sind Sie?**
> Welche Fähigkeiten haben Sie, mit denen es Ihnen leicht fällt, gute neue Kontakte aufzubauen und diese zu halten?

Verlässlichkeit ist ein ganz wesentlicher Aspekt im Umgang miteinander. Deswegen ist es wichtig, neuen Menschen, aus denen vielleicht eines Tages Freunde werden sollen, von Anfang an zu zeigen, dass sie sich auf Sie ganz und gar verlassen können. Das betrifft übrigens auch solche Kleinigkeiten wie das Einhalten eines vereinbarten Zeitpunkts für ein Treffen. Wer hier ständig zu spät kommt, säht den Zweifel, ob er wirklich verlässlich ist. All dies sind Dinge, auf die Sie achten werden, wenn Sie wirklich belastbare Beziehungen zu anderen Menschen aufbauen wollen.

Schöne Komplimente zu machen, gehört zu den einfachsten Wegen, in Kontakt mit einem Menschen zu treten. Interessanterweise gilt dies sowohl für Männer als auch für Frauen. Und das ist nicht erstaunlich, denn jeder Mensch hat zwar eine individuelle Art auf Komplimente zu reagieren, aber jeder mag zumindest Komplimente gerne hören. Mindestens ebenso wichtig wie das Geben von Komplimenten ist allerdings das Annehmen. Vielen Menschen fällt es schwer, sich einmal ausführlich loben zu lassen und dieses Lob auch anzunehmen. Sie können das bei vielen Gelegenheiten beobachten.

> **Beispiel: Flucht von der Bühne**
> Wenn zum Beispiel Menschen auf einer Bühne stehen und eine Rede halten, dann flüchten viele am Ende der Rede und warten den Applaus gar nicht mehr ab. Dies ist eine typische Form des Nichtannehmens eines Kompliments beziehungsweise der Zustimmung des Publikums. Wie üben Sie sich darin, in Ruhe sitzen oder stehen zu bleiben, wenn andere Menschen sich positiv über Sie äußern?

Wenn Sie über eine ausreichende Empathie verfügen, dann wird es Ihnen leicht fallen, anderen Menschen die Komplimente zu machen, die diese hören wollen. Sie werden schlicht wie ein Seismograph abprüfen, wie Ihr Gegenüber auf das Gesagte reagiert. Viele Paare unterschätzen die Bedeutung von Komplimenten, gerade dann, wenn sie bereits einige Zeit zusammen sind. Komplimente sind sozusagen das Salz in der Suppe, sie machen unser tägliches Leben noch angenehmer, noch erfüllter und noch schöner.

> **!** **Übung: Lob und Anerkennung machen gute Gefühle**
> Erinnern Sie sich jetzt doch einfach mal an die letzten schönen Komplimente, die Sie von anderen Menschen bekommen haben.

> **!** **Tipp**
> Haben Sie einen Erfolgsordner? Ein Erfolgsordner ist eine Mappe, in der Sie alle positiven Briefe, E-Mails, Postkarten und andere Vertrauens- und Liebesbeweise ablegen können. Wenn es Ihnen dann an einem Tag mal nicht so gut geht, dann müssen Sie einfach nur Ihren Erfolgsordner zur Hand nehmen und können in diesen wundervollen Ereignissen herumblättern. Das wird Ihre Stimmung direkt um Klassen verbessern, und Sie werden sich viel wohler fühlen als vorher.

Es gibt Menschen, die reagieren in Bezug auf andere in Form eines Schwarzweißdenkens. Entweder die anderen lieben sie, oder sie hassen sie, dazwischen gibt es keine Graustufen und keine Alternativen. Doch wenn Sie einmal darüber nachdenken, dann mögen Sie auch nicht jeden Menschen in Ihrer Umgebung auf die gleiche Art und Weise und auch nicht gleich intensiv. Manche Menschen sind Ihnen lieber als andere, mit dem einen könnten Sie einen ganzen Urlaub verbringen, bei anderen genügt es Ihnen, sie abends einmal für ein oder zwei Stunden in einem Restaurant oder einer Kneipe zu treffen.

Es ist durchaus in Ordnung und es ist wichtig zu lernen, sich zuzugestehen, dass Sie auf Menschen unterschiedlich reagieren und dass Sie unterschiedlich tiefe Beziehungen zu ihnen aufbauen. Machen Sie sich das bewusst, vor allem auch dann, wenn Sie eine neue Beziehung anstreben. Egal ob es dabei um eine Freundschaft, eine Liebesbeziehung, eine Partnerschaft oder eine Bekanntschaft geht, es spielt keine Rolle. Lassen Sie die Dinge geschehen und denken Sie daran, Sie müssen nicht jeden Menschen auf diesem Planeten lieben.

Gute Beziehungen zu pflegen, ist im doppelten Sinne des Wortes wichtig, denn Beziehungen spiegeln nicht nur viele Aspekte unseres Lebens wider, sie sind auch ein wichtiges Lebenselixier und in schwierigen Lebensphasen eine Stütze. Wie gut sind Ihre Beziehungen zu anderen Menschen? Schließen Sie bei dieser Frage auch sämtliche Kollegen, Mitarbeiter, Kunden, sowie alle persönlichen Beziehungen zu Bekannten und Verwandten mit ein. Ziehen Sie einmal ein Resümee aller wesentlichen Verbindungen.

> **Übung: Beziehungsinventur**
> Meine wichtigsten Beziehungen habe ich zu folgenden Menschen:
> (Charakterisieren Sie die jeweiligen Beziehungen mit drei oder vier Attributen.)

6.6 Ich- oder Du-Botschaften

Emotional intelligente Menschen sind in der Lage, ihre eigenen Gefühle sehr deutlich von denen anderer Menschen zu trennen und dies auch bei verbalen Botschaften deutlich rüberzubringen. Zu diesem Zweck eignet sich sehr gut die Aufteilung in die Ich- und die Du-Botschaften. Wenn Sie etwas über Ihren eigenen Gefühlszustand ausdrücken und einem anderen Menschen mitteilen wollen, dann bleiben Sie konsequent beim Ich.

Sagen Sie zum Beispiel: »Ich bin wütend auf dich, weil Du etwas bestimmtes getan hast.« Dies ist eine klare Ich-Botschaft, die ausdrückt, wie es Ihnen geht. Bei allen Du-Botschaften ist zu empfehlen, sich auf Beobachtungen zu beschränken, weil Sie ansonsten ständig der Gefahr des freien Interpretierens erliegen. In Bezug auf Du-Botschaften heißt dies konkret: Beschreiben Sie, was Sie an dem anderen Menschen sehen. Das gilt vor allem für den Grenzbereich der Beschreibung komplexer Gefühle. Der Ausdruck: »Du fühlst Dich enttäuscht, traurig, fallengelassen und wirst mit mir nie wieder etwas zu tun haben wollen« ist schlichte Interpretation und wird nicht notwendigerweise geeignet sein, Ihre Beziehung zueinander zu verbessern. Stellen Sie lieber eine einfache Frage nach dem Zustand des anderen.

Bitte machen Sie sich klar, dass Sie niemals genau wissen werden, wie sich eine Situation für einen anderen Menschen anfühlt. Allen empathischen Bemühungen zum Trotz, ist es so, dass Gefühle individuell erlebt werden und deshalb nicht ausgetauscht werden können.

Ein weiterer Aspekt dieser Art der Kommunikation ist es, sich deutlich darauf zu beziehen, was zum Beispiel der Gesichtsausdruck eines Gegenübers mit Ihnen macht. Sie könnten also zum Beispiel sagen: »Wenn Du so guckst, dann fühle ich mich unsicher.« Schon ist der Prozess wieder bei Ihnen, genau dort, wo er hingehört. Denn Sie können nun herausfinden, was genau Sie verunsichert.

Über die klar getrennten Botschaften hinaus gibt es noch so genannte versteckte Du-Botschaften, die etwa so aussehen: »Ich glaube, dass Du sehr wütend bist.« Hier tarnt sich eine Ich-Botschaft (ich glaube) mit einer Aussage über den Gefühlszustand eines anderen Menschen. Diese Art der Tarnung ist genauso sinnlos, als hätten Sie direkt eine Du-Botschaft gesendet.

Vielleicht kommt es Ihnen nur so vor, als wenn die konsequente Konzentration auf Ich-Botschaften letzten Endes dazu führen würde, dass Sie nur noch über sich selbst sprechen und sich für niemand anderen interessieren. Doch der entscheidende Aspekt ist ein anderer: Selbstverständlich werden Sie deutlicher und klarer über Ihre eigenen Gefühlszustände sprechen und dadurch selbst auch deutlich klarer wahrnehmen können. Und Sie werden deutlicher trennen können zwischen den Botschaften, die Sie über sich selbst senden, und dem wirklichen Interesse an dem Gefühlszustand einer anderen Person. Denn sobald Sie sich voller Konzentration einem anderen Menschen zuwenden, wird eine völlig neue Art von Beziehung möglich und es wird dadurch für Sie möglich, sich besser auf Ihr Gegenüber einzulassen, einzustellen und damit nach einiger Zeit besser miteinander umzugehen.

6.7 Sagen Sie genau, was Sie wollen

Kennen Sie Situationen, in denen jemand einen Satz sagt wie »Mir ist kalt«? Nach dem, was Sie im letzten Absatz gelernt haben, ist das doch eine klare Ich-Botschaft, an der nichts auszusetzen ist. Das stimmt! Doch je nach Situation wird der Frierende darüber erstaunt sein, dass sich aus seiner Aussage niemand eine Handlung ableitet. Vielleicht erwartet er, dass sein Partner aufspringt und das kurz zuvor geöffnete Fenster schließt oder etwa die Heizung aufdreht.

Solche indirekten Handlungsanweisungen verstecken sich gerne auch in der Form von »Man sollte mal den Müll runter bringen«, wobei der Sender in vielen Fällen meint, dass ein anderes Mitglied der Familie oder Gemeinschaft den Müll runter bringen solle. Da Sie dieses Buch bis hierhin aufmerksam gelesen haben, wird Ihnen klar sein, dass dies keine sinnvolle Kommunikation zwischen Menschen sein kann, die dauerhaft liebenswerte und liebevolle Beziehungen miteinander pflegen wollen. Wenn Sie etwas möchten, dann sprechen Sie es klar aus. Das gibt den anderen in Ihrer Umgebung die Möglichkeit, sich mit dem Gewünschten auseinander zu setzen und darauf entsprechend zu reagieren.

Denn wenn nach der Aussage »Mir ist kalt« niemand aufsteht, bliebe ja der Interpretationsspielraum, dass niemand Ihnen helfen will, obwohl Sie vielleicht mit Fieber auf dem Sofa liegen und alle anderen um Sie herum putzmunter sind. Wenn Sie stattdessen sagen würden: »Mir ist kalt, könntest Du, Peter, bitte das Fenster schließen«, dann ist dies eine klare Handlungsanweisung, die keinen Interpretationsspielraum lässt. Peter könnte nun immer noch sagen: »Du, ich habe gerade eine wichtige Aufgabe vor mir und kann das Fenster erst in zwei Minuten zumachen. Ist das okay für Dich?« Und das genau ist der Sinn einer offenen und direkten Kommunikation. In dem Moment, wo wir unsere eigenen Wahrnehmungen und Gefühle bei uns lassen und die anderen ganz konkret um Dinge bitten, können diese zumindest mit der Zeit auch wieder offener mit Ihren Gefühlen umgehen und zum Ausdruck bringen, was sie wollen.

Geschenke oder ein Blumenstrauß sind für viele eine gute Möglichkeit, ihre Gefühle für einen anderen Menschen sozusagen in einen Gegenstand zu verpacken und ihm damit die Gefühle zu überreichen. Vielleicht auch, und das wäre dann verbesserungsfähig, um nicht über ihre wirklichen Gefühle sprechen zu müssen. Selbstverständlich kann das eine oder andere liebevolle Geschenk ein sehr wertvoller Stellvertreter sein, doch die direkte Kommunikation über Ihre wahren Gefühle einem anderen Menschen gegenüber können Geschenke nicht ersetzen!

> **Beispiel: Sie wird das Schlimmste annehmen**
>
> In einem Seminar für Selbstmanagement empfahl ich den anwesenden Männern, ihren Frauen doch einmal Blumen mitzubringen. Ein Mann reagierte völlig schockiert auf diese Anregung und meinte, seine Frau würde ihn dann fragen, warum er ein so schlechtes Gewissen habe. Er habe schließlich seit 15 Jahren noch nie Blumen mitgebracht. Da ich weiß, dass sich sehr viele Frauen über Blumen freuen, bin ich der Meinung, dass dies zumindest einen Versuch wert gewesen wäre.
> Interessant finde ich an diesem Beispiel vor allem den Aspekt der Umdeutung: Dieser Teilnehmer war fest davon überzeugt, dass seine Frau die Botschaft nicht verstehen würde. Unabhängig davon, ob sie wirklich so reagiert hätte, hatte er eine klare Vorstellung davon, wie sie reagieren würde und vermied deshalb das Kaufen von Blumen. Ob sie ihn jemals bitten wird, ihr doch endlich mal Blumen mitzubringen? Vielleicht beschwert sie sich nur seit Jahren bei ihrer Freundin über die Gedankenlosigkeit ihres Mannes.

Auch wenn Sie also länger nicht geübt haben, Ihre Bedürfnisse in Worte zu kleiden und an denjenigen zu adressieren, den diese Bedürfnisse etwas angehen (sollten), ist es nie zu spät. Fangen Sie noch heute damit an und denken Sie daran: Senden Sie in klaren Ich-Botschaften und lassen Sie alle Vorwürfe über ein früheres Verhalten weg.

6.8 Präzise Kommunikation

Beim Aufbauen und Erhalten guter und wichtiger Beziehungen zu anderen Menschen ist es ganz entscheidend, die Kommunikation wörtlich zu nehmen und das Interpretieren sein zu lassen. Botschaften wörtlich zu nehmen bedeutet, dass Sie wirklich genau hinhören. Oft liegt darin der Hauptgrund für Missverständnisse und sogar Auseinandersetzungen, und je mehr sich Menschen in die Haare geraten, desto weniger genau hören sie hin. Am Ende hört jeder nur noch das, was er hören möchte, was er vom anderen erwartet, nur, um ihm gleich wieder die Schuld geben zu können für die Auseinandersetzung und die angebliche Ursache. Die Lösung ist Kommunikation und das bedeutet zunächst, genau zuzuhören.

Den anderen dabei wörtlich zu nehmen, ist eine sehr schöne Angewohnheit, so lange Sie nicht pedantisch genau damit umgehen. Wörtlich bedeutet vor allem, beim Hinhören und Hinsehen auf die vermeintlich geschilderten inneren Prozesse des anderen zu achten und ihn auch darauf anzusprechen.

> **Beispiel: Sortieren Sie alte innere Bilder weg**
> Eine Teilnehmerin erzählte in einem Seminar, dass sie ein paar Probleme in ihrem Leben habe, die sie zwar gemeistert habe, von denen sie aber nun erstmal etwas Abstand brauche. Dies kann ein Hinweis darauf sein, dass dieser Mensch innere Bilder hat, die noch zu nah an ihm dran sind. Selbstverständlich habe ich diese Teilnehmerin daraufhin befragt und habe sie gebeten mir zu zeigen, wo ihre inneren Bilder von den gemeisterten Situationen waren. In der Tat hielt sie dann ihre Hand etwa zehn Zentimeter vor ihren Kopf, und damit war mir klar, wo die Schwierigkeit lag: Sie hatte die Bilder noch nicht weit genug weggeschoben beziehungsweise noch nicht einsortiert, bei den Bildern, die sie von ihrer Vergangenheit hatte.

Je genauer Sie Menschen zuhören, desto leichter wird es für Sie, Menschen in schwierigen emotionalen Situationen dabei zu unterstützen, neue Wege zu gehen und neue Perspektiven zu entwickeln. Viele Menschen geben nach der Begrüßung spätestens im zweiten oder dritten Satz genau an, wo ihr Problem liegt und wie es zu lösen ist. Sie mögen das für übertrieben halten, wenn Sie sich bisher noch nicht so genau mit Sprache beschäftigt haben. Sobald Sie Menschen ernsthafte Fragen stellen, werden Sie ernsthafte Antworten bekommen, auf die Sie dann entsprechen reagieren können.

Im Sinne des Anpassens an einen anderen Menschen ist in diesem Zusammenhang zu beachten, dass Sie dann zum Beispiel im gleichen Wahrnehmungskanal zurücksenden, in dem auch Ihr Empfänger gesendet hat. Wenn also ein guter Freund von Ihnen sagt: »Ich fühle mich nicht gut, denn ich habe den

Eindruck, dass mich meine Freundin mit diesem Studenten betrogen hat«, dann macht es wenig Sinn, ihm zu antworten: »Ich sehe, wo Dein Problem liegt.« Haben Sie bemerkt, dass die gegebene Antwort in einem völlig anderen Wahrnehmungskanal lag? In der direkten Kommunikation ist es wichtig, sich im Wahrnehmungskanal anzugleichen. Eine Möglichkeit wäre also zum Beispiel zu sagen: »Oh, ich glaube, das fühlt sich schrecklich an. Wie genau bist Du zu diesem Eindruck gekommen?« Das ist nur ein Beispiel dafür, und das Entscheidende an diesem Beispiel ist, das die Antwort im selben Wahrnehmungskanal, nämlich dem kinästhetischen, der mit Gefühlen zu tun hat, zurückgesendet wurde. Das erkennen Sie unter anderem an dem Wort »Eindruck«, denn hier fühlt sich jemand wirklich gedrückt.

6.9   Den anderen wahrnehmen

Je besser Sie im Pflegen von Beziehungen zu anderen Menschen sind, desto klarer wird Ihnen, dass Sie nichts auf diesem Planeten, kein einziges Vorhaben, gegen den Willen eines anderen Menschen erreichen können, wenn Sie seine Unterstützung benötigen. Das ist eine wichtige Erkenntnis, die offensichtlich noch nicht so weit verbreitet ist. Wenn Sie also zum Beispiel mit einem Kollegen gut zusammenarbeiten wollen, dann ist es ganz wichtig, dass Sie bei wichtigen Entscheidungen seine Unterstützung einholen und ihn einbinden. Sonst wird er Ihnen vielleicht nur halbherzig zur Seite stehen oder Ihr Vorhaben sogar boykottieren. Sobald Sie anfangen, gegeneinander zu arbeiten, wird sich mindestens einer von Ihnen zurückziehen und Ihre Zusammenarbeit wird immer weniger Spaß machen.

Es geht dabei nicht um das Predigen eines universal-demokratischen Ansatzes, bei dem jeder so lange angehört werden muss, bis alle mit derselben Meinung den Raum verlassen. Mir geht es darum, dass Menschen anerkannt sein und gehört werden möchten. Und selbst diese Grundregel der zwischenmenschlichen Kommunikation wird in ganz vielen Beziehungen überhaupt nicht gepflegt.

Sobald Sie andere Menschen mehr als zuvor und auch anders als bisher in Ihre Entscheidungen einbeziehen, werden Sie ihnen auch klar Ihre Erwartungen mit auf den Weg geben können. Zum Beispiel soll eine Kollegin vielleicht gar nicht ihre Meinung zu Ihrem Plan abgeben, sondern nur mal nachvollziehen, ob sie Ihre Argumentation versteht, die Sie in einem Meeting mit Ihrem Vorgesetzten anwenden wollen. Wenn das die Aufgabe der Kollegin ist, dann sollten Sie es ihr vorher klar sagen. Auf der anderen Seite kann es selbstverständlich auch passieren, dass ein anderer Mensch einen besseren Vorschlag als Sie hat. Sind Sie flexibel genug, diesen anzuhören und eventuell auch zu übernehmen?

Gerade für Menschen, die längere Beziehungen wie Partnerschaften oder das Zusammensein als Arbeitskollege miteinander teilen, kann die Veränderung zu einem wichtigen Gradmesser der Qualität der Beziehung werden. Vielleicht haben Sie bisher gedacht, dass die besten Beziehungen zwischen solchen Menschen möglich sind, bei denen Sie die Veränderung nicht wahrnehmen. Dabei war Ihnen längst klar, dass dies nur eine Lüge sein kann, denn schon der Alterungsprozess verändert jeden ständig. Also können Sie die Veränderung als den normalsten Prozess der Welt annehmen und voller Freude beginnen zu beobachten, wie sehr sich die Menschen um Sie herum verändern.

Sie beginnen ab sofort, jeden Tag die Veränderungen wahrzunehmen, die in Ihrem Umfeld stattfinden. Selbstverständlich wird es Ihnen dadurch auch leichter fallen, Ihre eigenen Veränderungen deutlicher wahrzunehmen und damit festzustellen, wie flexibel Sie bereits geworden sind. Sie nehmen sich vor, in Zukunft noch viel flexibler zu werden. Denn gerade im Umfeld von gemeinsam getroffenen Entscheidungen, bei dem Ihre sozialen Fähigkeiten ja in so weitem Maße benötigt werden, ist es wichtig, mehr Flexibilität zu entwickeln. Vielleicht ist nicht jede Entscheidung optimal gewesen, die Sie bisher getroffen haben. Und das einzige worum es geht, ist dann, aus dieser Entscheidung zu lernen und offen zu sein für neue Entscheidungen, auch wenn diese von Menschen kommen, auf die Sie bisher vielleicht nicht gehört haben.

> **Beispiel: Er kannte jeden ihrer Witze**
>
> Kennen Sie auch diese Paare, bei denen einer von beiden bei einer Party einen Witz erzählt und der andere setzt schon dieses verkrampfte Lachen auf, weil es etwa das 1523. Mal ist, dass dieser Witz in einer Runde erzählt wird? Sind das nicht die langweiligsten Menschen, denen Sie überhaupt begegnen können? Ich gebe zu, dass es vielen von uns noch nicht immer ganz leicht fällt, ständig neue Witze, neue Geschichten und neue Erlebnisse zu haben, von denen sie berichten können. Doch das mag nur ein Gradmesser dafür sein, wie eingerostet sie sind.

Gerade wenn Ihre Partnerin oder Ihr Partner Ihnen wichtig ist, dann ist es entscheidend, dass Sie die tollen Erlebnisse ständig neu erleben und neu erzählen, damit dieser Mensch von Ihnen begeistert ist. Was interessiert Sie irgendein anderer Gast bei einer Party oder bei einem Treffen, wenn Ihr eigener Partner von Ihnen selbst unendlich gelangweilt ist? Dazu gehört die Erkenntnis, dass Sie ständig auch neue Dinge erleben wollen. Doch was wäre der Sinn des Lebens, wenn nicht genau dieser: Erleben Sie neue Dinge, unternehmen Sie Neues, fahren Sie an andere Stellen in Urlaub, lernen Sie neue Menschen kennen und tun Sie vor allem die Dinge, die Sie bisher noch nie getan haben. Auch das wird Ihre sozialen Fähigkeiten erweitern und Ihre emotionale Intelligenz in einer Art und Weise steigern, die Sie vielleicht heute noch nicht einmal für möglich halten.

6.10 Bleiben Sie in Kontakt

Zu einem guten Beziehungsmanagement gehört auch die Fähigkeit, bestehende Beziehungen zu pflegen und auf Dauer zu halten, indem Sie den Kontakt pflegen. Vor allem wenn ein Freund oder eine Freundin weiter von Ihnen entfernt wohnt, so dass Sie nicht jeden Tag Kontakt mit ihm oder ihr haben, ist dies wichtig.

> **Übung: Bilanz Ihrer Freundschaften**
>
> Wie viele enge Freunde haben Sie, mit denen Sie wirklich einen engen Kontakt haben?
>
> Und wie viele hätten Sie gerne?
>
> Welche Eigenschaften sollten die neuen Freunde haben?

Vor allem jüngere Menschen scheinen häufig den Wunsch zu haben, möglichst viele Freunde zu haben und mit ihnen ständig etwas zu unternehmen. Viele ältere Menschen dagegen haben meist nur einen oder zwei wirklich gute und enge Freunde und dazu vielleicht den einen oder anderen Bekannten. Hier gibt es keine Faustregel, was einem Menschen gut tut, die Entscheidung treffen Sie schließlich ganz alleine. Es ist nur wichtig, sich einmal mit dieser Frage auseinander zu setzen, ob Sie genügend oder vielleicht sogar zu viele intensive Beziehungen haben.

Die Definition, was Sie für einen guten Freund halten, sollten Sie ganz für sich treffen. Manche Menschen suchen jemanden, mit dem sie Pferde stehlen können. Andere definieren eine gute Freundschaft mit dem Hinweis, dass ein Freund immer ein offenes Ohr für Probleme hat und einem notfalls zur Seite steht – zu jeder Tages- und Nachtzeit.

> **Übung: Was ist eine gute Freundschaft für Sie?**
>
> Schreiben Sie alle entscheidenden Aspekte guter Freundschaften auf:
>
> Erfüllt jeder Mensch aus der Liste oben diese Anforderungen?
>
> Und welche dieser Anforderungen erfüllen Sie selbst, so dass Sie auch ein guter Freund oder eine gute Freundin sind?

Selbstverständlich kann es ein schlechtes Zeichen sein, wenn Sie Ihre Freunde nur über Notsituationen definieren. Obwohl es für Sie am wichtigsten erscheinen mag, jemanden für solche Notzeiten zu haben, wollen die Kontakte doch vor allem in den guten Zeiten gepflegt werden, also genau dann, wenn Sie in der Lage sind, dem anderen richtig gute Gefühle zu machen, weil es Ihnen auch gut geht. Gemeinsam verbrachte Zeit ist ein weiteres wichtiges Kriterium für eine gute Freundschaft, doch es gibt auch intensive freundschaftliche Beziehungen, bei denen sich zwei Menschen mehrere Jahre nicht sehen. Sie wissen trotzdem, dass sie sich aufeinander verlassen können.

Wenn Sie sich im Rahmen der vergangenen Übungen einmal bewusst gemacht haben, zu wie vielen Menschen Sie in einem relativ engen Kontakt stehen, dann haben Sie sicherlich auch die eine oder andere Situation Revue passieren lassen, die Sie mit diesen Menschen bereits erlebt haben. Vielleicht gab es auch Freunde oder Bekannte, zu denen Sie inzwischen keinen Kontakt mehr haben und mit denen Sie einmal eine sehr enge Freundschaft gepflegt haben. Es ist höchst interessant zu beobachten, wie sich Freundschaften und auch Bekanntschaften im Lauf des Lebens verändern und wie sich die Menschen, die Sie neu kennen lernen, immer auch an Ihrem jeweiligen emotionalen, finanziellen und anderen Background orientiert haben. Machen Sie sich bewusst, dass Sie als Mensch das Ergebnis all der Kontakte sind, die Sie seit Ihrer Geburt auf diesem Planeten gehabt haben.

Sicherlich kennen Sie den Effekt, dass Sie einen neuen Menschen kennen lernen, den Sie wirklich faszinierend finden. Und dann stellen Sie wenige Tage später fest, dass Sie eine bestimmte Eigenschaft oder einen bestimmten sprachlichen Ausdruck dieses Menschen übernommen haben und seitdem immer wieder anwenden. Das ist eine interessant Art, nicht nur einen anderen Menschen zu imitieren, sondern sozusagen ein kleines Stück von ihm zu übernehmen und mit sich zu tragen. Insofern stimmt der Satz, dass wir das Ergebnis all der Beziehungen und Kontakte sind, die wir jemals in unserem Leben hatten.

6.11 Zusammenfassung

- Auf Dauer allein zu leben ist nur eine Möglichkeit, sich aus dem aktiven Austausch mit anderen zurückzuziehen. Bedenken Sie, dass wir soziale Wesen sind und diesen Austausch für unser Wohlbefinden benötigen.
- Ihre sozialen Fähigkeiten zu trainieren hat zur Folge, dass Sie auch ein reicheres emotionales Leben führen.

6 Zusammenfassung

- Nicht jeder Mensch in Ihrer Umgebung hat dieselben kommunikativen Fähigkeiten wie Sie. Nehmen Sie Rücksicht und unterstützen Sie andere dabei, ihre sozialen und kommunikativen Fähigkeiten zu erweitern.
- Hören Sie aktiv zu. Bleiben Sie dabei gedanklich ganz bei Ihrem Gesprächspartner. Er wird das dankbar annehmen und Ihnen vertrauen.
- Sprechen Sie offen und ehrlich über Ihre Bedürfnisse, vor allem mit den Menschen, mit denen Sie eng zusammenleben.
- Senden Sie in klaren Ich-Botschaften und lassen Sie andere Menschen so reagieren wie es ihnen passt.
- Jeder ist für seine Gefühle selbst verantwortlich. Trotzdem dürfen Sie mit den anderen sensibel umgehen.
- Je positiver Ihre Ausstrahlung ist, desto mehr wundervolle Menschen ziehen Sie in Ihr Leben.

7 Lektion 6: So gehen Sie kompetent mit sozialen Netzwerken um

Soziale Netzwerke wie Facebook haben in den vergangenen Jahren den Austausch zwischen Menschen auf der ganzen Welt grundlegend verändert. Nicht nur die Geschwindigkeit, mit der sich diese Netzwerke verbreitet haben, ist beeindruckend, sondern auch die Art und Weise, wie sie sich im Alltag der Menschen eingenistet haben. Zum Zeitpunkt des Erscheinens dieses Buches ist Facebook die wohl wichtigste Social Media-Plattform. Es mag sein, dass sich in den kommenden Jahren noch weitere Plattformen dieser Art in ähnlicher Weise verbreiten und wichtig werden. Natürlich wird jetzt der eine oder andere Leser zu Recht darauf hinweisen wollen, dass es auch andere Plattformen wie Pinterest, Twitter, WhatsApp, Snap-Chat oder spezielle Plattformen für Sex-Kontakte gibt, die eine weite Verbreitung haben. Im beruflichen Bereich kommen Plattformen wie Xing und LinkedIn hinzu, die natürlich ebenfalls wichtig sind.

Für viele Menschen sind diese Plattformen heute auch schon eine großartige Möglichkeit, um zum Beispiel an neue Kontakte und neue Kunden zu kommen, privat neue Kontakte einzugehen, Schulfreunde wiederzufinden oder Freundschaften auch über große Entfernungen hinweg aufrechtzuerhalten. Und auch beim Dating haben Plattformen eine große Bedeutung, ich kenne eine Reihe von Teilnehmern, die heute als Paar zusammenleben und sich auf einer Online-Dating-Plattform kennengelernt haben. Ob das nur ein kurzfristiger Trend ist, oder mehr und mehr die Art und Weise wie Menschen sich kennenlernen, das kann ich nicht beurteilen.

Auch die Akquise ist aufgrund der besseren Vernetzung der Menschen untereinander sehr viel einfacher geworden. Ich möchte allerdings im Rahmen dieses Buches nicht auf die Besonderheiten der einzelnen Plattformen eingehen, sondern eher generelle Trends herausarbeiten, die Ihnen gerade auch im Hinblick auf die emotionale Kompetenz neue Fähigkeiten abverlangen. Denn die neuen Netzwerke und Plattformen erfordern von jedem einzelnen Menschen, der sich auf ihnen tummelt, ganz neue Fähigkeiten. Im Hinblick auf die emotionale Intelligenz sind wir alle hier besonders gefordert!

7.1 Was bedeutet Freundschaft?

Facebook hat zweifelsohne die Art und Weise wie wir uns mit anderen Menschen auf der ganzen Welt verbinden können grundlegend verändert. Mehr oder weniger unmerklich hat sich zum Beispiel durch diese Plattform der Begriff »Freund« gewandelt, denn jeder, mit dem man heute auf Facebook verbunden ist, wird automatisch zu einem Freund. Das gilt auch für Geschäftskollegen, Bekannte, Verwandte und eben auch für echte Freunde. Dadurch wird sich mehr und mehr auch der Begriff der Freundschaft absehbar verändern und eben auch weniger intensive Verbindungen mit anderen Menschen umfassen.

> **Beispiel: Trennung leicht gemacht**
> Eine unserer Töchter wohnte eine zeitlang in New York und hatte eine Beziehung mit einem etwa gleich alten jungen Mann. An einem Morgen traf sie sich mit einer Freundin in einem Café und diese sprach sie darauf an, ob sie sich getrennt habe? Auf die Rückfrage, woher sie das denn wisse, antworte die Freundin: »Ich habe gesehen, dass Du Deinen Beziehungsstatus auf Facebook geändert hast.« Nach einer kurzen Kontrolle auf dem eigenen Smartphone stellte unsere Tochter fest, dass der junge Mann die Beziehung sozusagen per Mausklick über Nacht beendet hatte.
> Falls Sie zu der Generation gehören, bei der das Beenden einer Beziehung noch mit einem persönlichen Gespräch zu tun hatte und meistens auch tränenreich ablief, dann werden Sie hier einen deutlichen Unterschied feststellen können. Natürlich ist dies nur ein relativ extremes Beispiel dafür, wie Facebook unseren Alltag verändern kann.

7.2 Auswirkungen auf Ihr Leben

Je nachdem, wie geübt Sie bereits im Umgang mit sozialen Netzwerken sind, sind Ihnen die positiven und vielleicht auch die negativen Auswirkungen dieser Angebote bereits mehr oder weniger bewusst. Durch diese internetbasierten Angebote ist es sehr viel leichter geworden, mit anderen Menschen Kontakt aufzunehmen und den Kontakt auch zu halten. Denn sobald man auf einer Plattform wie Facebook als Freund miteinander verbunden ist, kann der andere jede Aktivität verfolgen, die man selber veröffentlicht. Selbst wenn also keine direkte Ansprache des Einzelnen erfolgt, so weiß man doch, was Bekannte und Freunde gerade so treiben, was sie bewegt und was ihnen wichtig ist. Das hat es in dieser Form bisher so nicht gegeben.

Auch die sofortige Kommunikation miteinander ist durch diese Plattformen erheblich erleichtert worden. Das wird natürlich auch durch Zusatzfunktionen wie den Messenger, Programme wie Skype und andere Plattformen wie Pinterest, Twitter und WhatsApp unterstützt. Die sofortige, schnelle und oft auch sehr kurze Kommunikation miteinander ist eine Selbstverständlichkeit geworden. Das hat zum Beispiel auch Auswirkungen auf die geschriebene Sprache: Unsere Kinder haben zum Beispiel durch die Beschränkung der Zeichenzahl bei SMS-Nachrichten eine neue Schriftsprache entwickelt, bei der zum Beispiel Vokale weggelassen werden, um Zeichen zu sparen. Und Sie kennen vielleicht auch die allseits beliebten Abkürzungen wie LOL oder ROFL, die ebenfalls aus dieser Beschränkung der Nachrichtenlänge kommen.

Manche Jugendliche schreiben 500 und mehr Kurznachrichten an einem Tag und tauschen sich so mit ihren Freunden aus. Die Kurznachricht überholt bei vielen jungen Menschen die direkte Kommunikation in der Bedeutung. Die Auswirkungen auf die emotionale Intelligenz sind gravierend und wir werden sie erst in einigen Jahren richtig erleben. Denn wie Sie schon wissen, hängt die Bandbreite unserer Gefühle vor allem auch mit dem sprachlichen Reichtum zusammen. Gefühle, die wir nicht genauer benennen können, werden sich langfristig gesehen unserer Wahrnehmung entziehen. Ich glaube zwar nicht, dass wir schon so weit sind wie in George Orwells Roman 1984 beschrieben, dass wir nur noch ein Wort für »gut« und ein Wort für »schlecht« kennen. Im Gegenteil hat die Jugendsprache auch neue Wortschöpfungen hervorgebracht, die den Wortschatz der Gesellschaft insgesamt durchaus auch erweitern können. Und doch empfehle ich Ihnen für die Erweiterung der eigenen emotionalen Intelligenz die gezielte Erweiterung des eigenen Wortschatzes etwa in E-Mails und Briefen, aber natürlich auch in persönlichen Gesprächen voranzutreiben.

Tipp
Üben Sie regelmäßig mit Hilfe eines Lexikons oder mit entsprechenden Synonymwörterbüchern im Internet, Ihren eigenen emotionalen Zustand möglichst präzise auch mit ungewohnten und neuen Wörtern zu beschreiben. Das sollten Sie vor allem mit guten Gefühlen machen, denn von denen möchten Sie ja vermutlich gerne mehr erleben.

Um einen Freund darüber zu informieren, wie es einem in emotionaler Hinsicht geht, werden vor allem von jungen Menschen häufig die sogenannten Emoticons benutzt, also zum Beispiel Smileys. So wird der emotionale Zustand in einem Symbol zusammengefasst und mitgeteilt. Auf der einen Seite bedeutet dies, dass viele Menschen heute ihre eigenen Emotionen viel leichter, schneller und sicherlich auch effektiver anderen Menschen mitteilen. Auf der anderen Seite darf aber die Frage erlaubt sein, ob die emotionale Vielfalt, die ich persönlich für wichtig und erstrebenswert halte, durch diese Emoticons in ausreichender Weise ermöglicht wird?

7.3 Viel mehr »Freunde«?

Für viele Menschen bedeuten die sozialen Netzwerke auch, dass sie viel mehr Kontakte als früher haben. Es ist keine Besonderheit mehr, mit 100, 500 oder sogar 1.000 Menschen vernetzt zu sein. Ganz besonders viele Menschen werden erreicht, wenn man zum Beispiel seine Nachrichten über Plattformen wie iTunes oder YouTube verbreitet. Es gibt Menschen, die jeden Tag von sich ein persönliches Video drehen und online stellen, und deren Kanäle von hunderttausenden Menschen abonniert und regelmäßig gesehen werden. So wird dann eine ganz normale junge Frau aus New York, die jeden Tag zeigt, wie sie sich schminkt und welche Produkte sie benutzt, zu einem Vorbild für zigtausende Jugendliche auf dem ganzen Planeten. Nicht nur die Werbeindustrie hat das als neues, erfolgreiches Modell für sich entdeckt. Es entsteht auch ein Vorbildcharakter für eine ganze Generation von Menschen, die nicht mehr so leicht wie früher gesteuert werden kann.

7.4 Die Privatsphäre verschwindet

Wie wichtig ist in diesem Zeitalter dann noch die Privatsphäre? Natürlich sind wir es gewöhnt, in Illustrierten Woche für Woche neu darüber informiert zu werden, was die Stars und Sternchen, die Könige und Anführer dieser Welt so alles treiben. Und wir haben uns daran gewöhnt, dass wir zum Teil auch intime Einblicke in ihr Leben bekommen. Es scheint dazuzugehören, dass man als Star in dieser Art und Weise von den Medien in den Mittelpunkt bezogen wird. Neue Netzwerke und Plattformen wie Facebook und YouTube machen es möglich, dass auch bisher unbekannte Menschen diesen Starstatus erreichen können und so zum Vorbild für viele Menschen werden. Wie selbstverständlich geben diese Menschen ihre Privatsphäre auf und lassen andere an ihrem alltäglichen Leben teilhaben. Das ist nicht gut oder schlecht, ich erwähne es nur vor dem Hintergrund der Bewusstmachung, dass sich damit bei jedem von uns die Wahrnehmung, was eine private Information ist und welche Information ohne weiteres öffentlich geteilt werden kann, mehr und mehr verändert.

Die aktuelle Vernetzung zwischen Menschen ist in der Geschichte der Menschheit wohl beispiellos und sie stellt natürlich gerade auch für die emotionale Intelligenz eine besondere Herausforderung dar. So steigen zum Beispiel die Anforderungen an den einzelnen, wer nicht innerhalb von 24 Stunden antwortet, muss schon damit rechnen, dass sein Gesprächspartner nachfragt, ob alles in Ordnung sei. Die Kommunikation zwischen Menschen ist noch einmal beschleunigt worden, ein Trend, den wir früher zum Beispiel nach der Einführung von Faxgeräten bereits erlebt haben. Während es im Zeitalter herkömmlicher Briefe noch durchaus normal war, dass man auf eine Antwort zwei oder drei Wochen wartete, haben Faxgeräte dafür gesorgt, dass drei bis fünf Tage eine gerade noch angemessene Zeitspanne waren. Das Internet und vor allen Dingen soziale Netzwerke haben dafür gesorgt, dass inzwischen nur noch wenige Stunden akzeptiert werden. Und im Alltag ist es nicht ungewöhnlich, eine Antwort innerhalb weniger Minuten zu bekommen und zu senden.

Ich bin zum Beispiel regelmäßig in den USA geschäftlich unterwegs und viele Unternehmen dort haben auf ihren Webseiten sogenannte Chats eingerichtet, kleine Fenster, in denen ich als Kunde sofort und unmittelbar mit einem Mitarbeiter des Unternehmens kommunizieren kann. So kann ich zum Beispiel Fragen klären, die sich aufgrund des Besuches der Webseite bei mir ergeben. Das ist natürlich ein ausgezeichneter Kundenservice und ich habe schon eine Reihe von Beispielen erlebt, bei denen mir diese Chatfunktion wirklich gut geholfen hat. Sie erhöht allerdings wiederum für jeden von uns die Erwartung, dass andere Menschen sofort zur Verfügung stehen und auch entsprechend schnell antworten, wenn wir zum Beispiel eine E-Mail schreiben. Vielleicht kennen Sie das auch aus Ihrem Privatleben, dass Sie sich heute schon wundern, wenn ein Verwandter oder Bekannter nicht innerhalb von drei oder vier Tagen auf Ihre E-Mail antwortet.

Auch im Hinblick auf unsere Kinder stelle ich fest, dass Plattformen wie Facebook das alltägliche Verhalten verändern: Oft genug stellen zum Beispiel unsere Kinder Fotos von persönlichen Erlebnissen einfach auf diesen Plattformen online und wenn meine Frau und ich danach fragen, wie es ihnen geht, verweisen sie einfach auf ihre Veröffentlichungen auf Facebook. Treffen, Urlaubserlebnisse, besondere Erfahrungen und Erfolge, die man sich früher vielleicht am Telefon erzählt hätte, finden auf diese Weise ihren Weg zu einem sehr breiten Publikum. Vor diesem Hintergrund dürfen Sie für sich selbst definieren, was für Sie Privatsphäre bedeutet.

> **Übung: Was ist wirklich eine private Information für Sie?**
>
> Schreiben Sie die Themen auf, die für Sie privat sind und bleiben sollten:
>
> Welche Themen würden Sie heute ohne weiteres auch mit fremden Menschen teilen?

Ich empfehle Ihnen, diese Aufstellung immer mal wieder nach einiger Zeit zu überprüfen, auch und gerade um mitzubekommen, wie sich Ihre persönliche Einstellung eventuell im Lauf der Zeit verändert.

7.5 Nur einen Mausklick entfernt

Es findet also dank der neuen Möglichkeiten eine viel intensivere, neue, andere Kommunikation miteinander statt, als dies in der Vergangenheit überhaupt möglich war. Wer bereit ist, viel von seinem Privatleben preiszugeben und die Information öffentlich verfügbar zu machen, über den sind eben auch die Freunde und Bekannten bestens informiert. Und natürlich lassen sich dank der sozialen Netzwerke auch viel leichter Kontakte mit Menschen knüpfen, mit denen man noch nicht so gut befreundet ist. Ein Mausklick genügt, um einen Anfang zu machen! Natürlich muss die Frage erlaubt sein, wie belastbar diese Verbindungen mit anderen Menschen sind. Denn nur, weil man auf einer oder mehreren Plattformen miteinander in Verbindung steht, muss das ja nicht bedeuten, dass man zum Beispiel in einem Notfall wirklich füreinander da ist.

Es darf allerdings nicht übersehen werden, dass enge soziale Bindungen einfach auch damit zu tun haben, dass man möglichst viel voneinander weiß und möglichst viele Aktivitäten miteinander teilt. Das, was in früheren Zeiten das Lagerfeuer, das gemeinsame Abendessen oder die auf ähnliche Weise miteinander verbrachte Zeit war, wird zumindest in Teilen heute durch soziale Netzwerke ersetzt. Und das ist auch nötig in einer Zeit, in der wir alle beruflich stärker eingespannt sind und zumindest Viele von uns auch mehr reisen als früher. Es ist nichts Ungewöhnliches mehr, dass eine Familie quer über den ganzen Planeten verteilt lebt und so sind soziale Netzwerke und natürlich auch Kommunikationswerkzeuge wie Skype eine einfache, kostengünstige und entsprechend attraktive Möglichkeit, trotz der großen Entfernungen einen regelmäßigen Austausch miteinander beizubehalten und sich gegenseitig zu informieren.

7.6 Gewöhnen Sie sich daran

Es steht außer Frage, dass soziale Netzwerke von jedem von uns fordern, sich neue Fähigkeiten anzueignen – auch und gerade in Hinblick auf die emotionale Intelligenz. Wer aus Angst und mangelnder Flexibilität die Nutzung dieser Medien verweigert, der verliert nicht nur den Anschluss, sondern er verpasst auch eine der wichtigsten Möglichkeiten, den Kontakt mit anderen Menschen zu halten. Meiner Meinung nach steht es außer Frage, dass jeder Mensch sich in die Lage versetzen darf, durch regelmäßige Benutzung der entsprechenden Plattformen die nötigen Skills zu erwerben.

Gerade diese regelmäßige Benutzung sorgt dafür, dass Sie die notwendigen Kompetenzen entwickeln, um verantwortlich mit sozialen Netzwerken umzugehen. Nur weil jemand Ihr Freund auf Facebook ist, bedeutet es nicht, dass Sie mit diesem Menschen alle persönlichen Probleme teilen sollen oder müssen. Es ist wichtig, dass Sie lernen, wem Sie vertrauen können, und bei wem es wichtig ist, eine gewisse Distanz zu wahren. Das ist bei der Onlinekommunikation oft auch dadurch schwierig, dass der persönliche Bezug zu der anderen Person nicht in dem gewohnten Maß vorhanden ist. Denn egal wie nah wir uns einem anderen Menschen aufgrund der fortgeschrittenen technologischen Möglichkeiten fühlen, die Kommunikation über einen Computer wird absehbar immer noch etwas Anderes sein, als einen Menschen persönlich zu treffen.

Das ist sicherlich ein Trend, den viele Menschen beobachten, dass der Austausch miteinander oberflächlicher und belangloser wird, wenn er über entsprechende Plattformen und Netzwerke stattfindet. Denn nur, weil jemand sehr viele Informationen über sich preisgibt, bedeutet das ja nicht, dass dies wichtige Informationen über ihn oder sie sind. Oft genug ist es einfach ein Plaudern, das hier stattfindet. Von intensivem, persönlichem Austausch kann da keine Rede sein. Und es ist wichtig, dass Sie lernen, diesen Unterschied zu erkennen, um nicht mit falschen Erwartungen in einen Austausch zu treten. Emotional intelligent zu sein bedeutet in diesem Kontext, sehr genau zu wissen, wie weit Sie einem anderen Menschen vertrauen können oder wollen, mit dem Sie gerade online kommunizieren.

7.7 Nicht alles preisgeben

Eine der wichtigsten Kompetenzen, die Sie für den Umgang mit sozialen Netzwerken und anderen Plattformen erwerben dürfen, ist daher die Fähigkeit, die eigenen Grenzen klar zu setzen und konsequent einzuhalten. Denn es ist praktisch unmöglich, einmal veröffentlichte Dinge wieder zu löschen, ganz einfach, weil die entsprechenden Plattformen dies nicht vorsehen. Wer also aus einer Laune heraus zum Beispiel während einer Party oder bei einem anderen Event höchst private Fotos von sich auf den entsprechenden Plattformen veröffentlicht, der muss gegebenenfalls mit Konsequenzen rechnen, die sich auch viel später, etwa bei der Wahl eines neuen Arbeitsplatzes, zeigen können. Es ist zu empfehlen, für sich selbst eine Richtlinie für den Umgang mit diesen Netzwerken und Plattformen zu entwickeln, und sich in jedem Fall an diese eigene Richtlinie zu halten, ohne Ausnahme!

Natürlich lassen sich heute die Auswirkungen sozialer Netzwerke auf die emotionale Intelligenz der Menschen auf keinen Fall umfassend abschätzen. Denn es darf nicht übersehen werden, dass das Plaudern miteinander, das heute eben online stattfindet, früher bei persönlichen Treffen stattgefunden hat. Insofern hat sich zwar das Medium verändert, aber das muss nicht bedeuten, dass Menschen im Umgang miteinander oberflächlicher geworden sind. Das lässt sich auch bei sogenannten Datingplattformen feststellen: Für viele Menschen, die sich auf solchen Plattformen kennenlernen, ist es sehr ein sehr attraktiver Weg, mit dem anderen erst einmal ausgiebig zu kommunizieren, bevor man sich das erste Mal persönlich trifft. Auch peinliche Fragen sehr persönlicher und intimer Natur können über solche Plattformen gestellt und beantwortet werden, obwohl sich die beteiligten Personen bei einem persönlichen Gespräch vielleicht nicht getraut hätten, solche Fragen zu stellen.

7.8 Der Wandel der Arbeitswelt

Auch in Bezug auf das Business haben soziale Netzwerke und viele andere Entwicklungen im Internet massive Auswirkungen: Es muss davon ausgegangen werden, dass wir in den kommenden zehn Jahren massive Veränderungen erleben werden, die bisher in dieser Form unbekannt waren. Ein Effekt ist die deutliche Beschleunigung der Kommunikation miteinander, über den ich weiter oben schon geschrieben habe. Ein weiterer Effekt ist, dass ganze Branchen in wenigen Jahren verschwinden werden, in denen heute noch zahlreiche Menschen beschäftigt sind und ihre Brötchen verdienen. Das gilt zum Beispiel für solche Branchen, die mit der Vermittlung von Dienstleistungen oder Produkten zu tun haben. Oft können solche Vermittlungsaufgaben von entsprechender Software in Kombination mit passenden Plattformen sehr viel günstiger, schneller und umfassender erledigt werden.

Die zunehmende Vernetzung hat auch zur Folge, dass selbst kleine Unternehmen mit ihren Produkten und Dienstleistungen die ganze Welt erreichen können und damit in Konkurrenz zu lokalen Anbietern treten. Preise werden transparenter und die Leistung lässt sich viel leichter vergleichen. Ein weiterer Trend wird durch Roboter eingeleitet, die mehr und mehr einfache Aufgaben übernehmen, für die bisher Menschen benötigt wurden. Auch wenn sich das heute noch nicht an vielen Stellen beobachten lässt, so ist doch absehbar, dass dies in den nächsten zehn Jahren eine wichtige Entwicklung sein wird. Auch wenn wir insbesondere in Deutschland heute das Gefühl haben, dass wir diesen Trend aufhalten oder durch entsprechende regulatorische Maßnahmen hinauszögern können, darf man doch skeptisch sein, ob das wirklich stimmt. Denn die Veränderungen, die hier beschrieben wurden, finden weltweit statt und werden von Unternehmen und Menschen vorangetrieben, auf die wir im deutschsprachigen Raum keinerlei Einfluss haben. Insofern glaube ich nicht daran, dass wir diese wichtigen Trends wirklich aufhalten können.

Es ist wohl nicht übertrieben darauf hinzuweisen, dass diese Entwicklung viele Menschen in Angst und Schrecken versetzt. Zahlreiche Arbeitsplätze werden überflüssig und eine völlig neue Art von Bildung und fortwährendem Lernen sind erforderlich, wenn man bei diesen Entwicklungen mithalten möchte. Vor diesem Hintergrund ist es eben wichtig, neue Methoden zu lernen, mit denen man die eigene Angst überwinden und neue Motivation entwickeln kann. Denn wer sich starr vor Angst in die eigene Wohnung verkriecht und nicht mehr fähig ist, an der eigenen Weiterentwicklung zu arbeiten, der hat in Anbetracht dieser Veränderungen keine Chance.

Unklar ist heute auch, was mit Menschen geschieht, die keinen Zugang zur digitalen Welt haben oder haben möchten. Es ist nicht auszuschließen, dass diese Menschen den Anschluss verlieren, und dass es für sie deutlich schwerer wird, den Kontakt zu ihren Freunden und Bekannten zu halten. Natürlich muss das nicht auf jeden zutreffen, denn ich kenne eine Reihe von Menschen, die sehr glücklich sind, dass sie weder Computer noch Smartphone ihr Eigen nennen. Es stellt sich aber die Frage, ob dies auf Dauer nicht zu viele Einschränkungen mit sich bringt. Diese modernen Kommunikationssysteme sind eben unter anderem auch einfach die Plattformen, über die heute der Austausch zwischen Menschen stattfindet. Ich möchte an dieser Stelle die Gefahren, die von sozialen Netzwerken, Internetsuchmaschinen und den zahlreichen Plattformen ausgehen, nicht schönreden. Allerdings sehe ich aus meiner momentanen Perspektive für den einzelnen keine Möglichkeit, ohne diese Kulturtechniken das eigene Leben absehbar auf lange Zeit erfolgreich zu führen.

7.9 Businessnetzwerke und -plattformen

Ein anderer Aspekt der Beziehungspflege sind Netzwerke wie Xing und LinkedIn, die in den vergangenen Jahren vor allen Dingen im Businessumfeld verstärkt zu beobachten sind.

> **Beispiel: Businessnetzwerken gehört die Zukunft**
> Bei einem Vortrag habe ich neulich einen österreichischen Unternehmer kennengelernt, der sogar der Überzeugung ist, dass Unternehmernetzwerke in Zukunft die Konzerne und größeren Unternehmen ablösen werden. Denn die leichte und schnelle Kommunikation und Vernetzung erlauben es auch, dass Menschen in nicht

> weiter organisierten Netzwerken projektbezogen zusammenarbeiten und danach wieder in anderen Projekten auf freiberuflicher Basis zusammenfinden. Schon eine kleine Anzahl von Freiberuflern, die sich zu einer Gruppe zusammenschließen und eng zusammenarbeiten, kann gemeinsam viel mehr Erfolg haben, als ein Unternehmen, das nur für sich arbeitet. Inzwischen gibt es ja zahlreiche Plattformen, die zum Beispiel den Zugriff auf Freiberufler ermöglichen, die irgendwo auf dem Erdball arbeiten. So lassen sich dann günstig von Profis gestaltete Grafiken, Webseiten, Übersetzungen und schon viele andere Dienstleistungen einkaufen.

Businessnetzwerke machen weltumspannende Geschäftsvorgänge möglich, was sicherlich immer auch mit dem Internet als Basis der Kommunikation zu tun hat. Falls Sie das Internet heute noch nicht einsetzen in Ihrem täglichen Leben, dann wird es für Sie interessant sein, eines Tages diese Erfahrung zu machen. Innerhalb von nur zehn Jahren hat das Internet dafür gesorgt, dass ich viele Kontakte halten konnte beziehungsweise wiedergewinnen konnte, die ich für verschüttet hielt. Außerdem fällt es mir dank des neuen Mediums sehr leicht, Kontakte mit Businesspartnern auf Dauer zu halten und selbstverständlich auch meine tägliche Kommunikation deutlich zu beschleunigen und zu erleichtern.

Im Internet gibt es zudem zahlreiche Netzwerkplattformen, über die Sie nicht nur bestehende Kontakte pflegen, sondern auch neue Kontakte sehr einfach aufbauen können. Ein Beispiel dafür sind Xing und LinkedIn, Plattformen, bei denen vor allen Dingen die geschäftlichen Informationen eines Menschen gesammelt und veröffentlicht werden. Innerhalb dieser Onlinenetzwerke können sich Menschen miteinander verbinden und damit lassen sich Kontakte sehr einfach halten, neue Kontakte knüpfen und Geschäfte anbahnen. Per Mausklick können dann untereinander E-Mail-Nachrichten ausgetauscht werden, Voice over IP-Telefonate geführt werden oder es wird auch ein völlig neuer Kontakt mit einer Anfrage aufgebaut.

Dabei ist sehr einfach nachvollziehbar, über welchen Weg jedes Mitglied der Plattform mit jedem anderen Mitglied der Plattform verbunden ist. Wenn ich also zum Beispiel jemanden kennen lernen möchte, der ein Kontakt eines anderen Geschäftspartners ist, mit dem ich in recht guter Verbindung stehe, dann bitte ich diesen einfach, mir sozusagen die Tür zum anderen Geschäftspartner zu öffnen. Da solche Verbindungen sehr einfach und sogar graphisch dargestellt werden, lassen sich sehr leicht neue Kontakte aufbauen und sehr schnell neue Geschäfte tätigen.

Auch bei der Suche und Vermittlung von Arbeitsstellen bewähren sich Businessnetzwerke. Es ist selbstverständlich geworden, dass Arbeitnehmer, die eine neue berufliche Herausforderung suchen, das Internet für die Recherche und Bewerbung nutzen. In Zukunft werden wir alle immer selbstverständlicher über die vorhandenen und weitere Plattform Informationen austauschen, Aufträge finden, miteinander kommunizieren, kreative Prozesse führen und nicht zuletzt auch Daten austauschen.

7.10 Weitere private Netzwerke

Andere Netzwerkplattformen sind eher privater Natur. Beispiele dafür sind Passado.de und Stayfriends.de, zwei Plattformen, die sich gezielt um die Aufnahme und Pflege ehemaliger Schulkontakte kümmern. Gerade, wenn es keine Klassentreffen mehr gibt, weil Sie die Menschen aus Ihrer Schulzeit aus dem Auge verloren haben, kann dies eine gute Möglichkeit sein, alte Verbindungen wenigstens sporadisch wieder aufleben zu lassen. Hier ist die Neugierde eine wichtige Triebfeder, denn wer möchte nicht wissen, was die erste große Liebe aus der Schulzeit heute beruflich macht und wo er oder sie lebt?

7.11 Öffnen Sie sich neuen Menschen

Journalisten wird zu Beginn ihrer Ausbildung empfohlen, jeden Tag mindestens einen neuen Menschen kennenzulernen und so ihr Netzwerk ständig zu erweitern. Inzwischen trifft diese Regel aufgrund des Erfolges professioneller Netzwerke und der engeren Zusammenarbeit zwischen Unternehmen jeder Größe wohl für jeden anderen Menschen auch zu. Als Leser dieses Buches werden Sie dies als Chance verstehen, Ihre soziale Kompetenz zu schulen und sich mehr Flexibilität im Umgang mit anderen Menschen anzutrainieren. Vielleicht besuchen Sie dafür einfach mal andere Restaurants als in der Vergangenheit, gehen Sie in neue Bars oder fahren Sie mit einer anderen Straßenbahn zur Arbeit. Ich empfehle Ihnen ausdrücklich, sich immer wieder neuen Menschen zu öffnen, weil das Ihren eigenen Horizont erweitert und sicherlich auch für diese Menschen eine Bereicherung darstellt. Einer unserer Teilnehmer bucht zum Beispiel regelmäßig Langstreckenflüge in der Business Class, weil er dort interessante neue Kontakte knüpfen kann. Er erklärte mir bei einem Gespräch, dass er auf diese Weise schon viele wundervolle Menschen kennengelernt habe, mit denen er fantastische geschäftliche Möglichkeiten realisieren konnte, und dass es für ihn eine der besten Methoden geworden sei, neue Beziehungen aufzubauen.

Auch bei unseren Seminaren ist es ein wesentlicher Effekt, dass Menschen sich anderen Menschen gegenüber öffnen und erstaunt feststellen, wie positiv sich ein solch neuer Kontakt schon in wenigen Tagen gestalten kann. Diese Gruppen, in denen fremde Menschen aufeinandertreffen, bilden schon nach wenigen gemeinsamen Tagen eine großartige Gemeinschaft, die oft noch Monate, zum Teil sogar über Jahre bestehen bleibt. Vielleicht haben Sie auch schon einmal festgestellt, wie leicht es ist, bei solchen Veranstaltungen neue Bekannte und Freunde zu finden?!

7.12 Bauen Sie schnell neue Kontakte auf

Vor diesem Hintergrund wird klar, dass Sie vor allem eine neue Fähigkeit entwickeln dürfen: das schnelle Knüpfen neuer Kontakte. Dabei geht es weniger um die Frage, ob die neuen Kontakte privater oder beruflicher Natur sind. Entscheidend ist allein Ihre Fähigkeit, mit Menschen zu kommunizieren und Kontakte aufzubauen, mit denen sie vorher noch nie in Kontakt waren. All die Fähigkeiten, die Sie in diesem Buch zum Thema Empathie, Überwinden der eigenen Ängste und Hemmungen sowie Kontaktaufnahme bereits gelernt haben, sind also in diesem Zusammenhang von entscheidendem Vorteil.

Der viel zitierte Small Talk, also die Fähigkeit auch über »belanglose« Themen zu sprechen, ist sicherlich ideal für die erste Kontaktaufnahme. Finden Sie einfach Aufhänger für ein erstes Gespräch, zum Beispiel ein Thema, das den Gesprächspartner in der gemeinsam erlebten Situationen vermutlich jetzt auch gerade beschäftigt.

> **Beispiel: Ein seltsamer Aufzug**
>
> Wenn meine Frau und ich in Hamburg sind, übernachten wir immer mal wieder in einem wunderschönen Hotel an der Außenalster. Dieses Hotel widmet sich mit verschiedenen Projekten der Kunst und bemüht sich, Kunstwerke in den Fluren, im Eingangsbereich, im Speisesaal und auch im Aufzug zur Geltung zu bringen. Ein solches Kunstprojekt besteht daraus, dass im Aufzug Alltagsgeräusche über die Lautsprecher ausgestrahlt wurden, also etwa Geräusche, die man typischerweise in einem Badezimmer aufnehmen kann. Als wir eines Tages gemeinsam mit einem anderen Pärchen in diesem Aufzug ins neunte Stockwerk fuhren, wurden wir mit einem Geräusch beschallt, dass sich sehr nach einer Toilettenspülung anhörte. Das hätte uns natürlich peinlich sein können, aber meine Frau nutzte die Gelegenheit sofort, um mit dem anderen Paar den Kontakt aufzunehmen. Und so konnten wir alle gemeinsam nach wenigen miteinander ausgetauschten Sätzen laut anfangen zu lachen. Die ganze Situation war entspannt und zugleich positiv genutzt, um mit jemandem in Kontakt zu kommen, mit dem wir noch nie Kontakt hatten.

Nutzen Sie solche und ähnliche Situationen, um die ganz normalen Hemmungen, die viele Menschen von der Kontaktaufnahme mit anderen abhalten, zu überwinden. Je mehr Sie das in Alltagssituationen üben, umso leichter fällt es Ihnen dann, wenn Sie das wirklich benötigen: zum Beispiel bei einem Netzwerktreffen im Businessumfeld. Wer sich hier schwer tut, mit anderen in Kontakt zu treten, der kann einen ganzen Abend bei einem solchen Netzwerktreffen zubringen, ohne auch nur einen einzigen Gesprächspartner gefunden zu haben. Also üben Sie ab sofort in Situationen, in denen es nicht darauf ankommt einen langfristigen und vielleicht sogar stabilen Kontakt aufzubauen.

> **Übung: Finden Sie passende Situationen für eine unverbindliche Kontaktaufnahme** !
> Finden Sie jetzt gleich drei Situationen, in denen Sie ganz unverbindlich mit anderen Menschen Kontakt aufnehmen können. Sie könnten sich zum Beispiel vornehmen, bei Ihrem nächsten Besuch eines Supermarktes mindestens einen netten Satz mit der Kassiererin zu wechseln. Es kann ja sein, dass Sie das ohnehin schon tun. Aber falls nicht, dann ist das jetzt Ihre Chance, um das neue Verhalten gleich einzuüben. Welche drei Situationen wären also für Sie neue Möglichkeiten für eine Kontaktaufnahme:
> 1.
> 2.
> 3.

7.13 Üben Sie auch online!

Dasselbe gilt auch für Ihre Fähigkeiten, sich auf Onlineplattformen und in den entsprechenden Netzwerken zu bewegen. Auch hier dürfen Sie wirklich üben, insbesondere dann, wenn Sie bisher über nur wenige oder gar keine Erfahrungen verfügen. Sie müssen ja nicht gleich Ihr ganzes Privatleben offenlegen und sich mit wildfremden Menschen über intime Themen austauschen. Üben Sie ganz gezielt, Belangloses zu kommunizieren, auch Themen, die Sie für nebensächlich, irrelevant und für uninteressant halten. Denn genau diese Themen sind es, mit denen sich am leichtesten Kontakt mit anderen Menschen aufbauen lässt. Vermutlich wollen Sie ja auch selbst nicht von einem fremden Menschen auf ein Thema angesprochen werden, über das Sie sich nur mit einem guten Freund unterhalten würden, den Sie schon seit vielen Jahren kennen. Sehen Sie, genauso geht es den anderen Menschen auch!

Wir Menschen wollen erst einmal miteinander »warm« werden, wollen ganz spielerisch und locker miteinander über Themen sprechen, die eben nicht so wichtig sind. So bauen Sie am besten Vertrauen auf! Das gilt übrigens im Businessumfeld genauso wie im privaten Bereich. Wir wollen einen neuen Geschäftspartner auch erst einmal beschnuppern, wollen ihn kennenlernen und das geht eben am leichtesten mit Themen, die nicht brisant oder in irgendeiner Weise emotional besetzt sind. Locker zu plaudern ist also eine Fähigkeit, die jeder Mensch wirklich beherrschen darf, wenn er neue Menschen kennenlernen möchte. Und nur wenn Sie in der Lage sind, neue Menschen kennen zu lernen, können Sie ja auch Ihre emotionale Intelligenz weiter ausbauen, empathisch werden und Ihr eigenes privates und berufliches Netzwerk erweitern.

7.14 Zusammenfassung

- Facebook, Xing und LinkedIn sind großartige Plattformen, um neue Kontakte zu knüpfen und fremde Menschen kennen zu lernen. Falls Sie noch nicht online sind, nutzen Sie diese Möglichkeit ganz schnell aus.
- Üben Sie jeden Tag, in belanglosen Situationen mit alltäglichen Themen den Kontakt zu neuen Menschen aufzubauen. Ziel sollte es sein, jeden Tag mindestens einen neuen Menschen kennenzulernen.
- Je schneller Sie neue Kontakte aufbauen können, desto besser können Sie Ihre emotionale Intelligenz üben.
- Nutzen Sie Ihre Neugierde, um zum Beispiel ehemalige Klassenkameraden aufzuspüren und mit Ihnen über Onlineplattformen den Kontakt zu suchen. Neugierde kann eine großartige Motivation sein, sich mit den neuen Medien und Möglichkeiten vertraut zu machen.
- Wer sich mit sozialen Netzwerken und Onlineplattformen gut auskennt, kann sie am besten zu seinem eigenen Vorteil nutzen.

8 Lektion 7: So werden Sie zum Kommunikationsprofi

Je mehr Sie an Ihren kommunikativen Fähigkeiten arbeiten, desto mehr Erfolg werden Sie im Umgang mit anderen Menschen haben. Doch wie können Sie diese Fähigkeiten schnell verbessern? Die meisten Menschen sind davon überzeugt, dass sie sozusagen mit der Geburt zu einem Kommunikationsprofi geworden sind. Sie beherrschen die jeweilige Muttersprache und können sich sprachlich in allen bisher erlebten Situationen recht gut ausdrücken. Was soll also der Unterschied zwischen ihnen und einem echten Kommunikationsprofi sein? Beide sprechen doch dieselbe Sprache.

8.1 Erweitern Sie Ihren Wortschatz

Ein professioneller Umgang mit der Sprache im Sinne einer erhöhten emotionalen Intelligenz hat sicherlich damit zu tun, dass Sie Ihren Wortschatz erweitern. Gerade im Hinblick auf Gefühle haben sehr viele Menschen eine nur sehr geringe sprachliche Variabilität, was logischerweise, und das ist ja schon an verschiedenen Stellen dieses Buches deutlich geworden, zu einer mangelnden Ausdrucksfähigkeit führt. Wenn Sie Ihren Wortschatz insbesondere im Bereich der Emotionen ergänzen wollen, dann ist es sehr hilfreich, nicht nur Bücher wie dieses zu lesen, sondern zum Beispiel auch Romane. Gerade die herausragenden Autoren zeichnen sich durch einen besonders vielfältigen Wortschatz im Bereich der Emotionen aus. Das ist also eine sehr gute Möglichkeit, auch den eigenen Wortschatz schnell und eindrucksvoll zu ergänzen.

Ein weiterer Aspekt professioneller Kommunikation insgesamt ist es, genauer hinzuhören. Dabei geht es nun nicht darum, alle anderen Menschen mit Fragen zu bombardieren, was sie wirklich gemeint haben mit dem, was sie gerade gesagt haben. Damit würden Sie über kurz oder lang als sehr unangenehmer Zeitgenosse abgestempelt werden. Doch es macht Sinn, sich selbst (!) und auch anderen sehr aufmerksam zuzuhören und auch daraus zu lernen, was zum Beispiel ein Gesprächspartner über die Prozesse in seinem Inneren preisgibt.

> **Übung: Erinnern Sie sich genau** !
> Professionelle Kommunikatoren erinnern sich auch nach Stunden und Tagen noch genau an gesprochene Sätze, wenn es wichtige Aussagen waren. Bei meinen Seminaren prüfe ich gerne die Aufmerksamkeit der Gruppe, in dem ich nachfrage, was ein anderer Teilnehmer wenige Augenblicke vorher wörtlich gesagt hat. Meist

> kann sich niemand mehr genau erinnern, es kommen nur mehr oder weniger vage Antworten. Doch zum Glück lässt sich diese Fähigkeit trainieren. Prüfen Sie einfach mal nach, ob Sie in Gesprächen genau genug zuhören. Wiederholen Sie für sich zum Beispiel beim Ansehen der Nachrichten im Fernsehen wörtlich den letzten Satz des Sprechers. Und üben Sie dies so lange, bis Sie sicher sind, diesen Satz exakt wiedergegeben zu haben.

Wer genau verstehen möchte, sollte sich auch erinnern können an das, was ein Gesprächspartner gesagt hat. Gerade auch bei einer Diskussion ist dies eine entscheidende Fähigkeit, denn so lange Sie sich nicht genau erinnern, verpassen Sie viele Möglichkeiten, die Argumente des anderen für die eigene Argumentation zu nutzen. Auch und gerade für Lehrer, Trainer und Therapeuten ist die Erinnerung an Gesagtes von äußerster Wichtigkeit.

> **Übung: Erinnern**
> Klappen Sie das Buch doch jetzt gleich zu und wiederholen Sie den letzten Satz des letzten Absatzes. Können Sie das? Wenn nicht, können Sie lernen, noch aufmerksamer zu lesen und ich vermute, dass es Ihnen beim Zuhören ähnlich geht.

8.2   Fühlen statt sein

Immer wieder verwechseln Menschen ein Gefühl mit einem Zustand. Sie sagen zum Beispiel: »Ich bin so nervös.« Doch das stimmt gar nicht, denn Nervosität ist ja bestenfalls ein temporäres Gefühl, das einfach wieder verschwindet, sobald sie einfach tief durchatmen oder sich auf etwas anderes konzentrieren, was nicht dieses nervöse Gefühl in ihnen aufsteigen lässt. Es macht viel Freude, sensibel und aufmerksam mit der Sprache umzugehen, gerade dann, wenn Sie über Gefühle sprechen wollen. Je genauer der sprachliche Ausdruck ist, desto klarer werden Sie sich selbst auch darüber, dass es sich zum Beispiel nur um ein vorübergehendes Gefühl handelt und nicht um einen generellen Zustand. Solange Sie positive Gefühle in Form des Zustands äußern, ist sicherlich kaum etwas dagegen einzuwenden: »Ich bin so sehr verliebt«, ist sicherlich eine sehr schöne Aussage und ich wünsche Ihnen, dass dies lange so bleibt. Doch gerade im Umgang mit negativen Gefühlen kann ein sensibler und sehr genauer sprachlicher Ausdruck sehr gut dabei helfen, die Dauer des schlechten Gefühls deutlich zu reduzieren: »Ich fühle mich im Moment traurig, weil gestern mein Hund eingeschläfert werden musste«, ist sicherlich eine bessere Aussage, als dies in den Zustand des Seins zu verlagern.

8.3 Körpersprache wirkt nachhaltig

Wissenschaftler wie der Forscher Albert Mehrabian haben herausgefunden, dass der Körpersprache, der Mimik und der Atmung eine größere Bedeutung beigemessen werden muss, als den Wörtern, die wir sprechen. Mehrabian gibt sogar ein ganz genaues Verhältnis an, er sagt, dass nur sieben Prozent des Gesprochenen tatsächlich die Botschaft ausmacht, die beim Empfänger ankommt. Die restlichen 93 Prozent setzen sich zusammen aus der Gestik, der Mimik, der Körpersprache, der Atmung und all den anderen Faktoren, auf die Sie vielleicht bisher noch nicht genügend geachtet haben. Nicht nur für Trainer, Politiker oder andere Menschen, die viel vor Publikum reden, ist es entscheidend, an ihrer eigenen Ausdrucksfähigkeit zu arbeiten. Um diese Fähigkeit zu trainieren, ist es sicherlich sehr hilfreich, zunächst einmal darauf zu achten, wie andere Menschen ihre Körpersprache, ihre Gestik und Mimik einsetzen, um eine bestimmte Botschaft zu unterstreichen oder auch exakt das Gegenteil von dem ausdrücken, was sie gerade mit Wörtern gesagt haben.

> **Beispiel: Achten Sie auch auf die Kopfbewegungen**
>
> In einem Seminar kam eine Teilnehmerin zu mir, um sich zu beschweren. Sie sagte wörtlich: »Ich bin gar nicht so unglücklich, wie Sie es eben im Seminar gemeint haben.« Dabei nickte sie die ganze Zeit mit dem Kopf. In der Fachsprache werden solche Botschaften als inkongruent bezeichnet, das heißt, die Wörter, die aus dem Mund kommen, widersprechen dem körperlichen Ausdruck. Das passiert im Alltag sehr häufig – gerade, wenn Sie sich mit anderen Menschen über die Gefühle unterhalten. So behauptet dann zum Beispiel jemand, mit dem neuen Partner oder der neuen Partnerin glücklich zu sein, schüttelt dabei aber gleichzeitig den Kopf. All diese inkongruenten Botschaften sind in einem therapeutischen oder in einem Trainingskontext sehr gute Hilfsmittel, um zu erkennen, was der Betreffende wirklich sagen will. Und auch im privaten Umfeld können Sie durch aufmerksame Beobachtung viele Informationen zusätzlich erhalten.

Beachten Sie, dass die Körpersprache einen nachhaltigen Eindruck bei Ihrem Gegenüber hinterlässt. Das können Sie im Alltag auch ausprobieren, in dem Sie gezielt inkongruente Botschaften senden. Fragen Sie dann anschließend bei den Menschen nach, die Ihnen zugehört haben, was Ihnen im Gedächtnis hängen geblieben ist. Bei der Wahrnehmung inkongruenter Botschaften sind in der Regel die Gefühle im Weg, das heißt das Gefühl sagt deutlich, dass mit dem Gesprächspartner irgendetwas nicht stimmt. Vielleicht können Sie es nicht deutlich benennen, woran es genau gelegen hat. Und in der Regel ist es eben genau die Körpersprache, die Gestik oder die Mimik, die diese Inkongruenz entstehen lässt.

8.4 Der Körper sagt die Wahrheit

Doch was ist nun die Wahrheit? Das, was das Gegenüber sagt oder die körperliche Botschaft, die der Gesamtaussage den Beigeschmack der Unwahrheit gibt? Machen Sie sich klar, dass die körperliche Reaktion, also etwa das Kopfschütteln, von den meisten Menschen nicht bewusst gesteuert wird, sie nehmen es meist nicht einmal wahr. Das finden Sie schnell heraus, wenn Sie jemandem bei einem solchen Gespräch sagen: »Du hast zwar gerade so von dem neuen Typen geschwärmt, mit dem Du zusammen bist. Warum hast Du die ganze Zeit den Kopf geschüttelt?« Selbst eine gute Freundin kann auf einen solchen Einwand sauer reagieren und bestreiten, den Kopf geschüttelt zu haben.

> **Beispiel: Menschen in Ruhe beobachten**
> Sitzen Sie gerne in Straßencafés oder Biergärten? Das ist eine meiner Lieblingsbeschäftigungen, und ich gehe gerne auch mal allein dorthin, weil ich dann viel Zeit habe, die anderen Gäste zu beobachten. Hier lässt sich sehr viel über Körpersprache lernen, denn mit der Zeit können Sie etwa den Status einer Partnerschaft allein schon daran erkennen, wie sich die Partner zusammensetzen. Ja, ich gebe zu, vieles daran mag reine Interpretation sein. Doch das ist in diesem Fall nicht schlimm, weil Sie es ja ohnehin nicht nachprüfen können. Doch wie viele Paare sitzen etwa in einem Café und einer von beiden liest Zeitung. Auch das ist eine nonverbale, sehr ausdrucksstarke Art der Kommunikation miteinander, finden Sie nicht?

Es ist nicht empfehlenswert, jeden Menschen mit Ihren Beobachtungen zu konfrontieren, weil sie ihn damit überfordern könnten. In einem Seminar mag das sinnvoll sein, denn da wollen alle Teilnehmer voneinander lernen. Oder Sie vereinbaren mit Ihrem Partner oder Ihrer Partnerin, sich ab sofort offen auch über die nonverbalen Wahrnehmungen auszutauschen. Das ist okay. Doch bei den meisten anderen Menschen gilt: Behalten Sie die neuen Erkenntnisse für sich und denken Sie sich Ihren Teil. Grundsätzlich ist der unterbewussten Botschaft, also in diesem Fall der körperlichen Reaktion, mehr zu vertrauen als der bewusst gesendeten. Das kann natürlich nur eine Faustregel sein, denn vielleicht hat Ihr Gesprächspartner auch einfach nur ein nervöses Zucken, das Sie als Kopfschütteln interpretiert haben.

Bleiben Sie wachsam, wenn andere Menschen mit Ihnen sprechen, und fangen Sie an, die körperlichen Botschaften zuerst einmal mit wahrzunehmen. Professionell zu kommunizieren bedeutet selbstverständlich auch, mehr und mehr auf die eigenen Botschaften zu achten, die Sie an andere senden. Dafür müssen Sie nicht ständig einen Spiegel dabei haben, es genügt schon, Ihren Gesprächspartner im Auge zu behalten, während Sie selbst reden. Und wenn er oder sie seltsam guckt oder unruhig hin und her zappelt, dann könnte das ein Indiz dafür sein, dass Sie gerade inkongruente Botschaften aussenden.

> **Übung: Übertragung der Gefühle – ohne Worte**
>
> Wenn Sie etwas über die Macht des körperlichen Ausdrucks lernen wollen, dann suchen Sie sich zwei andere Menschen und nehmen Sie sich mindestens eine halbe Stunde Zeit. Lassen Sie Person A in einen relativ starken Gefühlszustand gehen, das heißt, diese Person erinnert sich zum Beispiel an eine Situation, in der sie sehr glücklich war. Es muss nicht das großartigste Glücksgefühl des Lebens gewesen sein, doch auf einer Skala von eins bis zehn sollte es schon Stufe sieben bis acht haben, so dass auch ein Außenstehender deutlich wahrnimmt, dass ein positives Gefühl vorhanden ist. Person B ahmt nun Person A in der Körperhaltung so exakt wie möglich nach. Gleichen Sie die Sitzhaltung an, passen Sie die Atmung an, halten Sie den Kopf in exakt derselben Weise, stellen Sie die Füße so, wie Person A und so fort. Person C hat die Aufgabe dafür zu sorgen, dass Person B sich wirklich gut an die Körperhaltung von Person A anpasst. Sobald dies erfolgt ist, schließen beide, also Person A und B, die Augen und fühlen sich noch einmal intensiv in das hinein, was sie wahrnehmen können. Danach erzählt Person B, was von den guten Gefühlen angekommen ist. Ich habe in meinen Seminaren festgestellt, dass hier bis hin zu exakten Details Übereinstimmungen erreicht wurden, obwohl Person B nicht einmal eine Idee hatte, um welche Situation es ging. Selbstverständlich können Sie das selber auch mit Situationen der Anspannung machen, also zum Beispiel mit dem Gefühl vor einer Prüfung oder etwas vergleichbarem.
> Viel Spaß!

Je besser Sie lernen, über Gefühle zu kommunizieren, desto bewusster wird Ihnen, dass jeder allein schon durch seine Körperhaltung und seine Körpersprache sämtliche Gefühle ausdrückt, die er gerade empfindet. Menschen sind sich also meist der eigenen Gefühle weniger bewusst, als alle anderen in ihrem Umfeld, weil diese einfach nur hinschauen müssen. Auf dem Weg zum Kommunikationsprofi ist es also ganz wichtig, sich selbst die eigenen Gefühle immer bewusster zu machen und auch einen geeigneten sprachlichen Ausdruck dafür zu finden. Dabei geht es nicht einmal so sehr darum, sich dann auch anderen Menschen verbal mitzuteilen und darüber auszutauschen, was Sie gerade empfinden. Der entscheidende Vorteil ist, dass Sie vielleicht zum ersten Mal wahrnehmen, was für andere Menschen die ganze Zeit über sofort sichtbar und selbstverständlich war.

> **Übung: Jeder Moment zählt**
>
> Beginnen Sie sich sprachlich genauer auszudrücken, indem Sie jetzt gleich genau beschreiben, wie Sie sich im Moment fühlen:

8.5 Vergessen Sie alte Glaubenssätze

Viele Menschen die sich bisher noch nicht so viel um ihren sprachlichen Ausdruck gekümmert haben, wiederholen mit unerfreulicher Regelmäßigkeit alte Glaubenssätze oder auch Sprichwörter. Sie haben ja in diesem Buch bereits gelernt, dass diese Glaubenssätze, und dabei vor allem die limitierenden, nicht förderlich sind, weder für Sie selbst, noch für alle anderen Menschen in Ihrer Umgebung. Deswegen lassen Sie ab sofort bitte alle limitierenden Glaubenssätze weg, vergessen Sie sie einfach.

Selbstverständlich werden Sie dazu erst einmal Ihre Aufmerksamkeit erhöhen müssen, um festzustellen, wie häufig Sie in der Vergangenheit tatsächlich solche Limitierungen in Wörter gefasst haben. Und Sie werden vielleicht sogar erschrocken sein, wie viel Ihre bisherige Kommunikation von solchen Ausdrücken geprägt war. Doch das bedeutet ja zum Glück nicht, dass Sie das für Sie und andere Menschen schädliche Verhalten nicht unterlassen könnten.

> **Tipp**
>
> Falls Sie viel mit Kindern zu tun haben oder sogar selbst als Vater oder Mutter im täglichen Einsatz sind, dann möchte ich Ihnen dies ans Herz legen: Lassen Sie diese jungen Menschen ihre eigenen Erfahrungen machen. Ich weiß, dass verschiedene Sprichwörter die eine oder andere Wahrheit enthalten und Sie wissen genauso gut wie ich, dass jeder Mensch seine eigene Erfahrung machen darf und dass es sehr hilfreich ist, eigene Erfahrungen zu sammeln, weil das Erleben einen deutlichen Unterschied macht.

Sollten Sie im Alltag darüber stolpern, dass Sie gerade einen negativen Glaubenssatz geäußert haben, dann kann es eine sehr gute Übung sein, diesen sofort in einen positiven Glaubenssatz umzudrehen. Falls Sie allerdings der Meinung sind, dass diese »Wahrheit« tatsächlich auf Sie zutrifft und unbedingt ausgesprochen werden muss, dann können Sie vielleicht das kleine Wörtchen »noch« nutzen. Sagen Sie also etwa »Ich bin noch nicht in der Lage, jeden Monat genug Geld zu verdienen, um mich frei und glücklich zu fühlen.« Das ist eine deutlich andere Aussage, als wenn Sie sagen würden: »Ich verdiene zu wenig Geld.« Denn mit dem zweiten Satz werden Sie Ihre aktuellen finanziellen Verhältnisse auf Dauer manifestieren, während Sie mit der ersten Aussage mindestens in sich selbst einen gewissen Zweifel darüber zulassen, ob das für alle Zukunft so gelten muss.

> **Übung: Was Sie glauben wollen**
>
> Schreiben Sie an dieser Stelle einfach mal auf, welche positiven Glaubenssätze Sie in Zukunft über Ihr Leben und Ihr berufliches Vorankommen haben möchten.

8.6 Hilfreiche Kommunikationstricks

Über eine erhöhte Sensibilität hinaus, ist es bei der Schulung Ihrer kommunikativen Fähigkeiten ganz wichtig, auch ein paar Kommunikationstricks zu beherrschen. Diese sind vor allem dann hilfreich, wenn Sie es mit sehr egoistischen und sehr dominanten Zeitgenossen zu tun haben, denen Sie bisher nicht das Wasser reichen konnten. Sie haben in diesem Buch bereits gelernt, dass jeder Mensch seine eigene Landkarte hat, die durch alle Erfahrungen seines bisherigen Lebens geprägt ist. Da zwei Menschen niemals dieselbe Landkarte teilen können, weil sie ein unterschiedliches Leben gelebt haben und weil sie die Welt unterschiedlich wahrnehmen, bringen Diskussionen kein Ergebnis. Vielleicht sind Sie erstaunt über diese Aussage, weil Sie bisher noch der Überzeugung waren, dass Sie möglichst oft andere von Ihrer Meinung überzeugen müssen. Doch das ist ein unsinniges Unterfangen, weil es letztlich um den Versuch geht, die Individualität und die individuelle Wahrnehmung eines anderen Menschen in Frage zu stellen.

8.7 Der Kampf bringt Sie nicht weiter

Wenn Sie einen Menschen in Frage stellen, dann wird dieser entweder mit Gleichgültigkeit reagieren oder er wird beginnen sich zu wehren. Und in beiden Fällen werden Sie nicht weiterkommen mit dem Ziel, dass ein anderer Mensch dieselben Meinungen vertreten muss wie Sie.

Doch es mag Situationen geben, in denen andere Menschen Sie dazu zwingen, über etwas zu diskutieren, um zum Beispiel eine bestimmte Entscheidung herbeizuführen. Dann ist es ganz wichtig, die Ziele zu klären. Hier kann es von entscheidender Bedeutung sein, den anderen erst einmal zu fragen, was sein Ziel ist. Wenn dieser Mensch sagt, dass sein wichtigstes Ziel sei, Sie von seiner Meinung zu überzeugen, dann können Sie vermutlich das Gespräch sofort beenden, weil dies wohl kaum möglich und auch nicht sinnvoll ist. Oder Sie könnten ihm aus falsch verstandener Liebe oder Zuneigung das Zugeständnis machen, dass Sie sagen: »Ja okay, da es mir ohnehin egal ist, was ich in diesem Bereich glaube, übernehme ich einfach Deine Meinung, und wir können uns auf die schönen Dinge des Lebens konzentrieren, anstatt die nächsten zwei Stunden sinnlos herumzudiskutieren.«

> **Beispiel: Meine Welt** !
> Ich benutze gerade in angespannten Situationen gerne den Ausdruck »In meiner Welt …«. Viele Seminarteilnehmer übernehmen diesen sprachlichen Ausdruck, weil er ihnen offensichtlich sehr gut gefällt. Er macht deutlich, dass ich eine bestimmte

> Aussage vor dem Hintergrund meiner Erfahrung und vor dem Hintergrund meiner Ziele treffe und damit nicht einmal davon ausgehe, dass ein anderer Mensch sie so übernehmen muss. Damit lasse ich anderen Menschen auch sehr gut den Raum dafür, ihre eigenen Erfahrungen zu äußern oder zu sammeln, falls sie noch keine bestimmten Erfahrungen in einem bestimmten Bereich gemacht haben. Außerdem kann es damit leichter sein, einen anderen Menschen da stehen zu lassen, wo er ist, und das ist die Basis jeder Interaktion und jeder Kommunikation zwischen Menschen.

Auf dem Weg zum Kommunikationsprofi werden Sie also immer besser in der Lage sein, andere Menschen anzunehmen, wie sie sind. Das gilt auch für Menschen, die auf ihrer Meinung beharren, stur sind, nachlässig oder sogar chaotisch. Zu lernen, wirklich jeden anderen in seiner Eigenart zu belassen, ist eine Herausforderung. Doch die Erkenntnis hilft, dass Sie sowieso niemanden ändern können, wenn er nicht will. Wenn sich jemand ändern möchte, dann können Sie ihm bestenfalls Wachstumsimpulse geben, mehr geht nicht und wäre auch nicht sinnvoll.

8.8 Wechseln Sie die Bezugsebene

Eine gute Möglichkeit hartnäckigen Diskutierern zu begegnen ist das Wechseln der Bezugsebene. Im Alltag ist dies häufig so selbstverständlich, dass es Ihnen bisher nicht einmal aufgefallen sein mag, wenn Ihr Gegenüber mit dieser Methode gespielt hat. Es geht darum, in einer Diskussion zum Beispiel auf den Satz »Politiker XY ist korrupt« zu antworten mit einem Satz wie »Ja, und ich habe neulich von einem Arzt gelesen, der ebenfalls in einen Korruptionsskandal verwickelt war«.

In diesem Fall wurde sozusagen auf einer horizontalen Ebene die Bezugsebene gewechselt, von den Politikern zu den Ärzten. Sie hätten auch sozusagen in vertikaler Richtung die Bezugsebene wechseln können, zum Beispiel mit einem Satz wie: »Alle Politiker sind Schweine.« Wenn Sie nicht selbst Politiker sind, dann können Sie diesen Satz vermutlich sogar mit einem Lächeln im Gesicht aussprechen.

Das Interessante bei diesen Übungen ist, dass die meisten nicht einmal wach genug sind, um zu merken, dass Sie gerade die Bezugsebene gewechselt haben. Insofern werden Sie mit dieser Übung sehr viel Spaß haben, solange Sie damit in Diskussionen immer leicht die Führung übernehmen können. Grundsätzlich stellt sich natürlich die Frage, warum Sie dann noch diskutieren sollten. Es kann also für Sie wichtig sein, im Umgang mit anderen Menschen zu klären, was Ihre persönlichen Ziele sind, denn sobald Sie die Ziele geklärt haben, können Sie sich auch damit auseinander setzen, welche Mittel Sie einsetzen, um Ihr Ziel zu erreichen.

8.9 Widerspruch weich einpacken

Eine weitere sehr gute Methode einen anderen Menschen anzunehmen und an seinem Ort stehen zu lassen, ist die Antwort mit: »Ja, und ...«, anstelle von »Ja, aber ...« Manche Menschen haben anfangs ein Problem damit, jedes Aber durch ein Und zu ersetzen, weil sie erst nach einiger Zeit merken, wie viel weicher der sprachliche Ausdruck dadurch wird, und wie viel mehr sich die Menschen in ihrer Umgebung durch ein einfaches »Und« angenommen fühlen. Hier spielt tatsächlich das Gefühl die entscheidende Rolle, weil Sie hinter dem Wort »und« dasselbe sagen können, was Sie auch nach dem Wort »aber« gesagt hätten. Es scheint viel weniger darum zu gehen, was der Inhalt Ihrer Aussage ist, als vielmehr darum, wie Sie diese Aussage einleiten. Ein Beispiel mag Ihnen verdeutlichen, wie das Wörtchen »aber« wirkt:

> **Beispiel: Der Haken mit der Rechtschreibung**
> Stellen Sie sich vor, dass Sie von einem Lehrer oder einem Professor an Ihrer Universität eine aufwendige Arbeit zurückbekommen, die Sie vorher abgegeben haben. Der Professor oder Lehrer sagt nun folgendes zu Ihnen: »Diese Arbeit hat mich überzeugt. Die Schlüsse, die Sie gezogen haben, sind exzellent und beweisen eine geistige Klarheit, die ich bei Menschen Ihres Alters bisher noch nie wahrgenommen habe. Wir werden diese Arbeit in allen Fachzeitschriften veröffentlichen. Aber Ihre Rechtschreibung ist einfach eine Katastrophe. Ich habe den Eindruck, dass Sie hier über das Niveau der ersten Klasse nicht hinausgekommen sind. Das war wirklich schrecklich.« Mit welchem Gefühl werden Sie dieses Gespräch verlassen? In der Regel ist es so, dass das Wörtchen »aber« fast alles löscht, was vorher gesagt wurde.

8.10 Ihr Bedürfnis nach Feedback steigt

Es wird für Sie auch immer wichtiger werden, das Feedback anderer Menschen zu etwas abzuholen, was Sie gerade gesagt haben, weil Sie wissen wollen, wie Sie bei anderen Menschen ankommen. Solche Feedbackschleifen haben sich im Alltag auch in solchen Situationen bewährt, in denen es um die Auseinandersetzung oder gar einen Konflikt geht. Nutzen Sie dazu die folgende Übung.

> **! Übung: Erklären Sie Ihre Gefühle**
>
> Wenn Sie sich in letzter Zeit in Ihrer Partnerschaft über etwas Bestimmtes geärgert haben oder sich in bestimmten Situationen unwohl gefühlt haben, dann setzen Sie sich mit Ihrer Partnerin oder Ihrem Partner zusammen und klären Sie dies in folgender Weise: Vereinbaren Sie, dass Sie beide möglichst sachlich über das Thema reden werden. Und beginnen Sie dann zu sagen, wie Sie sich in der betreffenden Situation gefühlt haben. Es genügt Ihren Gefühlszustand in zwei oder drei kurzen Sätzen zu schildern. Fragen Sie nun Ihr Gegenüber, was dort über Ihren Gefühlszustand angekommen ist. Nun können Sie feststellen, wie viel oder wie wenig von dem rüberkommt, was Sie selbst gesagt haben. Selbstverständlich ist es hilfreich, hier am Anfang nicht die ganz großen kritischen Themen Ihrer Partnerschaft aufs Tablett zu bringen, sondern sich zunächst an kleinen Situationen zu üben. Mit der Zeit wächst dann Ihre Fähigkeit, auch komplexere Konflikte auf diese Weise exzellent zu lösen. Senden Sie dabei unbedingt Ich-Botschaften im Sinne von: »Ich fühle mich durch Deine Äußerung/Dein Verhalten ... .«

Denn die Fähigkeit dem anderen zuzuhören und Feedback darüber zu geben, was Sie verstanden haben, ist ganz entscheidend auf dem Weg zu einer besseren zwischenmenschlichen Kommunikation. Sobald Ihr Partnerin oder Ihr Partner sagt, was er selbst in der Situation empfunden hat, werden Sie vielleicht ebenfalls dazu bereit sein, zu wiederholen, was Sie davon verstanden haben. Und auf diese Weise können Sie sich Schritt für Schritt einander nähern, und werden selbst bemerken, wie oft Sie in der Vergangenheit einfach etwas interpretiert haben und auf sich selbst bezogen haben, was von Ihrem Partnerin oder Ihrem Partner gar nicht so gemeint war.

8.11 Behalten Sie Ihr Ziel im Auge – auch im Konflikt

In diesem Buch ist bereits so viel über Ziele gesprochen worden, dass Ihnen das sicher schon in Fleisch und Blut übergegangen ist. Trotzdem soll hier noch einmal erwähnt werden, dass es gerade bei Auseinandersetzungen wichtig ist, die Ziele der Beteiligten vorher oder spätestens dann zu besprechen, wenn der Konflikt unüberwindbar scheint. Das Einigen auf ein gemeinsames Ziel ist dabei nur ein möglicher Ansatz, einen schwelenden Konflikt zu lösen, auf jeden Fall wird Ihnen das Sprechen über die Ziele aller Beteiligten helfen, Konflikte zu entschärfen, solange alle zu Wort kommen.

Nehmen Sie dabei zur Kenntnis, dass Sie aufgrund der vielen Übungen dieses Buches nun schon fast zum Meister beim Finden und Festlegen von Zielen geworden sind. Insofern kann es in dem einen oder anderen Gespräch wichtig sein, einem Gesprächspartner hier etwas Raum zu lassen und ihn vielleicht sogar dabei zu unterstützen, das eigene Ziel klar und deutlich zu formulieren. Viele Menschen in unserer Gesellschaft haben noch nicht einmal die Fähigkeit entwickelt, sich über ihre eigenen Ziele klar zu werden. Das ist in Ordnung und bedeutet nur, dass diese Menschen in einer angespannten Gesprächssituation etwas mehr Unterstützung und Zeit benötigen. Dabei kann es auch ganz wichtig sein, die eigenen Ziele eine zeitlang zurückzustellen und sich sehr genau darauf zu konzentrieren, was Ihr Gegenüber möchte. Denn selbstverständlich gilt auch hier: Je genauer Sie zuhören, desto leichter wird es Ihnen fallen, die Ziele des anderen zu verstehen und damit schnell eine gemeinsame Lösung zu finden.

8.12 Ausreden lassen

Selbstverständlich werden Sie in einer Konfliktsituation oder bei ganz alltäglichen Gesprächen jeden anderen Menschen ausreden lassen. Doch was tun Sie, wenn Ihr Gegenüber endlose Monologe einem Gespräch vorzieht? Wie können Sie lernen, den anderen auf möglichst galante Weise zu unterbrechen? In aller Regel begeben wir uns nach einiger Zeit in eine ähnliche Körperhaltung wie unser Gegenüber, dass heißt wir spiegeln ihn oder sie. Wenn Sie dies gezielt nicht tun, dann wird Ihr Gegenüber das zumindest auf einer unterbewussten Ebene wahrnehmen und seinen Redeschwall deutlich einschränken. Erinnern Sie sich noch an die Übung, bei der Sie jemanden etwas erzählt haben, der nach einer Minute gezielt woanders hingeschaut hat? Dann wissen Sie um die Wirkung solcher Unterbrecher.

Doch es gibt Zeitgenossen, die sich auch von solchen drastischen Methoden nicht beeindrucken lassen. Hier ist es durchaus erlaubt, das Gegenüber zu unterbrechen und zum Beispiel entweder das Gespräch ganz zu beenden oder die Chance zu nutzen, um die eigene Situation kurz darzulegen. Im Fall eines Konfliktgespräches kann es dabei auch ganz wichtig sein, das vom anderen Gesagte noch einmal zu wiederholen, zumindest mit einem halben Satz zu Beginn der Antwort. Denn dann fühlt sich Ihr Gegenüber noch besser verstanden und noch besser angenommen. Dabei sollten Sie die Wörter Ihres Gegenübers verwenden, denn es kommt in diesen Situationen weniger auf die sprachliche Variabilität an, sondern vielmehr darauf, den anderen da stehen zu lassen, wo er ist, und ihm zu signalisieren: »Du bist okay, so wie du bist und mit der Meinung die du hast.«

Lektion 7: So werden Sie zum Kommunikationsprofi

> **! Tipp**
>
> Manche Menschen nutzen Ironie als Hilfsmittel des Humors und finden es höchst amüsant, möglichst oft ironisch auf alle anderen Menschen zu reagieren. Dieses Verhalten lässt sich auch bei Eltern mit ihren Kindern beobachten und es ist bei der Erziehung keineswegs förderlich, weil beim Stilmittel der Ironie gezielt inkongruente Botschaften gesendet werden. Das heißt solche Menschen drücken mit den Wörtern etwas anderes aus als mit ihrer Körperhaltung oder der Art wie sie es sagen. Inkongruente Botschaften zu senden ist bestenfalls Ausdruck emotionaler Inkompetenz und ich empfehle Ihnen daher, sie einfach zu unterlassen. Ironie kann andere Menschen verunsichern und ist auch ein ganz deutlicher Hinweis darauf, dass Sie selbst ein unsicherer Mensch sind, der sich nicht einmal traut, für das einzustehen, für das er so gerne einstehen möchte.

8.13 Sagen Sie es deutlich

Der Wahl der richtigen Worte kommt eine sehr große Bedeutung zu, wenn Sie lernen wollen besser mit anderen Menschen zu kommunizieren. Allerdings kommt es auch darauf an, dass Sie lernen, klar auszudrücken, was Sie wollen. Lernen Sie positiv zu beschreiben, was Sie begehren, anstatt das zu sagen, was Sie nicht wollen. Damit lassen sich auch viele Konflikte vermeiden und die anderen können Sie deutlich leichter unterstützen, wenn sie genau verstanden haben, was Sie möchten. Häufig stehen bei Menschen, die in der Kommunikation nicht so geübt sind, bestimmte Phrasen für einen Wunsch, und sie nutzen diese Phrasen, anstatt den wirklichen Wunsch konkret zu beschreiben.

> **! Beispiel: Auch Zärtlichkeit ist ein legitimes Bedürfnis**
>
> Insbesondere bei intimen Situationen scheinen viele Menschen gerne um die Ecke zu kommunizieren. Dann steht der Satz »ich liebe Dich« etwa dafür, dass Sie mit Ihrer Partnerin oder Ihrem Partner kuscheln möchten. Das ist eine seltsame Art, miteinander zu kommunizieren, und doch lässt sie sich bei ganz vielen Paaren beobachten. Es scheint sozusagen einen unausgesprochenen Kodex zu geben, nachdem viele in unserer Gesellschaft genau dieser Regel zu folgen haben, also nicht klar sagen dürfen: »Ich möchte jetzt gerne mit dir kuscheln.« Stellen Sie sich doch nun einmal vor, wie seltsam das für jemanden klingen würde, der zwar unserer Sprache mächtig wäre, aber nicht wüsste, was mit der jeweiligen Handlung verbunden ist. Für diesen Menschen würde es so scheinen, als stände das Wort »lieben« für »kuscheln«, obwohl das ja nicht notwendigerweise dasselbe sein muss. Im Gegenteil kann das miteinander kuscheln der Ausdruck des Liebens sein, und nicht das Gefühl des Liebens selbst.

Diese Art, um die Ecke zu kommunizieren, geht so weit, dass manche Paare sogar bestimmte Rituale einüben, mit denen dann eine bestimmte Handlungsabfolge verbunden ist. Immer wenn dann zum Beispiel die Frau sich in einer bestimmten Weise verhält, dann erwartet sie unausgesprochen (!) von ihrem Partner, dass er eine bestimmte Handlung zeigt. Wenn er diese Handlung unterlässt, reagiert sie sauer. Zunehmend mehr emotionale Intelligenz und Kompetenz zu entwickeln bedeutet, die eigenen Bedürfnisse klar auszusprechen und das bedeutet dann gleichzeitig, damit umgehen zu lernen, wenn der Partner diesen Bedürfnissen in dem Moment nicht gerecht werden will.

8.14 Blindes Verstehen ist eine nette Gemeinsamkeit

Selbstverständlich ist es schön und positiv, wenn Partner nach einigen Jahren des Zusammenseins sich blind vertrauen und einander verstehen, ohne dass jedes kleine Detail ausgesprochen werden muss. Vielleicht genügt dann ein bestimmter Augenaufschlag, um den Partner oder die Partnerin darüber zu informieren, dass Sie etwas Bestimmtes haben möchten oder dass Sie sich einen bestimmten Ablauf wünschen. Daher ist es auch für Paare, die seit längerer Zeit zusammenleben, sehr wichtig, immer wieder über bestimmte Dinge zu sprechen. Sie kennen doch bestimmt die Anekdote vom Frühstücksbrötchen, oder?

> **Beispiel: Falsch verstandene Liebesbeweise**
> Es geht um das Ehepaar, das bereits über vierzig Jahre zusammenlebt und annähernd jeden Morgen miteinander frühstückt. Doch an diesem Morgen des 42. Hochzeitstages ist alles anders: Zwar teilt sich das Paar wiederum ein Brötchen, doch zum ersten Mal seit über vierzig Jahren fragt der Mann seine Frau: »Sag mal, welche Hälfte hättest du denn gerne?« Und zum ersten Mal seit über vierzig Jahren antwortet sie: »Ach, wenn du mich so fragst, ich hätte gerne die obere Hälfte, die hätte ich nämlich schon seit vielen, vielen Jahren sehr viel lieber als immer die untere Hälfte, ich habe mich nur nie getraut etwas zu sagen, weil ich dachte, dass du die obere Hälfte eben lieber magst.« Darauf erwidert er: »Das ist ja eine neue Erkenntnis, denn ich dachte immer, dass du die untere lieber magst und esse daher seit Jahren nur die obere, obwohl mir die untere Hälfte viel lieber wäre.«

Vielleicht schmunzeln Sie bei diesem Beispiel und denken, so verrückt kann doch überhaupt kein Paar sein, dass beide in über vierzig Jahren nicht einmal über ihre Bedürfnisse gesprochen haben. Doch so weit hergeholt scheint es nicht zu sein, wenn Sie mal kritisch über Ihr eigenes Leben nachdenken. Was sagen Sie seit Jahren nicht, obwohl Sie es schon längst einmal loswerden wollten?

> **! Übung: Schreiben Sie es auf**
> Was möchten Sie den Menschen, mit denen Sie regelmäßig Kontakt haben oder gar zusammenleben, immer schon mal sagen:

> **! Tipp**
> Empfehlenswert ist in jedem Fall die direkte Kommunikation mit den Menschen, mit denen Sie zusammenleben oder zusammenarbeiten. Es kann zum Beispiel sein, dass Ihre Mutter besser über wichtige Themen Ihres Lebens informiert ist als Ihr Partner oder Ihre Partnerin. Sind Sie sicher, dass dies der richtige Weg ist, solche Themen mit Ihren Eltern zu besprechen? Anstelle der Eltern können Sie hier auch Freund, Freundin, Arbeitskollegin oder wen auch immer eintragen. Lernen Sie doch besser Konflikte oder Probleme direkt mit dem Menschen zu klären, mit dem sie zu klären sind. Hören Sie auf, sich bei anderen Menschen zu beklagen oder zu beschweren. Gehen Sie stattdessen auf diesen Menschen zu und regeln Sie die Angelegenheit direkt.

8.15 Was tun bei Mobbing?

Was können Sie tun, wenn Sie sich gemobbt fühlen? Die erste und entscheidende Frage ist die nach Ihrem Gefühlszustand: Wie genau fühlen Sie sich und was glauben Sie über die Welt, dass Sie einen solchen Zustand des Gemobbtwerdens in Ihr Leben gezogen haben? Machen Sie sich dies bewusst. Sie können nur Situationen erleben, die Sie mit Ihrer Energie anziehen. Das heißt, wenn Sie das Gefühl haben, dass andere Menschen Sie nicht annehmen, dann erst werden Sie diese Erfahrung auch im Außen sammeln.

Der zweite Schritt ist, mit den Menschen, von denen Sie scheinbar gemobbt werden, direkt zu sprechen. Bleiben Sie dabei klar bei Ich-Botschaften, das heißt, sprechen Sie darüber, dass Sie die Vermutung haben, gemobbt zu werden. Sprechen Sie darüber, wie Sie sich fühlen, wenn Sie scheinbar unerträgliche Blicke anderer Arbeitskollegen sehen. Sprechen Sie darüber, wie Sie die gesamte Situation empfinden und wie sehr Sie diese Situation verletzt.

Viele Menschen haben Angst sich in solchen Situationen preiszugeben und dadurch nur noch mehr verletzt zu werden. Doch Sie werden nach einem solchen Gespräch merken, dass Sie der emotional Stärkere sind, weil Sie in der Lage sind, offen über Ihre Gefühle zu sprechen. Immer wieder stellen Menschen fest, dass sie aus solchen Gesprächen gestärkt herausgehen, völlig unabhängig davon, wie das Gegenüber reagiert hat. In aller Regel wird Ihr Gesprächspartner diese Handlung bei der direkten Konfrontation abstreiten. Doch das spielt nicht die entscheidende Rolle!

Es ist entscheidend, dass Sie lernen, aktiv auf solche Menschen zuzugehen und darüber zu sprechen, wie Sie sich fühlen. Und immerhin kann es ja sein, dass der Mensch, von dem das Mobbing auszugehen schien, dies gar nicht im Sinn hatte und ihm gar nicht bewusst war, dass sein Verhalten so auf Sie wirkt. Ganz wichtig ist hier einmal mehr: Bleiben Sie bei sich, Ihren Gefühlen und Ihren Reaktionen auf das, was Sie im Außen beobachten. Vermeiden Sie jede Interpretation darüber, was der andere vermutlich tut und was er damit im Schilde führt.

> **Tipp**
> Klären Sie die Angelegenheit so schnell wie möglich. Je schneller Sie Ihre Gefühle offen legen und damit auch für andere Menschen wie für sich selbst eine neue Klarheit schaffen, desto schneller kann sich ein Konflikt oder eine angespannte Situation wieder auflösen, so dass neue Wege möglich werden.

Sobald Sie mit einem anderen Menschen darüber gesprochen haben, was Sie an einer bestimmten Situation oder an einem Verhalten gestört hat, ist es ganz wichtig, dass Sie danach offen bleiben und zuhören, was der andere zu sagen hat. Es macht in aller Regel sehr wenig Sinn, ein solches Gespräch mit den Worten zu beenden: »Es ist mir egal, was du darüber denkst, es war mir nur wichtig, dir das einmal gesagt zu haben.« Vielleicht will der andere in dieser Situation noch gar keine Stellung beziehen und er wird Sie erst einen Tag später wieder darauf ansprechen und seine Gefühle in dieser Situation preisgeben. Vielleicht spricht der andere Mensch Sie überhaupt nicht mehr darauf an, sondern ändert einfach nur sein Verhalten. Es muss Ihnen wirklich gleichgültig sein, ob und wie genau der andere reagiert. Gleichgültigkeit bedeutet nicht Teilnahmslosigkeit, sondern gemeint ist eine Form der Unabhängigkeit von der Reaktion des anderen. Emotionale Intelligenz drückt sich dann vor allen Dingen darin aus, dass Sie in Ihren eigenen Prozessen bleiben, und dass Sie in der Lage sind Ihre Gefühle in jeder Situation so zu verändern, dass es Ihnen gut geht.

> **Tipp**
> Obwohl gerade Manager der Meinung sind, dass sich mit negativen Aussagen über schlechte Leistungen, schlechte Umsatzzahlen oder andere negative Dinge ein exzellente Motivation erzielen lässt, möchte ich dieser Sichtweise nachdrücklich widersprechen. Ich bin aus Erfahrung zu der Überzeugung gelangt, dass die beste Motivation immer positiv ist. Weisen Sie gerade als Führungskraft die Menschen in Ihrer Umgebung darauf hin, was sich durch ein positives Verhalten in Zukunft positiv verändern lässt. Das sind klassische Motivationsstrategien, die in jedem Fall – vor allen Dingen mittel- und langfristig – viel besser wirken, weil jeder negative Satz negative Bilder im Inneren der Menschen hervorruft und damit spätestens mittel- bis langfristig immer negative Konsequenzen hat.

8.16 Offenheit in der Kommunikation

Offenheit und Schonungslosigkeit müssen nicht dasselbe sein. Offen zu kommunizieren heißt sich darüber auszulassen, welche Prozesse in Ihrem Inneren ablaufen. Nicht in jeder Situation ist es angeraten, den anderen mit allen möglichen eigenen Prozessen zu konfrontieren und dann auch noch darauf zu hoffen, dass dieser darauf in angemessener Art und Weise reagieren kann. Sie werden darauf Rücksicht nehmen müssen, dass viele Menschen noch nicht so gut und so offen kommunizieren können wie Sie.

Selbstverständlich können Sie alles sagen, was Sie dringend loswerden möchten. In der Regel sprechen die meisten Menschen zu wenig über Gefühle und nicht zu viel. Insofern ist es auch für Sie vermutlich wichtiger, erst einmal deutlich mehr als bisher diesen neuen Umgang zu üben, als sich von Anfang zu sehr zu beschränken.

> **! Tipp**
> Selbstverständlich macht der Ton die Musik und Ihre Fähigkeit, Ihren Gefühlen so Ausdruck zu verleihen, dass der andere nicht verletzt wird, will auch ein wenig geübt werden. Doch grundsätzlich gilt: Jeder ist für seine Gefühle selbst verantwortlich und das bedeutet, wenn Sie etwas sagen, was dem anderen nicht passt, dann liegt die Reaktion darauf in seiner und nicht primär in Ihrer Verantwortung.

Gerade bei den Beziehungen, die schon seit einigen Jahren zu anderen Menschen bestehen, kann ein reinigendes Gewitter sehr viel hilfreicher sein, als wenn Sie nie offen und ehrlich miteinander sprechen. Das muss allerdings nicht bedeuten, dass Sie dem anderen sozusagen alle negativen Aspekte der Beziehung in einem zehnminütigen Gespräch um die Ohren hauen, nur um sich dann vielleicht auch noch mit einem noch weitergehenden Gefühlsausbruch aus der Situation zu verabschieden. Solche hysterischen Anfälle sind ebenfalls kein Ausdruck emotionaler Kompetenz, sondern bestenfalls ein Ausdruck Ihrer Hilflosigkeit und Ihrer Unfähigkeit, mit Ihren eigenen Gefühlen umzugehen. Machen Sie sich in solchen Situationen, in denen Sie völlig überfordert sind, deutlich, dass Sie vielleicht Ihre emotionale Reaktion erst einmal mit sich selbst klären können, bevor Sie zum Beispiel einen Partner oder eine langjährige Freundin damit konfrontieren.

> **! Beispiel: Trauen Sie sich wieder zu sprechen**
> Peter und Claudia Voss hatten seit längerer Zeit einen Konflikt darüber, ob sie Kinder haben wollten oder nicht. Die Schwierigkeit lag darin, dass durch viele Diskussionen und Gespräche über dieses Thema die Stimmung des Paares so vergiftet war, dass keiner der beiden sich traute, das Thema überhaupt noch anzusprechen.

> Es war wie der Druck auf einen roten Knopf: Sobald einer das Thema ansprach, reagierte der andere hysterisch, ablehnend oder verließ sogar den Raum. Diesem Paar hat es sehr geholfen, dass sich jeder seine Ziele klar gemacht hat. Beide schrieben alle Aspekte des Themas auf und sie tauschten dann erst einmal diese Zettel miteinander. Dadurch fiel es ihnen leichter, sich in Ruhe mit den Ängsten und Problemen des anderen auseinanderzusetzen, um am Ende wieder ein friedliches Gespräch zu führen.

Ihre höchste kommunikative Kompetenz haben Sie dann erreicht, wenn das Feedback der Menschen in Ihrer Umgebung das ist, das Sie erreichen wollten. Das ist das einzige Kriterium dafür, ob Sie wirklich zum Kommunikationsprofi geworden sind. Deswegen ist es so wichtig, dass Sie ab sofort Ihre Wahrnehmung deutlich verfeinern und in einer Art und Weise schärfen, wie Sie dies bisher nicht für möglich gehalten haben. Und diese neue Wahrnehmung bezieht sich auch darauf, was in Ihnen selbst vorgeht.

8.17 Zusammenfassung

- Die gezielte Erweiterung Ihres (emotionalen) Wortschatzes wirkt sich auch auf Ihre Erlebnisfähigkeit aus.
- Die Veränderung der Sprache verändert auch Ihre Wahrnehmung.
- Inkongruente Botschaften zu erkennen ist eine wichtige Fähigkeit, um besser mit anderen Menschen zu kommunizieren und sie besser zu verstehen.
- Überkommene einschränkende Glaubenssätze lassen sich sprachlich in die Vergangenheit schieben oder mindestens als vorübergehendes Ereignis bezeichnen (»Ich kann das noch nicht.«).
- Die Bezugsebene flexibel wechseln zu können erleichtert es Ihnen, auch festgefahrene Diskussionen wieder in Schwung zu bringen.
- Lernen Sie deutlich zu sagen, was Sie wollen. Beachten Sie, dass die anderen wiederholen können, was bei ihnen angekommen ist.
- Feedbackschleifen erlauben es Ihre Kommunikation nachhaltig zu verbessern.

9 Lektion 8: So meistern Sie die Königsdisziplin Empathie

Empathie ist die Fähigkeit eines Menschen, sich in andere Lebewesen einzufühlen. Das betrifft selbstverständlich zunächst einmal die Mitmenschen, dann in einem erweiterten Sinn allerdings auch alle anderen Lebewesen. Das mag selbstverständlich auch damit zusammenhängen, dass wir mit manchen Lebewesen so umgehen, als seien es ebenfalls Menschen. Und wer hätte nicht schon mal über seinen Computer oder sein Auto gesprochen, als handele es sich um lebendige, atmende Wesen aus Fleisch und Blut.

9.1 Leid und Freud mit anderen teilen

Die Fähigkeit, sich in einen anderen Menschen einzufühlen, erstreckt sich auf die gesamte Skala der Gefühle und betrifft in aller Regel das Mitleiden und das Mitfreuen, da diese beiden die wohl wichtigsten Gefühlsbereiche sind, die Menschen miteinander teilen. Selbstverständlich stellen sich Wissenschaftler die Frage, ob Empathie und empathisches Verhalten erlernbar sind. Es ist schon früher in diesem Buch deutlich geworden, dass ich der Überzeugung bin, dass jeder Mensch von Geburt an über eine emotionale Vollausstattung verfügt, und das bedeutet für mich auch eine empathische Vollausstattung. Insbesondere hypnotische Experimente belegen, dass wir sogar schon im Mutterbauch und anschließend als Säugling unsere Umwelt in einer sehr vollständigen Weise emotional wahrnehmen und verarbeiten.

> **Beispiel: Tiefe Entspannungszustände nutzen** !
>
> Wussten Sie, dass Sie sich unter Hypnose an jede Situation Ihres Lebens erinnern können? Ein hypnotischer Zustand bedeutet nicht mehr als tiefe Entspannung, andere nennen das Trance. Um in diesem Zustand die Kontrolle über die Selbststeuerung zu behalten, ist ein wenig Übung hilfreich. Im deutschsprachigen Raum gibt es einige herausragende Hypnotherapeuten, die Sie gezielt in solche Zustände führen können. Außerdem gibt es zahlreiche Bücher zum Thema Selbsthypnose, die ebenfalls hilfreich sind.
>
> In der Trance erschließen sich Ihnen im wahrsten Sinne des Wortes neue Ebenen des Bewusstseins und der Wahrnehmung. Denn statt eines Schlafzustandes, den viele Unerfahrene hinter hypnotischen Zuständen vermuten, handelt es sich um eine verstärkte Form der fokussierten und auf das innere Erleben gerichteten Bewusstseinszustände. Sobald Sie in einem solch entspannten Zustand sind, nehmen Sie auch Ihre Gefühle deutlicher wahr und können sie besser zuordnen.

Konsequenterweise bin ich daher der Überzeugung, dass Empathie für jeden Menschen möglich ist, dass Sie sich also nur daran erinnern müssen. Trotzdem sind die Menschen sehr unterschiedlich empathisch, das heißt sehr unterschiedlich in der Lage, sich in andere Menschen einzufühlen und mit ihnen zu leiden oder sich mit ihnen zu freuen. Das hängt an sehr vielen Aspekten, und herausragend sind auch hier die Erziehung und die Kindheit eines Menschen. Als Erwachsener noch empathischer zu agieren, ist deshalb leicht, weil Sie mehr Erfahrung haben und deshalb viele Situationen schon selbst erlebt haben, von denen ein Gesprächspartner berichtet.

9.2 Sensibilität ist eine Grundvoraussetzung

Im weitesten Sinne geht es dabei auch um die Fähigkeit der Sensibilität, wobei diese nicht ganz so weit geht, wie die Empathie. Denn jemand kann sich sensibel verhalten und auf andere eingehen, dabei aber trotzdem emotional unbeteiligt bleiben. Auf der anderen Seite setzt empathisches Verhalten eine große Sensibilität voraus, um sich in den anderen hineinzuversetzen.

Jenseits wissenschaftlicher Definitionen, die ja im Bereich der Gefühle ohnehin nur eine sehr beschränkte Aussagekraft haben, bin ich der Überzeugung, dass Empathie eine Grundvoraussetzung menschlichen Zusammenlebens ist, solange dies in einem lebenswerten Umfeld geschehen soll. Es geht um das Einlassen auf andere – das ist die Basis der Liebe. Solange ein Mensch nicht mehr in der Lage ist, sich in andere hineinzuversetzen, ist er auch nicht liebesfähig. Und vielleicht wissen Sie bereits, dass Sie nur dann in der Lage sind, andere Menschen zu lieben, wenn Sie sich selbst annehmen können. Eine weitere Voraussetzung der Empathie ist also die Fähigkeit, auch mit sich selbst mitzufühlen und seine eigene Gefühlswelt wahrzunehmen.

9.3 Liebe und Empathie

Es besteht eine erstaunliche Parallele zwischen empathischen Fähigkeiten und der Liebesfähigkeit. Denn wirkliche Empathie setzt voraus, dass sich ein Mensch selbst gut versteht und sich in seiner Gefühlswelt gut auskennt. Nur in dem Umfang, in dem Sie in der Lage sind, sich selbst emotional intelligent zu verhalten und die entsprechenden Fähigkeiten entwickelt haben, sind Sie auch in der Lage, andere Menschen zu verstehen und sich in sie hineinzufühlen. Empathie ist eine Voraussetzung für Liebe, denn ohne das Einfühlen in den anderen bleibt die Liebe gefühllos, ein Widerspruch in sich. Diese Fähigkeit jeden Tag neu zu trainieren, heißt also, an der eigenen Liebesfähigkeit zu arbeiten.

> **Übung: Einfühlsam sein**
>
> Erinnern Sie sich an Situationen, in denen es Ihnen leicht fiel, sich in einen anderen Menschen einzufühlen, so als ob Sie selbst betroffen gewesen seien:
> Und wann ist es Ihnen schwergefallen?
>
> Machen Sie sich den Unterschied bewusst? Wodurch unterscheiden sich die Situationen?
>
> Welches Muster ist für Sie entscheidend? Fällt es Ihnen bei negativen Gefühlen leichter oder etwa bei Unfällen als bei positiven Situationen? Oder hängt es von den Menschen ab, mit denen Sie zusammen sind?

9.4 Die Kultur einer Gesellschaft zählt

Mitgefühl zu zeigen scheint auch davon abhängig zu sein, in welcher Gesellschaft ein Mensch aufwächst, denn das Zeigen von Gefühlen wird ja sehr verschieden beurteilt. Also ist es auch nicht einheitlich geregelt, wie tief sich jemand in einem Gespräch auf den anderen einlassen darf. Diese meist ungeschriebenen Gesetze eines Kulturkreises oder einer Gesellschaft scheinen jedem Menschen in Fleisch und Blut übergegangen zu sein, ohne dass sie jemals in Frage gestellt wurden. Das macht es vielleicht am Anfang für Sie schwieriger, diese Normen zu hinterfragen. So scheint es zum Beispiel in den deutschen Innenstädten nahezu verpönt zu sein, sich um Bettler am Wegesrand zu kümmern.

Es geht hier nicht um die Frage, ob diesen Menschen durch Mitgefühl wirksam zu helfen ist. Doch viele Menschen stehen immer wieder vor der Frage, ob sie sich beispielsweise mit einem Obdachlosen, der am Straßenrand bettelt, unterhalten. Oder sie fragen sich, ob sie Geld in den bereitgestellten Hut werfen sollten. Eine andere Perspektive ist die Frage, ob sich eine Wohlstandsgesellschaft überhaupt zigtausende von Obdachlosen leisten darf. Ist es ein Zeichen von Mitgefühl, nicht einmal das Minimum bereitzustellen und stattdessen Geld für Rüstung auszugeben?

Sie merken es, solche Fragen können unter die Haut gehen und Ihr Mitgefühl auf die Probe stellen. Oder Sie schotten sich ab und bringen rationale Argumente für die eine oder Seite vor. Mitgefühl zu haben und zu zeigen, äußert sich auch und gerade in dem Moment, in dem ein anderer eine abweichende Meinung hat. Sie müssen keineswegs alles gut heißen, was ein anderer Mensch von sich gibt. Doch stellen Sie sich immer auch vor, dass Sie vermutlich seine Meinung hätten, wenn Sie sein Leben an seiner Stelle gelebt hätten. Und in dem Moment können Sie sich vielleicht einfach darüber freuen, dass Sie Ihr Leben leben dürfen und Ihre Meinung haben können.

9.5 Empathie bedeutet immer auch Übertragung

Streng genommen ist es unmöglich, sich in andere Menschen einzufühlen. Denn es ist immer eine Übertragung, da niemand je wissen wird, wie es sich für einen anderen Menschen anfühlt, verliebt zu sein, fröhlich zu sein, erstaunt oder überrascht zu sein, sich im weitesten Sinne gut oder schlecht zu fühlen. Doch Empathie findet jenseits der Grenzen dieser Interpretation statt. Bei empathischem Verhalten geht es nicht mehr darum, genau nachzuempfinden, was der andere empfindet und dies in Form von endlosen Feedbackschleifen miteinander anzugleichen.

Fragen wie: »Ist es bei Dir auch so ein Kribbeln in der Magengegend, das anschließend sich nach oben in die Brust bewegt und von dort aus da und da hin ausstrahlt?« sind keineswegs ein Beweis für empathisches Verhalten, sondern entsprechen eher dem sprichwörtlichen Elefanten im Porzellanladen. Es geht auch hier darum, sich auf die Welt des anderen Menschen einzulassen, sich in seine Mokassins zu begeben, wie ein Indianersprichwort sagt.

Je mehr Sie sich also auch mit dem Lesen dieses Buches darauf eingelassen haben, Ihre eigene Gefühlswelt zu erkunden, desto mehr sind automatisch Ihr empathisches Verhalten und Ihre Fähigkeit Empathie gezielt einzusetzen gewachsen. Selbstverständlich wird dies sich in den kommenden Wochen und Monaten nach dem Lesen dieses Buches ständig fortsetzen, zum Teil mit bewusster Wahrnehmung Ihrerseits, zum Teil auch als unterbewusst ablaufender Prozess, der sich aus dem hier Geschriebenen ergibt.

Einfühlen setzt auch voraus, dass Sie Ihr Gegenüber beobachten oder etwa am Telefon gut zuhören.

> **!** **Beispiel: Der Verkauf profitiert**
> Daniela Koschwitz arbeitet in einem Geschäft für Damenoberbekleidung als Verkäuferin. Ihre Stärke ist es, sich ganz auf die Kundinnen einzustellen und sozusagen aus ihren Augen die Kleidungsstücke wahrzunehmen. Dabei ist Daniela vor allem in den ersten Minuten der Begegnung sehr aufmerksam. Sie beobachtet die Kundinnen, beachtet genau, welche Kleiderständer sie näher begutachten und schaut sich vor allem auch die Kleidung an, die die Kundinnen tragen. »Allein dadurch habe ich schon eine gute Vorstellung davon, was der Kundin gefallen könnte«, erklärt Dani-

ela auf Nachfrage. Mit ihren Vorschlägen trifft sie dann oft auf Anhieb ins Schwarze und sie wird dafür nicht nur von den Kunden hoch geschätzt, sie ist auch eine der besten Mitarbeiterinnen des Unternehmens.

Viele Verkäufer haben genau diese Fähigkeit nicht sehr weit entwickelt. Sie gehen zum Beispiel nie als Kunde in ihr Unternehmen, sondern immer nur als Mitarbeiter.

> **Tipp**
> Wenn Sie morgen früh in Ihre Firma gehen, dann versetzen Sie sich vorher in die Situation eines Kunden. Denken Sie darüber nach, mit welchem Bedürfnis Sie dann ankommen würden. Wie würde der Eingang auf Sie wirken, wie die Gestaltung der Innenräume? Fragen Sie sich auch, wie der Kunde empfangen wird. Herrscht ein freundliches Klima in der Firma? Oder fühlen sich Kunden vielleicht als Nummer? Hier hilft Ihnen das Einfühlen, dass Ihr Unternehmen sich schnell bessern kann.

Wahrnehmung bedeutet in diesem Fall also nicht nur, einen anderen Menschen zu beobachten, sondern wirklich mit seinen Augen zu gucken, mit seinen Ohren zu hören und sich dann vorzustellen, auch noch seine Gefühle zu fühlen. Vielleicht haben Sie das schon erlebt, wenn Ihnen ein Freund von einer schmerzhaften Zahnbehandlung erzählt hat. Haben Sie sich so sehr eingefühlt, dass Sie quasi selbst auf dem Stuhl lagen und Ihr Zahn behandelt wurde?

> **Übung: Schieben Sie vor allem die Bilder weg**
> So angenehm es für den anderen sein mag, dass Sie sein Leid teilen und sich ganz mit in den Schmerz begeben, so wenig zuträglich mag es für Sie sein. Denn wenn Sie zu sehr mit jedem und allem mitleiden, kann es anstrengend werden und Sie sogar belasten. Daher ist es wichtig, dass Sie sich an eine entscheidende Technik erinnern, mit der Sie auf Distanz gehen können – im wahrsten Sinne des Wortes. Sobald Sie sich einfühlen wollen, machen Sie sich innere Bilder von der Situation, die der andere (vermutlich) erlebt hat und setzen sich an seine Stelle. Schieben Sie, wenn es Ihnen zu viel wird, diese Bilder einfach ein ganzes Stück weiter weg und beobachten Sie die Szene damit als Unbeteiligter von außen. Dann werden Sie lernen können, wahlweise sehr empathisch zu sein oder auch einfach dem Gespräch folgen zu können, ohne jeden Zahnarztbesuch und jede Geburt eines Gesprächspartners selbst mitzuerleben.

Der Prozess, andere Menschen zum Einfühlen zu bringen, lässt sich mit Hilfe dieser Technik ebenfalls deutlich steigern: Wenn Sie Menschen etwa für ein Projekt begeistern wollen, dann ist es wichtig, es in allen Wahrnehmungskanälen detailliert zu beschreiben. Der Unterschied wird vor allem durch Adjektive und Details erreicht.

Lektion 8: So meistern Sie die Königsdisziplin Empathie

> **! Beispiel: Begeisterung durch Details**
>
> Variante A: Der Geschäftsführer einer Agentur möchte seine Mitarbeiter für einen neuen Kunden begeistern. Er erklärt: »Liebe Mitarbeiter, wir haben den neuen Auftrag von Firma XY bekommen. Durch dieses Projekt werden wir unseren Umsatz verdoppeln und wir werden fünf Mitarbeiter zusätzlich einstellen. Der Kunde freut sich auf die Zusammenarbeit mit uns. Es wird eine schwere Aufgabe, aber wir schaffen das schon. Die ersten Monate müsst Ihr alle sicher Überstunden machen, doch das zahlt sich aus, ich werde für die Mehrarbeit natürlich bezahlen. Als Agentur werden wir mit diesem Projekt in die nächste Liga aufsteigen ...«
>
> Variante B: »Liebe Mitarbeiter, wir haben es geschafft, wir haben die Konkurrenz in einem harten Wettbewerb besiegt, Kunde XY hat sich für uns als seine Agentur entschieden. Jetzt wartet eine große Herausforderung auf jeden von uns und es ist schon klar, dass wir neue, engagierte Mitarbeiter finden, um dieses großartige Projekt zu schultern. Ich weiß, jeder von uns wird in den nächsten Wochen noch einmal zusätzlich Gas geben und mehr arbeiten müssen. Ich bitte Euch, diese Anlaufphase gemeinsam anzugehen. Dafür werden wir belohnt, nicht nur finanziell, sondern auch damit, dass wir als Team eine ganz neue Aufmerksamkeit im Markt bekommen ...«

Details, Adjektive, eine aktive, fesselnde Sprache, das macht den Unterschied, weil damit die Mitarbeiter ganz anders angesprochen werden. Es entstehen auf der Ebene der inneren Prozesse neue Bilder in ihrem Kopf und die lösen die gewünschte Begeisterung aus. Wenn Sie das verstanden haben, dann schauen Sie mal eine der nächsten Hauptversammlungen bei einem deutschen Unternehmen an. Sie werden entsetzt sein, wie blutleer diese Manager sogar große Unternehmen führen. Wie soll mit dem Stil, der dort gepflegt wird, auch nur irgendein Mensch begeistert werden? Die Manager scheinen es ja selbst nicht zu sein. Empathisch wahrzunehmen, was Menschen erwarten oder zumindest erhoffen, und sich darauf einzustellen, das wäre auch hier eine gute Lösung.

> **! Übung: Schmücken Sie die Details aus**
>
> Auf der anderen Seite können Sie diese Technik gezielt nutzen, damit andere sich auch in Ihre leidvollen Erfahrungen voll hineinbegeben können. Hier helfen die Details ebenfalls sehr:
>
> - Variante A: »Ich habe mir mit dem Hammer auf den Finger gehauen. Es tut ziemlich weh.«
> - Variante B: »Ja, Du hast Recht, mein Finger sieht schlimm aus. Es ist gestern Mittag kurz nach dem Essen passiert. Ich ging einfach nur in meinen Werkzeugkeller, um schnell dieses Metallstück von unserem Küchenstuhl gerade zu biegen. Mit der Zange kam ich nicht weiter. Dann habe ich den Hammer genommen. Nicht so einen kleinen, mit dem andere Menschen Nägel in Wände klopfen. Nein, den richtigen, den großen. Und bumm, es war unglaublich, das Blut spritzte sofort unter den Nagel. Kennst Du dieses taube Gefühl des ersten Moments und dann spürst Du diesen stechenden, unendlichen Schmerz. Jetzt

> im Moment pocht es noch immer, ich kann den Daumen nicht bewegen, ohne dass es weh tut. Und heute Nacht habe ich mich auch noch draufgelegt ...«
> Haben Sie Ihre inneren Bilder beobachtet? Wie groß ist der Hammer bei Variante A und wie groß bei Variante B? Und wie groß ist der Daumen auf diesen Bildern? Das macht den Unterschied aus und der dürfte für Sie fühlbar gewesen sein. Schieben Sie nun getrost diese Bilder wieder weg, ich schreibe schließlich dieses Buch und hätte gar keine Zeit, mir mit irgendeinem Hammer auf irgendeinen Daumen zu hauen.

9.6 Empathie im Konflikt

Mit guten empathischen Fähigkeiten lässt sich wohl jeder Konflikt auf diesem Planeten leicht und einfach lösen. Wie kann überhaupt ein Konflikt entstehen? Nach den in diesem Buch getroffenen Festlegungen geht es immer um divergierende Ziele oder um das Gefühl, dass ein anderer nicht dieselben Ziele verfolgt. Das heißt, die erste Möglichkeit einen Konflikt beizulegen, ist es, die Ziele genau zu definieren und herauszufinden, wo die Unterschiede liegen. Daraus mag sich die Erkenntnis ergeben, dass Sie selbst auf dem Holzweg waren und vielleicht sogar einen Fehler gemacht haben. Emotional kompetentes Verhalten bedeutet dann, diesen Fehler auch so schnell wie möglich offen einzugestehen und sich ernsthaft zu entschuldigen, vor allem dann, wenn Sie damit einen anderen Menschen in eine missliche Situation gebracht haben. Um diese Lage des anderen verstehen zu können, ist wiederum Empathie hilfreich.

Die Fähigkeit sich zu entschuldigen, ist ebenfalls nur bei sehr wenigen Menschen gut ausgeprägt und sie setzt empathisches Verhalten und eine sensible Wahrnehmung anderer Menschen voraus. Denn eine hingeworfene Entschuldigung hilft einem anderen Menschen überhaupt nicht. Woran lässt sich eine gute Entschuldigung erkennen? Wichtig ist, dass der Sender der Entschuldigung es ernst meint, indem er die Entschuldigung auf ein konkretes Verhalten in einer bestimmten Situation bezieht. So ist es wenig hilfreich, sich »für heute morgen« zu entschuldigen, weil das viel zu unkonkret ist, um wirklich annehmbar zu sein.

> **Tipp**
>
> Wenn Sie sich bei einem Menschen entschuldigen wollen, dann werden Sie sehr konkret, etwa so: »Ich möchte mich bei Dir entschuldigen dafür, wie ich mich heute Morgen in der und der Weise Dir gegenüber verhalten habe. Bitte nimm meine Entschuldigung an.« Achten Sie dabei auch sehr genau auf Ihren Tonfall, denn der Ton macht ja die Musik. Schulen Sie Ihre Fähigkeit, Ihre Stimme weich und sanft klingen zu lassen. Das wird auch eine Entschuldigung besser ankommen lassen. Das ist die Art und Weise in der wirklich emotional wertige Entschuldigungen anderen Menschen gegenüber vorgebracht werden können.

Das beinhaltet, dass Sie zunächst Ihr Verhalten wirklich bedauern, unabhängig davon, wie die Reaktion des anderen Menschen auf Ihr Verhalten gewesen ist. Denn es mag ja sein, dass der andere Ihr problematisches Verhalten in dieser Situation gar nicht so empfunden hat, sondern dass es nur Sie selbst gestört hat, wie Sie in einer bestimmten Situation agiert haben. Ebenso gut kann es sein, dass nur dem anderen Ihr Verhalten negativ aufgestoßen ist und dass Sie es weiterhin nicht für problematisch halten. In diesen Fällen ist es ganz wichtig, dass Sie mit all Ihren empathischen Fähigkeiten prüfen, wie Sie sich in der entsprechenden Situation aus der anderen Sicht heraus gefühlt hätten. Wenn Sie weiterhin der Meinung sind, dass Sie Ihr eigenes Verhalten gar nicht als problematisch empfunden hätten, dann wird Ihre Entschuldigung auch immer inkongruent ankommen.

9.7 Versetzen Sie sich wirklich hinein

Sie merken schon, dass es für diese Art von Entschuldigung eine ganz besondere Voraussetzung ist, sich zunächst in die Situation des anderen Menschen einzufühlen und sich wirklich darauf einzulassen. Spüren Sie genau in sich hinein, wie sich das für Sie angefühlt hätte, an der Stelle des anderen zu sein. Und nur wenn Sie Ihr eigenes Verhalten aus dieser neuen Perspektive ebenfalls als problematisch empfinden, macht eine ernsthafte Entschuldigung Sinn. Ansonsten werden Sie zum Beispiel einen neuen Weg suchen wollen, indem Sie zum Beispiel Ihrem Gegenüber sagen, dass Sie annehmen können, dass dieser sich durch Ihr Verhalten verletzt fühlt, und dass Sie dabei bleiben, dass Sie Ihr eigenes Verhalten nicht als so problematisch empfinden, wie der andere es vorgibt das Verhalten empfunden zu haben, denn es kann ja durchaus sein, dass Ihr Gegenüber völlig überreagiert hat, in einer Situation, die aus Ihrer Sicht sich ganz anders dargestellt hat.

9.8 Gemeinsame Problemlösung

In solchen Situationen, in denen Sie sozusagen das Problem Ihres Gegenübers nicht einmal richtig verstehen, geschweige denn emotional nachvollziehen können, kann es sehr wichtig sein, sich durch Fragen an Ihr Gegenüber noch tiefer in die jeweilige Situation einzufühlen. Bedenken Sie dabei, dass es immer einen goldenen Mittelweg gibt! Denn es kann nicht Ihre Aufgabe sein, extrem viel Zeit darauf zu verwenden, sich in jeden anderen Menschen nachträglich einzufühlen, nur um zu prüfen, ob Ihr eigenes Verhalten in irgendeiner Weise problematisch war.

> **Beispiel: Schuld ist immer der andere**
> Gerade in manchen Partnerschaften ist es an der Tagesordnung, sich gegenseitig Vorwürfe zu machen und dem Partner die Schuld für alles und jedes zu geben. Wer sich dann immer klein macht und sich ständig entschuldigt, ist mindestens genauso sehr auf dem Holzweg wie der Ankläger selbst, der sein Leben nicht verändern möchte und stattdessen an dem Partner oder der Partnerin herumnörgelt.

Eine gute Faustregel ist, dass es nicht lohnt, sich über vergangene Situationen aufzuregen, wenn das Aufregen länger dauert, als die Klärung der Angelegenheit. Denn es kann nicht Ihre Aufgabe und auch nicht Ihr Ziel sein, dass Sie ab sofort wie ein Emotio-Seismograph durch die Welt gehen, immer bedächtig um sich schauend, ob Sie nicht irgendeinem anderen Menschen durch Ihr Verhalten oder allein schon durch Ihre Anwesenheit Leid zufügen könnten. Das würde viel mehr nur Ihr eigenes Leben in ein absolutes Chaos stürzen und das ist nicht das Ziel dieses Buches und sicherlich nicht das Ziel Ihres Lebens.

Wenn also ein anderer Mensch ein Problem mit Ihnen oder mit einer bestimmten Situation hat, dann ist immer auch die Frage an diesen Menschen erlaubt, wie er sich eine Lösung vorstellen kann. Wenn dieser Mensch dann vorschlägt, dass Sie sich bei ihm entschuldigen, dann können Sie immer noch für sich prüfen, ob dies für Sie angemessen und nachvollziehbar ist. Und nur wenn Sie wirklich zu diesem Schluss kommen, dann macht die oben erwähnte ernsthafte Entschuldigung einen Sinn.

Es kann genauso gut sein, dass der andere in die entsprechende Situation etwas hinein interpretiert hat, was sich aus den Tatsachen schlicht nicht ergibt. Vielleicht hat er ein Gefühl erlebt, dass aus einem Konflikt mit einem ganz anderen Menschen stammt, zum Beispiel aus einer Kindheitssituation. Dann kann es hilfreich sein, den anderen zu unterstützen, indem Sie ihm die Frage stellen, welchen Mangel oder welches Gefühl er in der entsprechenden Situation erlebt hat. Und vielleicht wird dieser dann sagen: »Diese Auseinandersetzung hat mich sofort daran erinnert, wie ich damals mit meinem Vater eine bestimmte Situation erlebt habe...«

9.9 Liebe und Anerkennung geben

In der Regel werden sich die Probleme von Menschen immer wieder auf den Mangel an den Gefühlen Anerkennung, Geborgenheit und Liebe festmachen lassen. Diese drei Grundbedürfnisse sind letztlich die Gefühle, nach denen die meisten Menschen streben. Sobald sie das Gefühl haben, dass eines oder mehrere dieser Gefühle in Gefahr sind, werden sie sich mit anderen Menschen in einen Konflikt begeben. Diesen Konflikt zu lösen ist also ganz einfach, in dem Sie Ihrem Gegenüber Anerkennung zollen, ein Gefühl von Geborgenheit und Liebe ausstrahlen. Dann wird dieser Mensch gerne bereit sein, einen schwelenden Konflikt schnell beizulegen und sich selbst wieder in einen positiven emotionalen Zustand zurück zu begeben.

> **! Tipp**
>
> Auch unter Arbeitskollegen ist dies ganz wichtig: Dem anderen gute Gefühle zu machen, geht am leichtesten über die Anerkennung seiner Person, seiner Leistung oder von irgendetwas anderem, das Sie an ihm begeistert hat. Schenken Sie allen Menschen Anerkennung, dann wird diese tausendfach zu Ihnen zurückkommen. Und erkennen Sie immer auch Ihre eigenen Leistungen an. Auf das Lob eines anderen mit der Phrase »Ach, das war doch gar nichts« oder so ähnlich zu antworten, ist einfach nur ein Zeichen von Minderwertigkeitsgefühlen und mangelnder Anerkennung sich selbst gegenüber. Lassen Sie solche Sätze also einfach weg und genießen Sie jedes Lob voll und ganz.

Ihre emphatischen Fähigkeiten werden auch sehr deutlich von den Rollen beeinflusst, die Sie in Ihrem Leben übernommen haben. Jeder Mensch ist in ein solches Rollenverhalten eingebunden, das zu großen Teilen von Vorbildern übernommen wurde. Das Bild des Rollenverhaltens ist ein wenig irreführend, denn wenn Sie davon ausgehen, in einer Vater-/Mutterrolle, Partnerrolle, Kindsrolle, Kollegenrolle, Chefrolle und so weiter zu sein, stellt sich die Frage, wer Sie überhaupt sind? Aus meiner Sicht geht es bei diesem Rollenverhalten schlicht um verschiedene Bewusstseinszustände, die antrainiert werden.

9.10 Zustandswechsel durch anderes Bewusstsein

Vielleicht haben Sie bisher immer nur zwei verschiedene Bewusstseinszustände angenommen: wach sein und schlafen. Doch das stimmt nicht und sobald Sie begonnen haben, sich besser zu beobachten und aufmerksam zu sein, stellen Sie auch bei sich selbst einen ständigen Bewusstseinswechsel statt. Im Innern hängt dieser Wechsel auch mit verschiedenen, messbaren Gehirnaktivitäten und biochemischen Prozessen zusammen. Die eigene Flexibilität zu erweitern, heißt auf dieser Ebene gesprochen, gezielt verschiedene Bewusstseinszustände einzunehmen, die einer Situation angepasst sind.

Aus diesem Blickwinkel lässt sich emotionale Intelligenz als Fähigkeit begreifen, den eigenen Bewusstseinszustand gezielt zu steuern und auf Wunsch in eine bestimmte Richtung zu verändern. Wenn Sie zunächst einmal ganz grob Stress und Gelassenheit als verschiedene Bewusstseinszustände annehmen, dann ist also die entscheidende Fähigkeit, sich jederzeit aus einem gestressten Zustand in einen gelassenen begeben zu können.

> **Beispiel: Trainieren hilft auch hier**
> In meinen Trainings geht es vor allem darum, dass die Teilnehmer Entspannungszustände kennen lernen und diese bewusst herbeiführen können. Dafür gibt es unzählige Methoden, von denen ich vor allem hypnotische Sprachmuster und Techniken einsetze. Yoga, Meditation und andere Entspannungsmethoden sind hier ebenso geeignet und es hängt von Ihren Vorlieben ab, welche Sie lernen und einsetzen möchten. Warum geht es meist um Entspannung? Weil die meisten Menschen sich exzellent in Stress und Anspannung versetzen können, mit der Entspannung allerdings recht wenig Erfahrung haben. Ein weiterer Aspekt ist, dass Sie selbstverständlich auch ein heißes Bad nehmen, eine Runde durch einen nahe gelegenen See schwimmen oder eine Stunde spazieren gehen könnten. Doch diese Techniken sind recht zeitaufwändig und ich frage mich, wie die gesamte Marketingabteilung eines großen Unternehmens gleichzeitig ein Vollbad zur Entspannung nehmen soll? Sobald Sie gelernt haben sich schnell zu entspannen, werden Sie auch andere Bewusstseinszustände besser wahrnehmen und gezielter zwischen ihnen hin- und herwechseln können.

Einzelne Rollen, die wie beschrieben verschiedene Bewusstseinszustände sind, nehmen Menschen unter anderem dadurch ein, dass sie an einem bestimmten Ort sind.

> **Übung: Achten Sie auf den Wechsel**
> Beobachten Sie zum Beispiel, was mit Ihnen passiert, wenn Sie morgens zur Arbeit gehen: Wann schalten Sie von der Privatperson, die ihre Wohnung verlassen hat, um zu der beruflichen Rolle? Passiert es während der Fahrt? Und wie genau fühlt sich der Unterschied an? Beginnen Sie auch andere Wechsel an sich zu beobachten: Was ändert sich, wenn ein bestimmter anderer Mensch den Raum betritt? Wie ist Ihr Zustand, wenn Sie in einem Supermarkt einkaufen? Und dann fragen Sie sich bitte, ob das jeweils der optimale Bewusstseinszustand ist, um diese Aufgabe zu erledigen. Wenn nicht, dann verändern Sie sich mit all den Techniken, die Sie in diesem Buch gelernt haben.

9.11 Handelnder, Ankläger oder Leidender

Es gibt eine weitere Art von Rollenverhalten, die fest gefügter scheint als die zuvor besprochenen Bewusstseinszustände. Deshalb nenne ich sie auch nicht Rollen, sondern Strategien. Es sind genau genommen Verhaltensstrategien, die auf einer höheren Ebene ablaufen als der Wechsel zwischen den oben beschriebenen Rollen. Diese Verhaltensmuster sind ausgesprochen stark und sie laufen in der Regel auch unbewusst ab. Sie zu verändern ist ein hohes Ziel für jeden Menschen, weil sie mehr noch als die verschiedenen Bewusstseinszustände eingesetzt werden, um andere Menschen nach Belieben zu manipulieren.

Drei Verhaltensweisen scheinen dabei die herausragenden Alternativen zu sein: Die Strategie des Handelnden, die des Anklägers und die des Leidenden. Sie merken sofort, dass dies etwas anderes ist, als ob Sie in einen anderen Bewusstseinszustand gehen, wenn dieser auch sicher mit der Strategie verbunden ist. Die Strategien sind vor allem im Konfliktfall ausgeprägt, wobei viele Menschen scheinbar oft genug in der Defensive sind, um in eines der drei Muster zu rutschen. Bei den meisten Konflikten nehmen Menschen eine bestimmte Rolle ein, die sie vielleicht schon in der Kindheit erlernt und trainiert haben.

> **Beispiel: Manipulative Strategien**
>
> Es ist sicher subjektiv, doch ich habe in unserer Gesellschaft einen gewissen Hang vieler Menschen zur Opferrolle beobachtet. Viele Opfer setzen immer wieder den anderen ins Unrecht, weil dieser ja ach so aggressiv und ach so selbstsüchtig ist. Gerade diese Leidenden brauchen in der Regel ein wenig Zeit, um sich ihr eigenes manipulatives Verhalten vor Augen zu führen und sich bewusst zu machen, dass es ihnen nur um die Manipulation der anderen Menschen ging.
> Ähnlich manipulativ verhalten sich Menschen in der Rolle des Handelnden. Sie möchten jeden anderen Menschen aus seiner misslichen Lebenssituation befreien und würden dafür Himmel und Hölle in Bewegung setzen, ja sogar ihr eigenes Leben geben. Und indem sie dies ihrem Gegenüber klar machen, erhoffen sie sich, dass sie dafür die Gefühle von Anerkennung, Geborgenheit und Liebe sozusagen als Bezahlung zurückerhalten. Was für eine Manipulation!
> Auch die Rolle des Anklägers ist sehr beliebt, das ist der Typ Mensch, der in Konfliktfällen erst einmal aufbrausend reagiert und alle anderen mit seinem wilden Geschrei ins Unrecht setzt. Andere anzuklagen ist nur ein weiteres Verhalten, dass helfen soll, diese Menschen nach eigenem Willen zu steuern und dahin zu manipulieren, dass sie sich unterordnen.

> **Übung: Ihre Lieblingsstrategie**
>
> Denken Sie einmal an die letzte Auseinandersetzung, die Sie vielleicht im Büro oder auch zu Hause mit einem Angehörigen hatten. In welche Strategie – Handelnder, Ankläger oder Leidender – rutschen Sie am leichtesten? Und ist es situationsabhängig?
>
> Machen Sie sich ganz offen bewusst, welche Vorteile diese Strategie für Sie hat. Wie manipulieren Sie die anderen damit?

Offenheit zu sich selbst ist also an dieser Stelle gefragt und je ehrlicher Sie sind, desto klarer wird Ihnen sein, dass Sie dieses alte Verhalten ablegen möchten. Denn diese Manipulation ist anstrengend für alle Beteiligten: Sobald ein Mitglied einer Gruppe oder Familie eine der drei Strategien nutzt, werden die anderen quasi gezwungen, auch in eine der anderen beiden Strategien zu verfallen. In Familien oder unter Kollegen passiert das so selbstverständlich, dass Sie in den nächsten Tagen aus dem Staunen nicht mehr herauskommen werden. Dieses Muster findet sich so gut wie überall und es ist auch in politischen und wirtschaftlichen Kreisen sehr weit ausgeprägt. Selbst auf einer globalen Ebene können Sie im Umgang der Völker miteinander dieses Modell wiederfinden und es bis auf Details mit Ihren eigenen Motivationen vergleichen.

9.12 Strategiewechsel sind keine Lösung

Es kann sein, dass Sie im Verlauf eines Konfliktes die Strategien tauschen, was vielleicht die Beobachtung erschwert, jedoch keine qualitative Verbesserung darstellt. Denn manipulativ ist dieses Verhalten allemal und das immer auf Kosten aller Beteiligten, weil niemand mehr seine wahre Persönlichkeit auslebt. Eine gewisse Kontinuität werden Sie bei sich selbst mindestens in Bezug auf bestimmte Personen und Diskussionsthemen feststellen.

> **Beispiel: Was funktioniert am besten?**
> In der Regel nutzen Menschen die Strategie in einem bestimmten Kontext aus, die sie in der Vergangenheit am weitesten gebracht hat. Dabei ist es durchaus üblich, am Anfang einer Beziehung zu testen, mit welchem Verhalten sich der andere am besten steuern lässt. Beobachten Sie dies einfach mal aufmerksam an sich selbst. So gibt es zum Beispiel Menschen, die anderen zuerst als Ankläger gegenübertreten. Ich stand neulich an einer Tankstelle um meinen Wagen vollzutanken. Da kam ein anderer Autofahrer vorbei, ließ die Seitenscheibe hinunter und schrie mich an, was mir denn einfiele, so weit weg von der Tanksäule zu parken, dass er da nicht mehr durchfahren könne. In solch einer Situation, in der jemand unvermittelt als Ankläger auftritt, hilft es erst einmal durchzuatmen. Ich lächelte den Fremden nach dieser kleinen Pause freundlich an und entschuldigte mich. Denn ich war nicht bereit, mich von ihm in eine Rolle drängen zu lassen, auch wenn er es noch so gerne gesehen hätte. Danach wandte ich mich einfach wieder dem Tanken zu, ich beendete das von ihm begonnen Spiel sicher schneller, als ihm unterbewusst lieb war.

Ihr neues Ziel kann also lauten, aus diesem Teufelskreis schlechter Gefühle und manipulativer Absichten auszubrechen. Auch hier ist die Beobachtung nur ein erster Schritt. Und seien Sie bitte auch bei dieser Erkenntnis vorsichtig im Austausch mit anderen Menschen: Wenn Sie ab heute jedem anderen vorwerfen, wie sehr er Sie mit einer bestimmten Strategie versucht zu manipulieren, bringt das bestimmt nur wenig neue Freunde und Sie wären damit geradewegs wieder hineingeschlittert in die Rolle des Anklägers! Lächeln, entspannen, durchatmen, weitermachen – all dies sind auf jeden Fall bessere Verhaltensweisen, als in einer der alten Rollen hineinzurutschen und sich damit an dem unsäglichen Spiel weiter und weiter zu beteiligen.

> **! Tipp**
> Wenden Sie sich ab und absichtlich einer schöneren Situation zu, die Sie erleben wollen!

9.13 Der Weg aus der Misere

Die beste Möglichkeit, diesen Teufelskreis zu unterbrechen und weder sich selbst, noch allen anderen Menschen eine der drei Rollen aufzudrücken, ist ein kritischer Umgang mit dem eigenen Verhalten. Werden Sie sich bewusst, wann Sie in eine der drei Rollen geschlüpft sind und wie Sie damit andere Menschen zum letzten Mal manipuliert haben.

> **! Übung: Sie kennen jede der drei Strategien**
> Erinnern Sie sich an eine Situation in der Sie den Handelnden gespielt haben:
>
> Erinnern Sie sich an eine Situation in der Sie der Leidende gewesen sind:
>
> Wann sind Sie zuletzt als Ankläger aufgetreten?

So wirkungsvoll alle drei Rollen im Konfliktverhalten sind, so wenig nützlich sind sie auf dem Weg zu mehr emotionaler Intelligenz. Denn es wird nicht mehr Ihr Ziel sein, andere Menschen dahin zu manipulieren, wo Sie sie hinhaben möchten. Emotional intelligent zu reagieren bedeutet auch, frei zu sein von angestammten Rollen und Strategien, egal wie beliebt diese in unserer Gesellschaft sein mögen. Je mehr Sie sich aus einem alten Verhalten befreien können, desto fröhlicher wird Ihr Leben sein, und desto mehr werden Sie den Umgang mit anderen Menschen wieder genießen können.

9.14 Bemerken Sie schlechte Strategien

Manipulativen Strategien lassen sich auch an anderen Stellen beobachten. Teilweise haben sie einen Zyklus von mehreren Stunden, wenn nicht sogar Tagen. Das lässt sich besonders gut bei Paaren beobachten, die wach genug und bereit dazu sind, ihr Verhalten kritisch unter die Lupe zu nehmen. Solche Paare können zum Beispiel beobachten, dass sie sich gegenseitig Verletzungen zufügen, und dabei einer Art Ping-Pong-System folgen.

> **Beispiel: Die Revanche kommt bestimmt**
> Es kann zum Beispiel sein, dass sich einer der beiden Partner durch die Bemerkung des anderen gekränkt oder verletzt fühlt. Das kann in dem Moment, in dem es stattfindet, nur eine kleine Verletzung sein, die ein kleines ungutes Gefühl auslöst. Wenige Stunden später folgt dann die Retourkutsche, das heißt, der eine Partner führt dem anderen ebenfalls eine verbale Verletzung zu. Wenn das Paar jetzt ein bisschen Übung mit solchen Situationen hat, dann ist die Frage erlaubt, warum diese Verletzung zugefügt wurde? Und dann kann es zum Beispiel sein, dass sich beide Partner auf die Suche begeben, wann dieser Kreislauf begonnen hat. In aller Regel wird es ihnen leicht fallen, die ursprüngliche Ursache der Verletzung zu finden und sich an das leicht negative Gefühl bei der Bemerkung des Partners zu erinnern. Und damit ist sofort klar, dass es sich bei der erneuten Verletzung nur um eine Retourkutsche gehandelt hat.

Im Umfeld beobachte ich Paare immer wieder dabei, wie sie nach diesem Ping-Pong-System zum Teil über Jahre hinweg dem Partner Verletzungen zufügen und sich mit der Zeit immer heftiger wehtun. Selbstverständlich ist dies nicht sinnvoll und zum Teil verstehen die Paare gar nicht, warum sie so verletzend miteinander umgehen. Um diesen Teufelskreis des gegenseitigen Verletzens zu durchbrechen, ist es entscheidend, die eigene Bewusstheit immer weiter zu schärfen und sich auch mit dem Partner darüber auszutauschen, an welchen Stellen zum Beispiel eine bestimmte Aussage oder ein bestimmtes Verhalten als verletzend empfunden wurde.

> **Tipp**
> Dies bedeutet nicht, dass das Verhalten tatsächlich verletzend war. Es bedeutet nur, dass der jeweils andere dieses Verhalten oder eine bestimmte Aussage als verletzend empfunden hat. Schon diese Formulierung wird es für Sie deutlich leichter machen, mit der Verletzung umzugehen, die Ihnen Ihr Partner oder Ihre Partnerin scheinbar zugefügt hat.

9.15 Nutzen der Empathie

Je weiter Sie Ihre emotionalen Fähigkeiten entwickeln, desto mutiger treten Sie selbstverständlich für sich und auch für andere ein. Denn die Bewusstheit für Ihre eigenen Gefühle und für Ihre Lebenssituation sorgt dafür, dass es Ihnen auch immer leichter fällt, sich für Ihre Gefühle einzusetzen, allein schon deshalb, weil Sie verstanden haben, dass damit die Gefühle immer stärker und immer deutlicher fühlbar werden. Vielleicht haben Sie eine ganze Zeit lang Ihre Gefühle nicht mehr wahrgenommen. Das lag vermutlich vor allem daran, dass Sie die Gefühle zwar hatten, diesen aber nicht mehr gefolgt sind.

Da es nun an der Zeit ist, jedes noch so gering wahrgenommene Gefühl wie ein heranwachsendes Pflänzchen zu behandeln und sich darüber zu freuen, dass Sie Ihre Gefühle mehr und besser wahrnehmen können, werden Sie selbstverständlich auch stärker für diese Gefühle eintreten wollen. Das gilt im negativen, wie vor allem auch im positiven Sinn. Wenn Sie also einen Menschen kennen lernen, von dem Sie wirklich begeistert sind, oder dessen Fähigkeiten und Leistungen Sie begeistert haben, dann sollten Sie dies auch ausdrücken.

Viele Ärzte scheinen Ihre empathischen Fähigkeiten häufig schon am Eingang zu ihrer Praxis oder Klinik abzugeben. Sollten Sie als Arzt tätig sein, dann empfehle ich Ihnen, die in diesem Buch gegebenen Tipps und Übungen sehr gewissenhaft durchzuführen, weil die industrialisierte und mechanisierte Art, in der heute viele Mediziner ihren Beruf ausüben nicht mehr viel mit emotionaler Kompetenz, geschweige denn mit emotionaler Intelligenz zu tun hat. Das ist nicht weiter schlimm, denn alle Beobachtungen deuten darauf hin, dass sich die Ärzte mindestens mittel- bis langfristig mit dieser Art überflüssig machen. Immer mehr Menschen strömen zu so genannten alternativen Heilungsmethoden und wählen sich anstelle eines Arztes einen Berater, der bereit ist, mit der nötigen Empathie zuzuhören und auf die tatsächlichen Probleme der Menschen einzugehen.

Es lässt sich also beobachten, dass Empathie auch eine Möglichkeit ist, Geld zu verdienen. In vielen Berufen ist sie notwendig und wichtig, am meisten jedoch dann, wenn es um die Gesundheit von Menschen geht. Insofern werden in diesen Gesundheitszweigen neue Menschen gesucht, die bereit sind, anstelle von chemischen Produkten wieder auf ihre innere Stimme und ihre empathischen Fähigkeiten zu hören und diese auch tagtäglich einzusetzen.

9.16 Gewähren Sie Freiheit

Ihre zunehmenden empathischen Fähigkeiten geben Ihnen auch immer neue Möglichkeiten, anderen Menschen in Ihrer Umgebung die dringend benötigte Freiheit für die Entwicklung und für das eigene Verhalten zu geben. Selbstverständlich ist das Hineinversetzen in einen anderen Menschen die beste Möglichkeit, ihm diese Freiheit zu gewähren, weil Sie dann nachvollziehen können, wie sich dieser Mensch fühlt.

Insbesondere in Bezug auf Ihre Kinder oder auf Mitarbeiter, denen gegenüber Sie weisungsbefugt sind, ist diese Erkenntnis wichtig und entscheidend. Denn gerade für Manager gilt, dass die Mitarbeiter in aller Regel auch erwarten, dass sie von Vorgesetzten zumindest anerkannt werden. Nach meiner Erfahrung zeichnen sich richtig gute Manager dadurch aus, dass sie ihren Mitarbeitern auch ein Gefühl von Geborgenheit geben, das keinen Widerspruch zu der oben genannten Freiheit darstellen muss. Manager die heute gebraucht werden, verfügen über die nötige Empathie mit anderen Menschen gemeinsam und auf sehr gefühlvolle Weise Ziele zu entwickeln und diese zu verfolgen. Das beinhaltet selbstverständlich auf der anderen Seite, die Ängste dieser Menschen zu verstehen und sie dabei zu unterstützen, diese Ängste gemeinsam zu überwinden.

Sobald es ein Mensch geschafft hat, seine Ängste in den Griff zu bekommen, ist er in der Lage, andere Menschen bei dem Prozess der Überwindung von Angst zu begleiten und hilfreich zur Seite zu stehen. Auf der anderen Seite hilft es wenig, die Empathie in solchen Situationen zu übertreiben. Schließlich will zum Beispiel ein Prüfling, der völlig nervös und panisch in die Prüfungssituation kommt, keinen Prüfer erleben, der sich in die Situation so weit einfühlt, dass er selbst vor Nervosität und Angst kaum mehr in der Lage ist die Prüfung durchzuführen. Empathie will sehr wohl dosiert sein, und es ist wichtig, auch hier das geeignete Maß zu finden.

9.17 Gleichberechtigung von Mann und Frau – auch bei den Gefühlen

Es scheint einen signifikant unterschiedlichen Umgang von Männer und Frauen in Bezug auf ihre emotionalen Fähigkeiten zu geben. Damit stellt sich im Umkehrschluss die Frage, ob sich Männer Frauen gegenüber überhaupt empathisch verhalten können und umgekehrt? Ich bin der Überzeugung, dass aller wissenschaftlichen Forschung zum Trotz Menschen in der Lage sind, sich in andere Menschen einzufühlen und andere Menschen zu verstehen. Dabei spielt es überhaupt keine Rolle, ob es sich um einen Mann oder um eine Frau handelt.

Auf der anderen Seite kann es gerade in Partnerschaften von großer Bedeutung sein, sich der Gefühlswelt des anderen bewusst zu werden und darauf zu reagieren. Selbstverständlich und glücklicherweise wird nicht jede Frau ein emotionales Problem in gleicher Weise lösen wie ein Mann. Genau dieser Unterschied sorgt ja auch für die Anziehungskraft, die viele von uns im täglichen Leben sehr genießen. Wie langweilig wäre es, wenn wir alle in emotionaler Hinsicht gleich wären? Dies ist einmal mehr ein Plädoyer für eine verstärkte empathische Reaktion, denn die Empathie erlaubt es uns, uns auch in die Gefühlswelt des anderen Geschlechts einzufinden und in dieser mit im Lauf der Zeit sehr wohl kompetent zu agieren.

Eine Voraussetzung bei all dem ist sicherlich, mit anderen und vor allem auch mit sich selbst Geduld zu haben. Diese Geduld bedeutet, dass Sie sich immer und für alles genug Zeit nehmen. Nehmen Sie sich Zeit für die Entwicklung neuer emotionaler Fähigkeiten! Nehmen Sie sich Zeit, auf andere Menschen einzugehen und zu verstehen, was in diesen vorgeht. Es ist unabhängig davon, welche Fähigkeiten Sie letztlich erwerben wollen. Die entscheidende Frage ist, wie viel Zeit Sie sich dafür lassen wollen, diese Fähigkeit zu entwickeln. Und nach meiner Erfahrung sind viel zu viele Menschen in der heutigen Zeit viel zu hektisch unterwegs, in dem Bestreben darum, möglichst alles schon gestern erledigt und erlebt zu haben. Das ist wenig sinnvoll, denn Erfahrungen lassen sich am besten in Ruhe und Gelassenheit sammeln. Das gilt mehr als alles andere vor allem für die Erfahrungen mit neuen Emotionen.

Auch im Zusammenhang mit der Empathie ist es sehr wichtig, dass Sie die Wahrnehmung Ihrer eigenen Prozesse steigern und Ihre Aufmerksamkeit an dieser Stelle erhöhen. Dabei soll diese gesteigerte Wahrnehmung von dem sehr weit verbreiteten Egoismus, dem ständigen Selbstbezug abgegrenzt werden. Wenn Sie sich in die Situation eines anderen Menschen hineindenken, dann ist die Frage sehr wichtig, was diese Situation mit Ihnen macht. Erst wenn Sie sich darüber eine klare Vorstellung gemacht haben und wirklich in sich hinein gefühlt haben, wird es Ihnen leicht fallen, auf den anderen Menschen einzugehen.

9.18 Empathische Entwicklung bei Kindern

Falls Sie Kinder haben, ist es besonders wichtig, dass Sie Ihre eigenen emotionalen und empathischen Fähigkeiten fördern, denn nur dann werden Sie in der Lage sein, Ihre Kinder in diesem Bereich richtig gut anzuleiten. Sie werden bei Ihren Kindern vielleicht schon beobachtet haben, dass diese sozusagen automatisch über sehr fundierte emotionale Fähigkeiten verfügen. Wenn ein Kind zum Beispiel von einer bestimmten Situation erzählt, dann hängen die anderen Kinder nicht nur an seinen Lippen, sondern sie begeben sich direkt in die Situation hinein, so als würden sie sie gerade jetzt durchleben. Das ist eine wunderbare Fähigkeit, die auch in den Schulen deutlich gefördert werden sollte.

Nach meiner Erfahrung ist dies etwas, was zum Beispiel viele Deutschlehrer nicht verstehen, wenn sie bestimmte Romane als Lektüre für ihre Schüler auswählen. Gerade bei Kindern und Jugendlichen ist die Fähigkeit, sich in andere Menschen hinein zu versetzen, in der Regel noch recht ausgeprägt. Das bedeutet für einen ausgewählten Roman, dass die Kinder in die Rolle des Helden schlüpfen und sich mit diesem identifizieren. Wenn dieser dann unsinnige Dinge erlebt oder ihm großes Leid widerfährt, dann muss dies nicht notwendigerweise die beste Möglichkeit sein, den Schülern zu mehr emotionaler Kompetenz zu verhelfen. Das mag nun deshalb passieren, weil viele Lehrer selbst im Bereich der emotionalen Intelligenz durchaus von einem Nachhilfeunterricht profitieren könnten. Doch das muss ja auf der anderen Seite nicht bedeuten, dass unser Schulsystem nicht zumindest allmählich eine gewisse Reformation ertragen kann und sich neuen Gedanken öffnen darf.

> **Beispiel: Vier Millionen andere warten**
> Bei einem Gespräch mit einer Langzeitarbeitslosen wurde ich einmal mit der folgenden empathischen Reaktion konfrontiert: Sie könne keine neue Arbeitsstelle annehmen, weil sie ja damit einem der anderen rund vier Millionen Arbeitslosen in unserem Land die Stelle wegnehmen würde. Wenn Sie die Sichtweise dieser jungen Frau einfach nur für dumm halten, dann greift das vielleicht zu kurz. Ihr war es ein ernsthaftes soziales Anliegen, an eine anonyme Gruppe von vier Millionen anderen Arbeitslosen zu denken, anstatt ihr eigenes Wohl in den Vordergrund zu stellen. Meine Antwort an diese junge Frau war die, dass sie niemandem helfen könne, wenn sie selbst in einer schwachen Situation sei. Das mag eine wichtige Erkenntnis auch für Sie sein: Auch im Bereich der Emotionen können Sie Menschen nur dann unterstützen, wenn Sie einen gewissen Grad emotionaler Intelligenz erworben haben.

9.19 Leben Sie Ihr eigenes Leben

Auf den Weg zu neuen Erfahrungen und damit auch zu neuen Gefühlen, den Sie mit dem Lesen dieses Buches beschritten haben, werden sich immer mehr Möglichkeiten ergeben, in denen Sie auch von Ihren neuen empathischen Fähigkeiten profitieren. Wenn Sie dabei einmal unsicher werden sollten, was der richtige Weg für Sie oder für einen anderen Menschen ist, dann möchte ich Ihnen für diese Situation noch eine neue Möglichkeit an die Hand geben:

> **! Übung: Fragen Sie Ihr Herz**
>
> In jeder Situation, in der Sie eine Entscheidung treffen müssen und vielleicht unsicher sind, können Sie Ihr Herz befragen. Ja, ich meine dies wörtlich! Schließen Sie die Augen, hören Sie in sich und stellen Sie Ihrem Herz bewusst die Frage, wie Sie sich in dieser Situation entscheiden sollten. Diese Übung hat einen ganz konkreten Hintergrund: Wissenschaftler haben herausgefunden, dass Ihr Herz als einziges Organ Ihres Körpers mehr Informationen an das Gehirn sendet, als es vom Gehirn erhält. Ihr Herz ist das einzige Organ, das das Gehirn für seine Arbeit nicht benötigt, es schlägt auch außerhalb Ihres Körpers eine zeitlang weiter. Das Herz scheint also ein intelligentes und völlig autonom agierendes Organ zu sein. Insofern ist es doch logisch, dass Sie Ihrem Herzen wirklich eine Frage stellen können. Probieren Sie es doch jetzt gleich einmal aus!

9.20 Leben Sie im emotionalen Wohlstand?

Zum Abschluss dieses Buches möchte ich Ihnen ans Herz legen, eine neue Form von emotionalem Wohlstand zu leben, die Sie bisher vielleicht noch nie erreicht haben. Tatsächlich sind Emotionen der wohl wichtigste Begleiter durch dieses Leben und einer der wichtigsten Motivatoren, die Sie haben. Sie haben in diesem Buch gelernt, dass Sie Ihre Gefühle gezielt beeinflussen können und dass Sie mit allen Gegenständen im Außen immer nur bestimmte Gefühlszustände im Innen verbinden. Insofern scheinen Gefühle die Bindeglieder zwischen dem Äußeren und Ihrem tiefen inneren Selbst zu sein.

Machen Sie sich doch an dieser Stelle noch einmal bewusst, was ihr bisheriges Leben so besonders und hoffentlich auch wunderschön gemacht hat: Es sind die Beziehungen, die Sie mit anderen Menschen aufgebaut haben, und die Erlebnisse, die Sie mit diesen Menschen hatten. Natürlich mag es sein, dass sie sich im Rückblick auch an besondere Gegenstände erinnern, die Sie sich gegönnt oder die Sie geschenkt bekommen haben. Doch meiner Auffassung nach ist es das wichtigste, wenn wir uns daran erinnern, was wir mit anderen Menschen erlebt haben. Vermutlich haben Sie so wie ich und andere Menschen auch das Ziel, eines Tages auf ein erfülltes Leben zurückzuschauen.

9.21 Leben im Rückspiegel sehen

Denn genau das werden wir alle eines Tages erleben: Im letzten Moment, den wir auf diesem Planeten erleben, werden wir noch einmal zurückschauen auf das, was dieses Leben ausgezeichnet hat. Wenn Sie sich schon einmal um dieses Thema gekümmert und vielleicht das ein oder andere Buch dazu gelesen haben, dann wissen Sie, dass das ganz offensichtlich etwas ist, was jeder Mensch tut. Ich möchte mit diesem Buch und dem übrigen mit all der Arbeit, die ich jeden Tag tue, dazu beitragen, dass sie aus Ihrem Leben etwas Besonderes machen! Emotionale Intelligenz in der in diesem Buch vorgestellten Weise ist der Schlüssel dazu.

Deswegen ist es meine Aufgabe als Trainer und als Autor, Sie bei der Erschließung neuer innerer Welten zu begleiten. So möchte ich dieses Buch verstanden wissen, und ich freue mich darüber, wenn Sie das Lesen dieses Buches zum Anlass genommen haben, sich selbst auf die Reise in Ihr Inneres zu begeben. Vielleicht waren Sie schon auf diesem Weg und das Buch hat Sie dabei unterstützt, an einigen Stellen noch einige Schritte weiterzugehen. Auf jeden Fall wünsche ich Ihnen von heute an für den Rest Ihres Lebens, möglichst viele emotional erfolgreiche und erfüllte Tage. Genießen Sie jeden Atemzug und beginnen Sie, das Leben als das Wunder wahrzunehmen, das es wirklich ist.

9.22 Zusammenfassung

- Teilen Sie gerade mit denen Menschen, mit denen Sie zusammenleben, alle Gefühlszustände. Gemeinsam zu trauern gehört ebenso dazu wie möglichst oft fröhlich zu sein und Spaß miteinander zu haben.
- Üben Sie sich darin, sensibel zu sein und den Gefühlszustand eines anderen Menschen möglichst genau auszuloten.
- Eine trainierte Beobachtungsgabe hilft Ihnen, sich schnell und einfach in die Situation eines anderen hineinzuversetzen.
- Jeder hat seine eigenen Gefühle und niemand weiß, wie die sich für den anderen genau anfühlen. Bleiben Sie bei Ihrem Gegenüber und damit bei seinen Prozessen.
- Empathie ist eine entscheidende Fähigkeit, um Konflikte schnell und einfach zu lösen.
- Verlassen Sie alte Strategien, die Sie nicht weitergebracht haben, und werden Sie endlich der Mensch, der Sie wirklich sind.
- Schenken Sie jedem Menschen Liebe und Anerkennung, lassen Sie ihm oder ihr die Freiheit der eigenen Entwicklung. Das gilt auch und vor allem für Sie selbst!
- In emotionalem Wohlstand zu leben ist ein wichtiges Ziel für jeden Menschen.

Literaturliste

Anstelle eines möglichst kompletten Literaturverzeichnisses erhalten Sie in diesem Buch Hinweise auf ausgewählte Werke rund um die im Buch angesprochenen Themen. Das sind meine Empfehlungen an Sie, die keinen Anspruch auf Vollständigkeit erheben.

Emotionale Intelligenz, Daniel Goleman, München, Wien 1995
Dies ist das Standardwerk im Bereich Emotionale Intelligenz. Es ist ein Werk, das mit unzähligen Statistiken und Zitaten wissenschaftlicher Studien glänzt. Damit hat Goleman eine wichtige Basis für alle anderen Bücher in diesem Bereich gelegt. Allerdings enthält diese Buch kaum Handlungsalternativen und hat so einen nur geringen praktischen Wert im Alltag. Pflichtlektüre für Personaler, Manager und engagierte Eltern, die im Beirat des Kindergartens oder der Schule endlich fundiert mitdiskutieren können. Alle anderen dürfen verzichten.

Emotionale Führung, Daniel Goleman und andere, Berlin 2003
Dieses Werk richtet sich vor allem an Manager und Personaler und hat deutlich mehr Praxisbezug. Es enthält wieder defensive Strategien von Goleman, bei dem ich immer das Gefühl habe, dass er sich gegen Vorwürfe verteidigt, die es gar nicht (mehr) gibt. Das mag allerdings an meiner persönlichen Einstellung zum Thema liegen. Wer über diese kleine Schwäche hinweg schauen mag, findet einen netten Ratgeber, der über das Spektrum der meisten Bücher hinausgeht, weil er die Unternehmenssituation zum Inhalt hat. Revolutionäre Konzepte finden sich allerdings darin nicht.

Du sollst nicht merken, Alice Miller, Frankfurt 1981
Endlich hat sich jemand getraut, aus der überkommenen Welt Freuds herauszutreten und neue Konzepte zu erschaffen. Alice Miller ist vor allem für die Menschen spannend, die sich mit Missbrauchsthemen beschäftigen. Sexueller Missbrauch ist in den Industrienationen weit verbreitet, die offiziellen Statistiker sprechen davon, dass jedes dritte Mädchen und jeder siebte Junge sexuell missbraucht wird. Also handelt es sich offenbar um ein Thema, das lange genug tabuisiert wurde und das an die Öffentlichkeit drängt. Alice Miller unterstützt Opfer mit den ersten tauglichen Prozessen, die weit über das hinausgehen, was auch heute noch den meisten Therapeuten in diesem Bereich angeboten wird. Da sie viel mehr als dieses Buch zum Thema geschrieben hat, lohnt es sich, in der Buchhandlung einen Blick in die Bücher zu werfen und so das passende zu finden.

Emotionale Erpressung, Susan Forward, München 1998
Susan Forward ist nach ihrem Buch »Vergiftete Kindheit« mit »Emotionale Erpressung« ein spannendes Werk gelungen. Hier wird deutlich, wie sehr vor allem Kinder unter der emotionalen Erpressung leiden und wie sich dieses Thema dann bis ins hohe Alter fortsetzt. Ein wenig stört, dass nach der ersten Hälfte des Buches zu viele Wiederholungen drin sind, aber die erste Hälfte ist klasse und bringt neue Ideen und Möglichkeiten, mit der Erpressung umzugehen.

Gewaltfreie Kommunikation, Marshall B. Rosenberg, Paderborn 2004
Dr. Rosenberg hat ein sehr gutes Konzept für eine bessere Kommunikation entwickelt, das sich auch im Alltag von Familien, Unternehmen und Schulen einsetzen lässt. Hier geht es auch darum, wie die Sprache sich auf die Gefühlswelt auswirkt und wie sich diese Auswirkungen beheben lassen. Ein Buch, das ich Ihnen wirklich ans Herz lege.

Die Verweigerung der Hörigkeit, Neil Postman, Frankfurt am Main 1988 Neil Postman hat mit seinen Büchern dazu beigetragen, den Einfluss der Medien auf die Entwicklung von Kindern und auf die gesellschaftlichen Prozesse zu erklären. Dass er dabei in den 80er Jahren des letzten Jahrhunderts nicht übertrieben hat, lässt sich im Zeitalter des Internets und der Computerspiele nicht leugnen. Das Buch ist ein guter Einstieg in das Thema Manipulation durch Medien und die Beeinflussung unserer Gefühle durch diese.

Veränderung des subjektiven Erlebens, Richard Bandler, Paderborn 1987
In diesem Buch entwickeln Sie Ihre Fähigkeit weiter, innere Bilder, Stimmen, Geräusche und Gefühle gezielt zu verändern. Sie haben ja bereits in diesem Buch viel darüber gelernt, dies ist die Chance, noch mehr Übungen zu machen und neue Erfahrungen mit dem inneren Erleben der äußeren Welt zu sammeln.

Sie suchen individuelle Tipps?
Buchtipps zu geben ist etwa so, als würde ich Ihnen gute Restaurants in München empfehlen, wenn Sie in Hamburg wohnen und nicht einmal eine Reise nach München planen. Besser sind individuelle Tipps und die gebe ich Ihnen gerne. Schreiben Sie mir, welches Ziel Sie verfolgen, dann gebe ich Ihnen gerne den einen oder anderen Tipp, wenn ich einen habe. Meine E-Mail-Adresse lautet: info@fresh-academy.de

Der Autor

Marc A. Pletzer ist Bestseller-Autor und ein gefragter Redner und Trainer im deutschsprachigen Raum. Er wurde zum NLP Master-Trainer der Society of NLP ernannt und als einziger Deutscher in den Kreis des Transformational Leadership Council (TLC) aufgenommen. Gemeinsam mit seiner Frau Wiebke Lüth gibt er seit über acht Jahren den wöchentlichen, kostenlosen NLP-fresh-up Podcast heraus, den über 100.000 Menschen im deutschsprachigen Raum hören. Mit seinen Hörbüchern, Büchern, Videos, Presseartikeln, Blogs, Fernseh- und Radiobeiträgen erreicht er Tausende Menschen, die bereit sind, ihr Leben zu verändern.

Er leitet den Schweizer Verlag Blue Planet AG, ist als Buchautor und Journalist seit über 30 Jahren aktiv und seine fresh-academy GmbH gehört zu den größten und erfolgreichsten NLP-Instituten der Welt. Dort gibt er Seminare zu den Themen NLP, persönliche Weiterentwicklung, Hypnose und Präsentation.

Weitere Informationen über ihn und seine Aktivitäten finden Sie unter www.fresh-academy.de.

Stichwortverzeichnis

A
Abhängigkeit 50
Absicht 88–90
Absprachen 80
aktives Zuhören 120, 121
Akzeptanz 52
Anerkennung 133, 179
Angst 17, 68, 86, 102, 112
Ankläger 182
Anonymität 117
Autofahren 23
Automatismus 24
— unerwünschter 24

B
Bauchmensch 39
bedingungslose Liebe 52
Bedürfnis 76, 77
Begeisterung 92, 93
Beobachtungsgabe 118
Berufung 85
bewusste Inkompetenz 23
bewusste Kompetenz 23
Bewusstseinszustände 180
Beziehungsaufbau 126
Beziehungsmanagement 135
Bezugsebene 160
Bilder
— innere 66, 68
— negative 71
blindes Vertrauen 165
Botschaft 129
Businessnetzwerke 147, 148

C
Chaos 104

D
Defizit 29
Disziplin 111

Du-Botschaft 129
Durchhaltemuskel 85

E
Eigenverantwortung 104, 106
Einfühlen 118
Eitelkeit 86
emotionale Grundausstattung 31
emotionaler Wohlstand 190
emotionale Verletzung 20, 21
Empathie 15, 48, 171, 172, 177, 186, 188
Engelsreframing 115
Entscheidung 82, 83
Entschuldigen 177, 178
Entspannung 107
Entspannungsübungen 108
Entstehen von Gefühlen 22
Erfolg 15
Erfolgsverhinderer 85
Erinnerung 25
Erziehungsstil 52

F
Faulheit 85, 86
Feedback 119, 161
Filter 66
Fluchtreaktion 101
Frau 187
Freiheit 54, 187
Fremdbestimmung 110
Freundschaft 139

G
Geben und Nehmen 124
Geborgenheit 179
Gedankenbarometer 42
Gedankenkontrolle 42
Gedankenqualität 43
Gefühl 14, 54

Gefühle
— abgekoppelt 29
— anderer Menschen 15
— erinnern 35, 41
— Gedankenbarometer 42
— manipulative 75
— steuern 27
— trainieren 16
— unterdrückt 29
Gefühlswortschatz 53
Gegenbeispielsortierer 83
Gehirnareale 73
Gelassenheit 112
gesteigerte Wahrnehmung 27
Glaubenssatz 34, 36, 158
Glaubenssystem 20
Gleichberechtigung 187
Goleman, Daniel 14, 22

H
Handelnder 182
Handlungsanweisung
— direkte 131
— indirekte 130
Herz 190
Hormon 18
Hypnose 171

I
Ich-Botschaft 129, 130
Inkompetenz 23
In meiner Welt … 159
innere Bilder 66, 68
innere Stimme 73, 87
Intelligenz 13
Internet-Plattformen 139
Intuition 82, 87, 88

J
Ja, aber … 105, 161
Ja, und … 161

K
Kindheit 36, 98, 110, 124, 188
Kodex 164
Komfortzone 69
Kommunikation 119, 120, 140, 144
— präzise 132
— über Gefühle 53
Kommunikationsprofi 153
Kommunikationstricks 159
Kompetenz 23, 24
Konflikt 162, 177
Konsum 29
Kontakt 118, 142
— aufbauen 120, 123, 126, 150
— pflegen 135
Kopfmensch 39
Körper 40
Körperhaltung 157
Körpersprache 155–157
Kulturkreis 173
Kümmern 109
Kündigung 19
Kurznachricht 140, 141

L
Lebensmotto 36
Lebenssituation 29
Leidender 182
Liebe 52, 54, 179

M
Manipulation 75, 96
Manipulative Strategie 185
Mann 187
Meditation 108
Mehrabian, Albert 155
Merkfähigkeit 25
Miller, Alice 20
Mimik 155
Mobbing 166
Modaloperatoren 97
Motivation 28, 79, 92, 97
motivierende Ziele 79

N
negative Bilder 71
negative Emotionen 75
negativer Stress 103
Neid 98
Nein sagen 109
Netzwerk 149, 151
neuronale Verknüpfung 26, 27

O
Offenheit 168
Öffentlichkeit 145
Optimismus 19

P
Phobieheilung 68
positiver Gefühlszustand 114
positiver Stress 103
private Netzwerke 149
Privatsphäre 142
Problemlösen 178
Prophezeiung, selbst erfüllende 114
Propulsion System 28
Pubertät 83

Q
Qualität der Gedanken 43

R
Realität 77
Realität steuern 21
Reframing 115
Resonanzgesetz 45
Ressource 61, 73, 101
Ressourcensteuerung 111
Revanche 185
Rollen 181

S
schlechte Gefühle 75
Schonungslosigkeit 168
Schriftlichkeit 61
Schweinehund 84
Selbstbeobachtung 70

Selbstbewusstsein 59, 61, 65, 72, 78
Selbstdisziplin 86, 111
Selbsterkenntnis 59
Selbstfindung 59, 60
Selbstkritik 90
Selbstmotivation 92, 94
Selbststeuerung 111
Selbsttest 31
Selbstvertrauen 80
Sensibilität 172
Sinn 29
Sinnlosigkeit 29
Situation umdeuten 112
soziale Kompetenz 117
soziales Netzwerk 139, 142
Spiegelneuron 121
Strategie 181
Strategiewechsel 183
Stress 17, 19, 101
Stressfaktor 101, 102
Stresshormonen 18

T
Trance 25

U
Überforderung 101
Übertragung 174
Umgang mit Gefühlen 15
unbewusste Inkompetenz 23
unbewusste Kompetenz 24
unterbewusste Filter 66
Unterbewusstsein 23, 26
Unterforderung 101

V
Veränderung 57, 65, 68
Veränderungsprozess 28
Verantwortung 29
Vergangenheit 29
Verhaltensstrategie 181, 183
— Ankläger 182
— Handelnder 182
— Leidender 182

Verhinderer 85
Verknüpfung 25–27
Versprechen 80
Vertrauen 165
Vision 61
Vorbild 34

W
Wahrnehmung 25
 — Gefühle 15
 — gesteigerte 27
Wechseln der Bezugsebene 160
Werbeindustrie 142
Werte
 — Freiheit 54
 — Liebe 54
Wertehierarchie 56
Widerspruch 161
Wortschatz 153
Wortwahl 164

Y
Yoga 108

Z
Zeitdruck 19
Zeitmanagement 111
Ziel 61, 65–67, 87, 121, 162
Ziele
 — motivieren 79
 — vermitteln 63, 70
Zielerreichung 81
Zielformulierung 64
Zielplanung 62, 64
Zuhören 118

HaUFE.

Ihr Feedback ist uns wichtig!
Bitte nehmen Sie sich eine Minute Zeit

www.haufe.de/feedback-buch